国际工程项目成本管理及控制

天 宇 李 欢 编著

清华大学出版社
北 京

内 容 简 介

本书分为基础篇和应用篇。基础篇主要从国际工程项目的成本管理及控制方面，介绍了国际工程相关的基本概念、国际工程常用的计价与计量体系、国际工程常用的合同体系等内容。应用篇从投资者和实施者的角度，结合实际案例对项目各阶段的成本管理进行分析和总结，为从事或有志于从事国际工程，尤其是从事成本经营管理及控制方面的人员，提供规避风险和控制成本的有效措施和相关建议。

本书可供从事国际工程的项目管理人员、成本及合约工作者、招投标工程师等人员学习和参考，同时也可作为国际工程方面的教科书及相关教学培训参考用书。

本书封面贴有清华大学出版社防伪标签，无标签者不得销售。
版权所有，侵权必究。举报：010-62782989，beiqinquan@tup.tsinghua.edu.cn。

图书在版编目(CIP)数据

国际工程项目成本管理及控制 / 天宇, 李欢编著.
北京：清华大学出版社, 2024.12(2025.1重印). -- ISBN 978-7-302-67584-6
Ⅰ. F284
中国国家版本馆CIP数据核字第20246KN068号

责任编辑：孙晓红　温　洁
封面设计：傅进雯
责任校对：徐彩虹
责任印制：丛怀宇

出版发行：清华大学出版社
　　　　网　　　址：https://www.tup.com.cn, https://www.wqxuetang.com
　　　　地　　　址：北京清华大学学研大厦A座　　邮　　编：100084
　　　　社　总　机：010-83470000　　　　　　　　邮　　购：010-62786544
　　　　投稿与读者服务：010-62776969, c-service@tup.tsinghua.edu.cn
　　　　质量反馈：010-62772015, zhiliang@tup.tsinghua.edu.cn
　　　　课件下载：https://www.tup.com.cn, 010-62791865

印 装 者：三河市铭诚印务有限公司
经　　销：全国新华书店
开　　本：185mm×260mm　　印　张：14.25　　字　数：344千字
版　　次：2024年12月第1版　　　　　　　　印　次：2025年1月第2次印刷
定　　价：69.00元

产品编号：081603-02

前言
PREFACE

本书的作者具有英国皇家特许测量师、国家一级造价工程师，以及国际菲迪克认证咨询工程师资格，并从事国际工程工作多年。在国际工程项目成本、商务合约管理、成本培训等方面，作者拥有丰富的实践经验。

作者在从事专业工作的过程中感知到工程建设参与者有关成本的几个痛点：①工程投资人或者项目业主管理者从立项开始，经过可行性研究，再到设计、施工、交付、运营及后期维护，如何做好全过程投资控制的困惑；②施工企业管理者为提升经济效益而在建立全方位、系统性、全过程的项目成本管控工作中面临的问题；③专业第三方咨询机构工程师如何为业主做好成本控制方面的专业服务并得到客户认可。同时，作者也考虑到，由于国际工程项目的国际属性决定了项目的复杂多样性，在施工技术及全过程成本控制与管理方面，以往的成功经验很难直接复制到国际项目管控中，更多地需要管理者掌握理论方法后，在实践中灵活运用。

鉴于此，本书在编写中分为上、下两篇。

上篇为基础篇。首先，从国际工程的概念讲起，介绍了常见的国际工程项目分类及各自的优劣特性，帮助读者建立起国际工程项目的整体框架。其次，介绍了以英国为代表的工料测量体系的计价模式、北美的造价工程体系的计价模式，以及日本的工程积算制度的计价模式。同时还介绍了英、美等国成本造价从业者的专业管理体制。此外，工程管理中也绕不开合同管理。本篇中，我们介绍了国际工程中常用的几种合同标准格式和合同类型等。对于应用最广泛的FIDIC《土木工程施工合同条件》，我们不仅介绍了"FIDIC彩虹族系列"和"新彩虹族系列"各版本的主要特色内容和适用条件，还对2017年版的FIDIC合同的修改和变化作了较为详细的介绍。

下篇为应用篇。本书的作者将多年积累的项目经验、成功的案例，总结分享给读者，希望与读者共同成长、共同进步。在介绍项目成功经验的同时，还不忘为大家揭示国际工程项目中存在的各种风险，详细阐述了风险的识别、应对、规避及控制等策略。

本书将我们在实践中想到的、遇到的国际工程的成本控制方面的知识点，以及相关专业名词的英语词汇一一整理并呈现给读者。希望为从事或有志于从事国际工程的项目管理人员、成本控制人员、参与招投标的人员提供参考。相信通过阅读本书，您将对国际工程项目有更深刻的了解，并对国际工程项目的成本管理方法及控制措施有更深刻的认识。

本书的编写是在RICS培训官王志宇老师的启发与支持下完成的，在此向王老师致以崇高的敬意及感谢！

  在本书的资料搜集和写作过程中，我们得到了北京世博嘉信工程咨询有限公司副总经理张欢及总经理助理苑姗姗，联合建管(北京)管理咨询有限责任公司董事长邱闯，曾参与多个驻外使领馆工程项目管理并外派担任驻土耳其使馆新建馆舍项目工程主管工程代表周桂文，业内资深专家田晓、唐晓红，高等院校应急管理大学(筹)防灾科技学院土木工程学院校级教学督导、副教授、国家一级注册造价工程师王粉鸽老师，以及参与大量国际基础设施建设成本方面的专家戴震雪、付艳玲，共同学习RICS广州集晟建设工程顾问有限公司总经理吴中琦等专业人士的帮助和支持。在最后的修订过程中，更是得到了大型央企成本方面的同行王靖总的详尽编审帮助。同时，北京市监理协会常务理事李岩老师在审读过程中也给予了许多宝贵意见。在策划出版过程中，得到责任编辑温洁老师的大力支持。在此，我们向上述同行专家及其他曾提供帮助的朋友表示衷心的感谢！

  在本书的编写过程中，我们参阅了大量的学习资料和专业成果著作，已在参考文献中逐一列出，在此一并对所有作者表示衷心的感谢！

  由于国际工程的国际属性，使得不同项目的具体情况不相同。书中的某些观点可能是基于我们的实践经验总结，但受地域、时间、个人经验及水平所限，可能存在不足之处，敬请广大读者批评和指正。

编　者

上篇 基 础 篇

第1章 国际工程概况 ... 3
1.1 国际工程的基本概念 ... 4
- 1.1.1 国际工程的参与者 ... 4
- 1.1.2 国际工程的特点 ... 6

1.2 国际工程的发展 ... 7
- 1.2.1 中国参与国际工程的发展历史 ... 7
- 1.2.2 国际工程现状 ... 8
- 1.2.3 中国企业在国际工程中的不利因素 ... 12
- 1.2.4 国际工程的应对策略 ... 14

第2章 国际工程项目管理模式 ... 17
2.1 国际工程项目建设的阶段 ... 18
- 2.1.1 国际工程项目建设的阶段划分 ... 18
- 2.1.2 国际工程项目各个阶段的具体内容 ... 18
- 2.1.3 从咨询服务的角度看国际工程项目建设的阶段划分 ... 19

2.2 国际工程项目的管理模式 ... 21
- 2.2.1 传统项目管理模式(设计—招标—施工) ... 21
- 2.2.2 建筑工程管理模式 ... 22
- 2.2.3 总承包模式(设计—采购—建设) ... 25
- 2.2.4 项目管理型模式 ... 27
- 2.2.5 特许经营(建造—经营—移交)模式 ... 28
- 2.2.6 公私合营模式 ... 31

第3章 国际工程常用的计价与计量体系 ... 33
3.1 国际工程计价与计量体系概况 ... 34
3.2 英国联邦工料测量(RICS皇家测量)体系的计价模式 ... 36
- 3.2.1 RICS的历史及作用 ... 36
- 3.2.2 RICS计价模式 ... 38

3.3 北美的造价工程体系的计量和计价模式 ... 39
- 3.3.1 美国工程造价管理体系概述 ... 39

	3.3.2 美国的工程造价与估算模式	40
	3.3.3 美国的工程"招标项目单"	41
	3.3.4 工程编码简介	41
3.4	日本工程积算制度的计价模式	45
	3.4.1 日本工程积算制度的概念	45
	3.4.2 日本工程积算制度形成简介	45
	3.4.3 日本工程积算计价模式	45
3.5	中国工程造价计价模式	48
	3.5.1 发展历史	48
	3.5.2 定额计价与工程量清单计价模式	49
附件	美国×××大桥费用子目录示例	50

第4章 国际工程项目常用合同体系 57

- 4.1 国际工程项目合同框架 58
  - 4.1.1 国际工程项目常用合同体系 58
  - 4.1.2 国际工程项目合同的类型 59
- 4.2 FIDIC合同体系 60
  - 4.2.1 FIDIC合同简介 60
  - 4.2.2 FIDIC合同条件的组成 63
  - 4.2.3 2017年版FIDIC合同 67
  - 4.2.4 回顾FIDIC合同的百年发展 74
- 4.3 其他合同体系简介 75
  - 4.3.1 英国ICE合同条件简介 75
  - 4.3.2 英国JCT合同条件简介 76
  - 4.3.3 美国AIA系列合同条件简介 77
- 4.4 中国工程施工合同示范文本与FIDIC施工合同的主要区别 ...78

第5章 国际工程项目成本管理及控制 83

- 5.1 国际工程项目成本构成要素 84
  - 5.1.1 工程成本与造价及费用的关系 84
  - 5.1.2 静态成本造价及动态成本造价的概念 ..85
  - 5.1.3 国际工程成本构成 85
- 5.2 影响国际工程项目成本的因素 87
- 5.3 国际工程项目成本管理及控制理念 90
  - 5.3.1 西方国家成本管理组织简介 90
  - 5.3.2 西方国家成本管理的建立及发展简介 ..91
  - 5.3.3 世界各国成本管理体系及现状简介 ...92
  - 5.3.4 树立成本管理体系及控制理念 101
- 5.4 国际成本管理人才培养 103

5.5　降低国际工程项目成本的措施...105
附件　英国某酒店式公寓项目成本计划控制案例分析..108

下篇　应用篇

第6章　项目投资者各阶段成本管理...121
6.1　可行性研究阶段的成本管理...122
  6.1.1　成本估算编制条件...122
  6.1.2　成本估算编制办法...126
  6.1.3　成本估算的确定...136
6.2　设计阶段的成本管理...136
  6.2.1　设计标准及技术环境的不同解决办法...136
  6.2.2　强化设计阶段投资控制和成本管理的力度.......................................137
  6.2.3　设计变更的管理...140
  6.2.4　多部门协作管控...140
  6.2.5　绩效评价及奖惩...141
6.3　招标及实施阶段的成本管理...141
  6.3.1　招标阶段的成本管理...141
  6.3.2　实施阶段的成本管理...145

第7章　项目实施者的成本管理...147
7.1　投标阶段成本控制...149
  7.1.1　投标前的准备阶段...149
  7.1.2　投标实施阶段...153
7.2　实施阶段成本控制措施...169
  7.2.1　开工前的成本管理工作...170
  7.2.2　施工过程中的成本管理工作...170
  7.2.3　施工结束后的成本管理工作...171
  7.2.4　国际项目实施过程中风险对成本的影响...171
附件　东南亚某国公路项目投标成本控制分析案例..172

第8章　国际工程项目风险管理...179
8.1　国际工程项目风险概述...180
  8.1.1　国际工程项目风险的定义和特点...180
  8.1.2　国际工程项目风险分类...181
  8.1.3　国际工程项目风险管理的流程...183
8.2　国际工程项目风险识别...184
  8.2.1　国际工程项目风险识别概述...184

        8.2.2　宏观环境及微观环境的风险识别 187
　　8.3　国际工程项目风险评估 188
        8.3.1　国际工程项目评估的主要内容 189
        8.3.2　风险评估的步骤 189
　　8.4　国际工程项目风险响应及对策 190
        8.4.1　风险的被动应对 190
        8.4.2　风险的主动应对 191
　　8.5　国际工程项目风险控制 192
　　8.6　国际工程项目风险监控 192
        8.6.1　风险再评估 193
        8.6.2　风险偏差分析 193
        8.6.3　风险准备金 193
　　8.7　国际工程项目风险后评价 193
　　附件1　美洲某国加工厂项目之风险分析案例 194
　　附件2　风险控制中的索赔与反索赔案例分析 197

附录 203
　　附录一　美国AIA-A201《工程承包合同通用条款》 204
　　附录二　1999年版FIDIC (红皮书)目录 207
　　附录三　本书专业词汇中英对照 214

参考文献 218

上篇 基础篇

PART I Basic Theor

第1章　国际工程概况

Chapter One　General Introduction on International Engineering

【本章导读】本章主要介绍了国际工程的概念和特点，分析了参与国际工程的人员构成以及目前世界建设领域中国际工程的发展状况。

【关键词】国际工程项目(International Engineering Project)；业主(Owner)；业主代表(Owner's Representative)；承包商(Contractor)；分包商(Subcontractor)；供应商(Suppliers)；劳务供应商(Labour Supplier)；工程师/建筑师(Engineer/Architect)；项目融资方(Project Financier)

1.1 国际工程的基本概念
1.1 Basic Concept of International Engineering

国际工程是一种综合性的带有国际属性的经济技术合作方式，通常是指面向国际进行招标的工程，涉及两个或两个以上的国家作为工程建设主体，参与工程项目的咨询、投融资、设计、施工、项目管理、运营等各阶段准备及辅助工作，并且按照国际通用的项目管理模式进行管理的工程项目。

国际工程的招标内容可以是项目的全部或某个阶段(包括投资、咨询、设计、采购、项目管理、施工、运营及各阶段准备及辅助工作等)，参与者来自不同的国家和国际组织，同时按照国际惯例或者项目业主的要求进行组织、管理和实施的工程。

国际工程是一门多学科的综合集成，涉及内容比较广泛，包括工程技术、经济贸易、金融财务、税收保险、法律法规、社会环境、政治环境、自然环境等多方面的综合学科。

在中国，国际工程也被称为对外承包工程，是指中国的企业或者其他单位承担境外建设工程项目的活动，国家鼓励和支持开展对外承包工程，并制定和完善促进对外承包工程的政策措施以及服务体系和风险保障机制。

同时在中国国内，对于国际投资项目或者一些重点项目，也面向国际进行招标，允许国外公司或者国外公司与国内公司组建联合体参与竞争，这种项目也称为国际工程。

1.1.1 国际工程的参与者
1.1.1 Participants in International Engineering

国际工程的国际属性决定了参与者来自不同的国家和地区，包括处于发包方的工程项目投资决策者、资金筹集者、项目实施组织者；处于承包方的承担工程项目施工及设备采购的公司或其联合体和分包商、材料设备供应商；还有项目不同阶段和不同专业领域负责咨询或设计的专业公司和专业人员等。

如果项目涉及融资，其参与主体还可能涉及各类国际组织、国际金融机构等。

其中各类国际组织包括：世界贸易组织、亚太经济合作组织等。

国际金融机构包括：世界银行、亚洲开发银行、非洲开发银行等。

国际工程参与者构成如图1-1所示。

(1) 业主(Owner)，是工程项目的提出者、组织论证立项者、投资决策者、资金筹集者、项目实施组织者，也是项目的产权所有者，负责项目的生产、经营和贷款偿还。根据美国建筑师协会AIA文件，在业主和承包商的协议中，业主一词是指业主本人或其授权代表，即业主可以被认为是一个法人、自然人或联合体。业主机构可以是政府部门、社会法人、国有企业、股份公司、私人公司等。

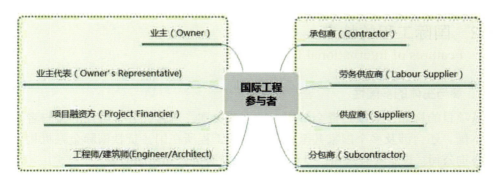

图 1-1　国际工程参与者

在国际工程承包市场上，通常使用业主一词，也有些国家和地区使用雇主(Employer)一词，其含义是相同的。在中国国内建筑领域，建设单位(或甲方)实际上就类似于上述业主的角色。

(2) 业主代表(Owner's Representative)，是指由业主方正式授权的代表，代表业主行使在合同中明文规定的或隐含的权利和职责。而在传统的项目管理模式中，对工程项目的具体管理工作通常由监理工程师负责。

(3) 承包商(Contractor)，中国习惯叫承包方或乙方，是工程项目的承包单位，受雇于业主。在业主与承包商的协议中，承包商是指承担工程施工及项目设备采购的公司、个人或他们的联合体。

在国际工程承包合同中，承包商是指其投标书已被业主所接受的当事人及取得此当事人资格的合法继承人。

(4) 分包商(Subcontractor)，是指那些直接与承包商签订合同，分担一部分承包商与业主签订合同中的任务的公司。业主和工程师不直接管理分包商，一般通过承包商来协调处理对分包商的工作要求。

(5) 供应商(Suppliers)，是指为工程实施提供工程设备、材料和建筑机械的公司或个人。一般供应商不参与工程的施工，对于有些专业性要求比较高的设备，供应商往往既承担供货，又承担安装和调试工作。

(6) 劳务供应商(Labour Supplier)，是指为工程实施提供所需劳务的公司或个人。

(7) 工程师/建筑师(Engineer/Architect)，均指不同领域和阶段负责咨询或设计的专业公司或专业人员。在不同的国家其称谓也有所差异，一般也称咨询工程师。

在国际工程承包活动中，建筑师/工程师一词则是指业主聘用在工程项目建设过程中为其提供咨询服务的专业顾问。

(8) 项目融资方(Project Financier)，是为工程项目提供所需资金的单位，通常可能是银行、大型企业、保险公司、信托基金等金融机构。通常情况下，业主要受到融资方的约束。例如，世界银行贷款项目要遵循世界银行采购指南的规定，承包商的选择结果要经世界银行批准。

1.1.2 国际工程的特点
1.1.2 Features of International Engineering

1. 参与主体的多国性

从项目的构想、立项到资金筹集、设计到实施、运营，各个阶段的参与者不仅局限于本国，还会涉及多个国家甚至机构，例如工程所在国、贷款国际金融机构、国际设计咨询公司、设备安装公司、专业分包商以及劳务公司所属国等。

2. 受政治、经济因素影响大

工程所在国政局的稳定、经济的发展程度，对其实施的项目影响巨大，时局不稳的国家，项目被迫中断的现象比比皆是。因此，开展国际工程不仅要关心工程本身的情况，还要时刻关注项目所在国及其周边国家的形势，以便必要时采取措施及时止损。

3. 合同管理严格

由于参与方众多，因此会采用国际通用的行之有效的合同管理模式及方法，这对不熟悉国际惯例、执行合同不严格的参与方提出了较大的挑战，一旦违反，将会承担相当大的责任及损失。

4. 风险因素众多

国际工程一般实施周期较长，投资规模较大，受政治、经济、自然条件、社会条件、技术条件、市场价格等多种因素的影响。诸多因素可能会引发各类风险，对工程不同的参与方造成不同程度的影响甚至损失。

5. 专业技术需求高

国际工程自项目策划、设计、实施，涉及项目管理、法律、金融、财务、保险等多专业的知识，整个项目全过程较为繁杂，要求其参与的人员具有过硬的综合能力素质。

6. 货币和支付方式的多样性

由于各类国际工程项目参与主体具有多国性，所使用的货币及支付的方式也不同。例如承包商会使用项目所在国的货币支付当地费用，因材料设备的来源国不同会使用多种外汇来支付。而随着国际工程项目的进行，不同货币汇率是一个不断变化的过程，金融财务管控也是一个不可忽视的因素。

7. 规范标准庞杂，差异较大

因为国际工程项目地域差异较大，建设标准及计量标准在世界范围内尚未能形成统一标准，且各个地区差异明显。

由以上特点可以看出，国际工程项目是一个风险较大的行业，受国际工程项目一定利润的吸引，每年国际上都有一批新工程公司加入，同时也有许多公司倒闭消失，因此一个公司要想在国际工程市场中竞争与生存，就需要提高公司本身的素质，合理地应对项目各个阶段的风险。

1.2 国际工程的发展
1.2 Development of International Engineering

1.2.1 中国参与国际工程的发展历史
1.2.1 The History of China's Participation in International Engineering

中国以商业为目的开始参与国际工程领域的竞争起步于20世纪70年代，经过几十年的发展，中国建筑企业承接国际工程也由最初的对外援助和劳务合作等传统模式发展为以总承包模式为主，并逐步向更高层次发展。如今伴随着经济全球化的发展以及中国"一带一路"倡议的推进，国际工程发展呈现全球化分布的态势。但是不可否认的是，中国建筑企业相较于国际大承包商而言，仍存在一定的差距。首先我们来了解一下中国国际工程发展的过程及现状。

中国参与国际工程的发展经历了以下四个阶段。

1. 起步阶段

自1978年至1982年是中国国际承包工程发展的起步阶段。中国建筑工程总公司等企业在改革开放政策的指引下，抓住国际市场有限时机，率先进入中东地区市场，中国对外承包劳务业务在国际上显露头角，初见成效。

2. 稳步发展阶段

自1983年至1989年，中东和北非发包工程锐减，在严峻的形势下，政府在给予正确宏观政策指导的同时，还在政策、资金等方面给予大力支持，帮助企业拓展对外业务。中国对外承包工程和劳务合作业务进入稳步发展的阶段。

3. 调整阶段

自1990年至2001年，中国对外承包进入到调整阶段。受海湾战争、东南亚金融危机的影响，中国在传统的亚洲地区市场的工程承包业务受到了很大冲击。中国对外承包企业在政府政策的指引下，调整市场格局，不断拓展对外承包项目的领域，改变对外承包的经营方式。

4. 快速发展阶段

自2002年至今，中国的对外承包进入了快速发展阶段。

1.2.2 国际工程现状
1.2.2 International Engineering Status

1. 中国国际工程现状

在全球经济逐步回暖，国际工程市场出现复苏，中国国际工程的发展呈现良好态势，中国"一带一路"倡议受到越来越多国家的回应并逐步走深走实的大背景下，中国国际工程状况从下述统计数据中可见一斑。

(1) 2023年8月，美国的《工程新闻纪录》(简称ENR)发布了最新的全球最大的250家国际承包商榜单。中国内地共有81家企业入选，数量居全球之首；紧随其后的是土耳其，有40家企业上榜，位列第二；美国有39家企业上榜，排名第三；意大利和韩国各有12家企业上榜，并列第四。中国的上榜企业在2022年的国际营业额总计达到1179.3亿美元，同比增长4.4%，占所有上榜企业国际营业总额的27.5%。

2023年度国际承包商250强的各国上榜企业数量分布情况，如图1-2所示。

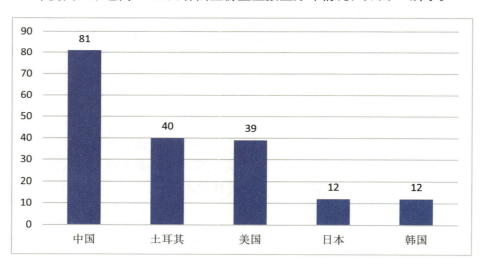

图1-2 2023年度国际承包商250强的各国上榜企业数量

在中国内地上榜的81家企业中，35家企业的排名较上一年度有所上升，34家出现了下降，5家企业的排名保持不变，另有7家新晋企业跻身榜单。中国交通建设集团有限公司在国际承包商250强排名中表现最佳，以235.3亿美元的国际营业额位列第三，仅次于法国的万喜集团(VINCI)(其营业额为356.6亿美元)和西班牙的ACS集团(营业额为341.4亿美元)；中国建筑股份有限公司以143亿美元的国际营业额排名第六，较2022年上升一位；中国电力建设集团有限公司则以113.5亿美元的营业额位列第八；中国铁建股份有限公司以97.6亿美元的营业额排名第九，同样比去年提升了一位。具体数据详见表1-1。

表 1-1　2023 年度全球最大的 250 家国际工程承包商中的中国内地企业营业额排名表

序号	公司名称	排名	
		2023	2022
1	中国交通建设集团有限公司	3	3
2	中国建筑股份有限公司	6	7
3	中国电力建设集团有限公司	8	6
4	中国铁建股份有限公司	9	10
5	中国中铁股份有限公司	13	11
6	中国化学工程集团有限公司	16	20
7	中国能源建设股份有限公司	17	17
8	中国石油集团工程股份有限公司	31	30
9	中国机械工业集团有限公司	33	28
10	中国冶金科工集团有限公司	39	47

（2）国际承包工程业务的完成额和新签订单均实现了增长。中国对外承包工程行业正日益明显地朝着国际化、专业化和多元化的方向发展。2020年，由于全球疫情的暴发，我国对外承包工程业务的完成营业额和新签合同额均出现了明显的下降。到了2021年，随着疫情的逐步缓和，海外基础设施建设需求开始复苏，国际工程领域的需求量和项目进度也随之明显回暖。

（3）中国对外承包工程业务，2022年完成营业额1.04万亿元人民币，同比增长4.3%(折合1549.9亿美元，与上年基本持平)，新签合同额1.70万亿元人民币，同比增长2.1%(折合2530.7亿美元，同比下降2.1%)。

到了2023年，中国对外承包工程业务的完成营业额进一步增至1.13万亿元人民币，同比增长8.8%，折合1609.1亿美元，同比增长3.8%。新签合同额达到1.86万亿元人民币，同比增长9.5%，折合2645.1亿美元，同比增长4.5%。

中国对外承包工程业务的营业额及其增长率详见图1-3，而新签合同额及其增长率见图1-4。

（4）2013年，中国提出了建设"新丝绸之路经济带"和"21世纪海上丝绸之路"的战略构想，为中国国际工程承包企业带来了新的发展机遇。截至2023年10月，已有152个国家与中国签署了"一带一路"合作文件。"一带一路"倡议的参与国数量占全球国家总数的77%，这些国家的人口总数占全球人口的65%。随着沿线国家城市化进程的加速，对城市交通、供水网络、供电系统等基础设施的投资需求日益增长。

据数据统计，在"一带一路"倡议的推动下，2022年中国企业在沿线国家新签的对外承包工程项目合同达到5514份，新签合同额为1296.2亿美元，占同期中国对外承包工程新签合同总额的51.2%；完成的营业额为849.4亿美元，占同期总额的54.8%。这些对外承包工程项目规模庞大，能够在很大程度上促进当地社会经济的发展，推动实现合作共赢的目标。

图1-3 中国对外承包工程业务的营业额及其增长率

图1-4 中国对外承包工程业务新签合同额及其增长率

2. 全球国际工程市场发展形势

(1) 国际基础设施建设市场近年来经历了下滑后的回暖趋势。尽管中国企业的营业额有所增长，但其市场份额表现出一定的疲软态势。尽管全球经济存在下行风险，但从中长期角度来看，基础设施建设仍然是推动各国经济发展的关键动力，其市场需求依然庞大。随着新兴经济体和发展中国家的人口增长及城市化进程的加速，新建基础设施的需求缺口日益扩大；与此同时，发达国家的基础设施因年久失修，普遍面临更新和升级的需求。据机构预测，在2023至2027年间，全球基础设施建设行业的年均实际增长率有望达到3.2%。改善基础设施以促进经济发展已成为各国政府的共同认识。

在后疫情时代，各国可能会推出经济刺激政策，以缓解疫情对经济和社会治理的冲击，同时大力改善民生，优化投资和营商环境，从而推动经济发展。基础设施建设领域将迎来更多发展机遇。此外，那些高度依赖石油和大宗商品的国家也将更加注重经济结构的调整，推动经济向多元化发展转型，工业建设和各类产业园区的开发将成为发展的重点领域。

(2) 国际工程承包市场现状分析。根据行业特点，国际工程承包市场可划分为房屋建筑、交通运输、制造业、工业/石化、水利、电力、通信、废水/废物处理、危险废弃物等十大行业。在这些行业中，房屋建筑、交通运输、石油化工和电力工程四大领域所占市场份额合计达到80.8%，它们构成了国际基础设施建设合作的核心部分。

国际工程承包市场根据地理区域划分，可分为亚太地区、欧洲、北美、非洲、拉丁美洲和中东六大区域。各国承包商在不同区域市场展现出各自的优势。中国企业在非洲市场的份额高达63.0%，在亚洲市场的份额为54.2%。在中东、拉丁美洲和加勒比海地区，以及大洋洲，中国企业位列第二梯队，市场占有率分别为35.6%、24.8%和19.9%。欧洲企业在北美市场，尤其是美国和加拿大，表现强劲，分别占据了76.4%和38.7%的市场份额。此外，在拉丁美洲和加勒比海市场，欧洲企业的市场份额也达到了45.2%。

对于中国国内企业而言，亚洲市场是最重要的区域市场，其次是非洲市场。中东地区以及拉丁美洲和加勒比海地区也是中国企业具有较强竞争力的市场。相比之下，中国企业在欧洲和北美市场的份额相对较小。

亚洲新兴市场是推动亚太地区基础设施建设行业增长的主要力量，特别是印度、印度尼西亚、越南、菲律宾和孟加拉国等国家的市场增长率尤为显著。中国内地的基础设施建设行业规模巨大，按美元计，2022年其产值占全球基础设施建设总产值的23%。因此，中国内地的基建行业增长预期将继续对亚太地区的增长趋势产生显著影响。预计到2030年，东南亚市场的建筑业投资规模将达到1万亿美元，其主要增长动力源自基础设施投资和工业化进程的加速。

非洲作为中国对外承包工程的第二大市场，根据非洲开发银行(AfDB)发布的《2023年非洲经济展望》报告，预计非洲经济在中期内将维持强劲的复苏势头，其增长率有望超过全球平均水平。从区域角度分析，北非地区预计在2023年将实现小幅经济回升，经济增长率达到4.6%。相比之下，南部非洲地区的经济增长预计将放缓，落后于非洲其他地区。尽管中国在非洲基础设施建设领域已确立了不可或缺的地位，但中国企业若要实现长远发展，仍需在提升国际化视野和能力、加强风险意识、深入解决融资难题的基础上，逐步转型至投建营一体化模式，以实现可持续发展。

拉丁美洲地区位列亚洲和非洲之后，成为中国对外承包工程行业的第三大市场。然而，受到宏观经济、政治和社会局势等多重不确定因素的叠加影响，拉丁美洲地区的基础设施建设行业增速显著放缓。随着2022年及2023年年初的普遍加息，该地区整体的货币政策呈现紧缩态势，这一变化预计将给相关行业带来不利影响。

（3）国际新基础设施建设市场竞争格局分析。新基础设施建设，作为一种新兴的建设方式，已经在全球范围内引起了广泛关注。所谓新基建，即新型基础设施建设，它基于新发展理念，以技术创新为动力，以信息网络为基石，旨在满足高质量发展的需求，提供包括数字转型、智能升级和融合创新在内的基础设施服务。根据行业细分，新基建主要涵盖5G基站建设、特高压、城际高速铁路和城市轨道交通、新能源汽车充电桩、大数据中心、人工智能和工业互联网七大关键领域，这些领域触及了众多产业链，推到了相关行业的快速发展。

目前，在国际新基础设施建设市场中，竞争格局主要由美国、欧洲、日本和中国这四个主要市场构成。作为全球最大的经济体，美国在新基础设施建设领域的投资规模位居首位，已经提出了涉及万亿美元的基础设施投资法案，该法案主要关注交通、数字和绿色基础设施建设，并在国内进一步强化了人工智能、大数据和电动汽车充电桩等新基建关键领域的战略布局。

欧洲在智慧城市、智能交通和可再生能源等领域处于领先地位，特别关注高性能计算、物联网、人工智能、大数据和云计算等技术研发型基础设施。此外，欧洲还制订了针对新型基础设施建设的重点领域实施计划。

日本在高速铁路、核电站和智能制造等关键领域展现出较强的竞争力，并提出了数字基础设施建设计划，该计划包括完善5G移动通信系统和加强光纤网络建设等内容。

中国在5G技术、数字基础设施、人工智能和新能源等领域具有显著优势。据预测，到2025年，中国的5G基站建设数量将达到约500万个，5G基站的直接投资预计将达到2.5万亿元人民币，而5G全产业链的相关投资有望超过5万亿元人民币。5G基站基础设施的发展预计将推动人工智能、虚拟现实、高清视频等多类型终端和应用市场的迅猛增长。

1.2.3 中国企业在国际工程中的不利因素
1.2.3 Disadvantages of Chinese Enterprises in International Projects

1. 国际规范与标准的挑战

设计施工规范、标准的衔接问题是中国企业"走出去"面临的一大难题。欧美许多发达国家普遍实行的是专业执照、资格注册等制度，而中国国内在设计、设备、施工标准等方面自成一体，尚未与国际接轨，这就导致许多国家的市场准入制度对中国企业进入该市场形成了很大的制约。同时中国企业在全球标准和国际规范的制定过程中参与程度较低，且与企业投资和运营相关的标准规范也是层出不穷、日趋严格。中国国内统一的工程技术标准还在不断完善中，承包工程企业采用的标准与欧美标准存在较大差异与差距。

当前，尽管中国企业境外承包工程最大限度地推行中国标准，但是欧洲、美洲、西亚和非洲等重点国际工程建设市场均采用欧美标准，这些差异的存在制约了中国企业拓展发达国家的高端市场。

2. 项目模式单一

目前，中国工程承包企业在国际工程项目中采用"投建营一体化"模式的经验相对有限，EPC模式(Engineering, Procurement, Construstion，工程、采购、建设)现在仍然是中国企业在境外承包工程的主要选择。中国企业普遍对"投建营一体化"项目在融资担保、配件采购、交付等环节的规则较为生疏，尚不能完全适应部分国际工程项目大型化、综合化、复杂化的发展趋势。此外，中国企业在产业链和配套资源的整合能力相对较弱，且缺乏能与东道国政府进行全面谈判的专业人才。

3. 同质竞争企业优势不足

中国企业"走出去"承揽国际工程，在许多项目上，往往出现中国企业之间过度竞争的局面，不利于中国企业树立企业品牌。对外承包工程主要依靠项目数量来增加营业额，业务质量和技术管理没有明显的提升。究其原因，中国参与境外承包工程的企业数量众多、规模较大、业务相近，习惯于单打独斗，企业之间尚未形成协同合作的理念。要想改变这种状况、提高中国企业的国际竞争力，中国企业应开展联合竞标、合作施工等合作模式，不盲目追求项目数量，而应在提升项目效益和企业管理水平，在纵向产业链条上，实现与勘察、设计咨询、装备制造、法律服务、金融等配套企业合作共赢。

4. 融资困难造成资金短缺

中国企业在国际工程承包过程中，因融资渠道狭窄、融资成本较高，缺乏有力的金融支持，从而使中国企业在境外融资比较困难，面临资金短缺的问题。

5. 合同管理存在的问题

中国企业受到国内一些习惯做法的影响，对合同的严肃执行和管理意识不强，国际工程中严格按照合同条款执行乏力。由于中国的项目管理人员往往凭借国内工程项目管理的经验进行国际工程合同管理工作，对遵守合同缺乏强烈的重视意识，同样也不擅于利用合同来维护自己的权利，从而造成不必要的经济损失及丧失反索赔机会。另外国际工程承包是一个涉及工程技术、经济、法律等各个方面的复杂过程，对合同管理人员的要求较高，经验丰富的合同管理人才是项目成功的基本保证之一，目前来看，中国建筑市场的整体发展水平与发达国家之间还存在不小的差距，同时懂技术、精通外语又熟悉合同法律条款，能够独立完成项目谈判的合同管理复合型人才的不足,是中国企业合同管理发展的制约因素。

1.2.4 国际工程的应对策略
1.2.4 Countermeasures for International Engineering

1. 改善经营思路和模式

首先要分散经营。一是在不同地区同时开展国际工程项目时,不要孤注一掷,如在亚洲、中东、中亚、非洲、南美等地经过考察调研有选择性地开展国际工程项目;二是在不同类型的国家同时开展项目时,既要选择高风险国家经营以求获得高利润,也要选择低风险国家经营以确保稳健的利润收入;三是选择经营不同资金来源的项目,既实施有经济实力的政府预算项目,又可选择世界银行等国际金融组织贷款项目实施,政府间合作框架下贷款项目和中国政府援外项目等是最稳妥的项目选择。

其次要"多元化经营,摊薄风险"。承包商可以采用在一个国家深耕作业,充分掌握当地建筑相关的各类政治经济信息、项目操作流程、工程习惯做法,同时或先后实施多个性质相同或不同的项目,同时或先后向工程项目的上游和下游延伸,承揽当地融资类项目、设计加施工项目、EPC项目、投资建设当地建材加工厂,参与当地项目的运营管理。

2. 注重项目的成本控制

初涉国际市场,"学费"固然要缴,但通过新的理念和经验来避免不必要的风险值得提倡。目前中国企业在应对国际工程时,主要问题是对项目成本管理的认识不足,存在多层次的管理,导致项目成本控制无法统一,从而增加了许多不必要的成本。所以,国际工程应该树立成本新理念,提升项目管理水平。

面对日趋激烈的国际市场竞争环境,国际工程的参与方如果想取得更大的效益,保持长期稳定的发展,就必须从观念上改革,注重成本的管理与控制。成本管控主要包含以下几方面内容。

(1) 正确树立成本效益的观念,不能固守传统的"节约"即为成本控制的不二法门。如果只强调降低开支,单纯追求短期内降低成本的方式,不利于企业在当地国或项目的可持续发展。应该充分运用价值工程的原理,寻求在尽可能降低成本的基础上,达到工程质量优、功能更加完善,只有这样才能实现长久稳定的发展。

(2) 持续改进成本计划。在引入成本管理概念之后,初步实施时确定成本目标,制订实现成本目标的成本计划,在计划执行的过程中一旦发现偏差,及时纠偏。计划并不是一成不变的,不能仅仅在出现问题时解决问题,要不断地累积成本管理的方法,积极促进成本的主动管控。

(3) 注重成本的动态管理。影响成本的因素是多种多样的,有客观因素也有主观因素,有内部因素也有外部因素,而且这些复杂的因素之间是相互关联的。例如,前期增加机械设备的投入会增加项目的成本，但后期却会因此而提高效率，缩短项目的工期。及时了解项目所在国的海运清关情况，从而提前制定措施，能够有效降低物资供应问题带给项目因设备材料供应不及时而造成的停工风险，很大程度上节约项目的成本。因此，项目成本的动态管理在于统筹全局，综合考虑，权衡利弊，选择对项目最有利的方案。

3. 注重项目风险分析

国际工程市场不同于国内市场，各个国家的政治体制、经济制度、社会环境、文化背景、宗教信仰、风俗习惯和气候条件等各不相同。各类项目也面临不同的技术标准和规范、进出口、投融资、税务、法律、财务等区别，甚至在项目管理、项目运作的方式上也存在差异。因此，国际工程面对如此纷杂的外部环境，一味照搬国内项目管理经验是行不通的，应在项目全过程中时刻注重项目的风险分析，考虑风险因素影响项目的每个环节，在深入调研的基础上，积极寻求有利的规避或转移风险的措施，将风险的影响降到最低。

4. 培养高素质专业人才

由于国际工程项目所处的客观条件，提升中国企业的国际竞争力尤为重要。对于国际工程项目来说，是由专业的工程技术及管理人员来实施具体的项目管理的，所以在不断变化的国际大环境下，高素质的人才成为国际工程项目能否顺利实施的关键。传统的中国工程企业不乏专业的设计、工程、施工人才，但是面临新形势下的市场转型和新的机遇挑战，要依托产业链中低端逐步向产业链高端和远端发展，着力培养一支既懂技术又通商务，并知晓外语及投资的国际化人才队伍越发显得迫切和必要。必须高度重视海外项目人才队伍的建设，在人员配置、培养、引进等方面加强国际工程项目队伍建设，另外，加快完善在复合型人才的培养用人机制等方面制度建设做保证。

同时，我们也应该意识到，人才的培养并不是一蹴而就的事情，闭门造车亦无法学习先进的经验，因此，在过渡阶段，从事国际工程的企业可以通过引进国际化、属地化的优势资源，确保各项管理工作的顺利进行，同时注重学习借鉴有效的管理方式方法，去粗取精，为我所用。

第 2 章　国际工程项目管理模式

Chapter Two　Management Mode in International Engineering Projects

【本章导读】通过本章的学习，可以了解国际工程项目的阶段划分和管理模式，理解从不同的角色看待项目的阶段划分的起始点、结束点的异同，不同的角色在项目管理中侧重点的异同。可以对EPC、BOT、DBB、CM等国际上常见的管理模式及特点了解一二。

【关键词】传统项目管理模式(DBB)；建筑工程管理模式(CM)；总承包模式(EPC)；项目管理型模式(PMC)；特许经营模式(BOT)；公私合营模式(PPP)

2.1 国际工程项目建设的阶段
2.1 Stages of International Engineering Projects Construction

2.1.1 国际工程项目建设的阶段划分
2.1.1 Phase Division of International Engineering projects Construction

国际工程项目建设全寿命周期，可概括为三个主要阶段：前期阶段(又称定义阶段、FEL[①]或FEED[②])、实施阶段(又称EPC设计/采购/施工阶段)和运营维护阶段(operation and maintenance，OAM)。若再细致地划分，其中前期阶段可分为：立项评估阶段及资金融措阶段。实施阶段可分为以下五个阶段：①咨询和设计阶段；②招标和投标阶段；③合约签署阶段；④施工实施阶段；⑤竣工及交付阶段。运营维护阶段可以分为试运行阶段及达产运营维护阶段。

在项目建设中，各个阶段依次进行，形成项目建设全寿命周期。

2.1.2 国际工程项目各个阶段的具体内容
2.1.2 Specific Content of Each Stage of International Engineering Projects

1. 项目前期工作

前期阶段(FEL)是指详细设计开始之前的阶段，该阶段对整个项目工作的运行起到至关重要的作用。首先它决定项目能否实施，一旦实施该阶段的决策会对项目投资的影响高达70%~90%。在项目前期阶段，业主或业主委托的PM咨询公司主要任务是：就项目提出的概念给出专业的评估，提供项目投资估算(必要时作出多方案的投资估算)明确项目遵循的统一标准和规范，同时负责组织或完成基础设计，负责制定项目实施方案，负责制定材料、设备供货厂商及进口的材料、设备清单。咨询方还会给出项目全面的技术经济比较分析，按照功能完善、技术先进、经济合理的原则对整个设计进行优化，拟订出项目成本最低的全寿命周期、全过程策划，供业主方决策选择，一旦通过项目的实施决策，业主或业主委托的咨询公司负责组织后续工作。FEL是项目建设的一个重要里程碑节点。

---

① FEL(Front-end Loading) 通常被称为前期工作，FEL 是一个工作过程，用来定义、明确和协调拟建项目的实施策略、商务投资、工艺技术、工程建设和运行管理等各项要素。
② FEED(Front-end Engineering Design) 是指在 FEL 阶段结束时发布的基础设计技术文件包，也称作基础设计文件包(BDEP)，通常情况下是通过完成 FEL 阶段的 FEED 工作包来最终形成并正式发布基础设计文件。

2. 项目实施阶段

项目通过决策进入实施阶段，在本阶段中，业主或业主委托的PM咨询公司的主要任务是：负责完成方案总设计和初步设计，(协助业主)完成政府部门对项目的相关审批工作；推荐合同策略并选用合适的合同方式(如EPC、E+PC、EP+C等，或固定单价合同、服务合同、租赁合同等)组织招标，负责进行资格预审的组织工作并编制相应的招标文件，负责组织完成招标及评标工作，最终(协助业主)确定中标企业。在后续的工作中，业主或其委托的咨询公司在这个阶段里，负责全部项目实施过程中的管理、协调和监督的作用，直到项目竣工。在此阶段，中标的总承包企业负责执行详细施工图设计、采购和施工建设工作。业主及咨询公司主要负责以下工作：编发本项目设计管理的统一规定、协调技术条件，负责审核、审定项目总承包的详细设计及最终设计成果；在采购管理工作中，咨询公司一方面为业主的采购项目提供采购服务，另一方面督促总包按照计划组织采购；实施中进行合同管理，分析履约完成情况，监督进度付款，协调处理工程索赔事项，协助业主办理工程竣工及工程结算工作。

3. 运营维护阶段

此阶段的主要工作包括：试运行及投产，咨询公司配合业主进行生产准备、组织设备装置试运行并给予考核及验收；达到正常生产状态后，项目移交给业主，并将项目全部资料一并移交。如业主需要，可以继续进行运营维护工作。此阶段是国际工程项目建设全寿命周期后期的主要工作内容。

另外，自20世纪60年代以来，在项目实施完成后(且投资账户关闭后)、运营生产前，对项目的实施过程进行后评价工作是世界银行、亚洲银行及国内政府投融资项目中对项目目的、投融资等方面进行监管的重要工作阶段。有些国家将项目后评价单独设立一个项目管理阶段以示重视。

2.1.3 从咨询服务的角度看国际工程项目建设的阶段划分
2.1.3 Viewing the projects Stage Division from the Perspective of Consulting Services

从咨询服务的角度可以将国际工程划分为四个阶段，如图2-1所示。

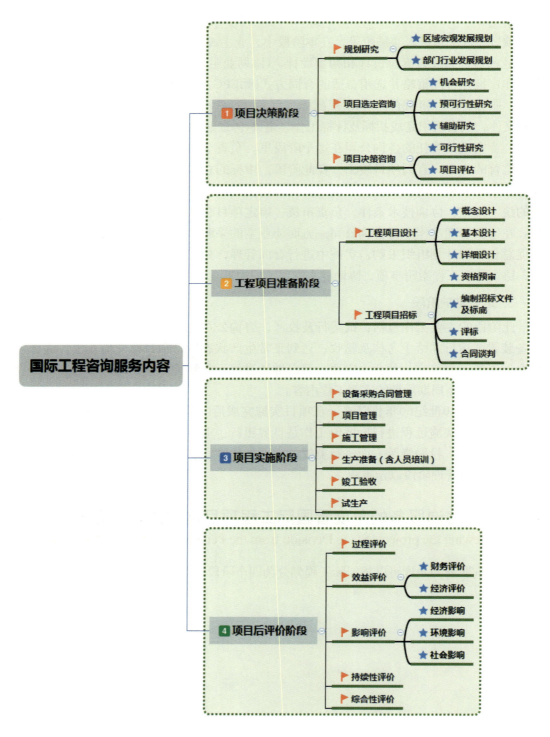

图 2-1　国际工程咨询服务内容

2.2 国际工程项目的管理模式
2.2 Management Mode of International Engineering Projects

工程项目管理模式是指从事工程建设的工程公司或工程管理公司对项目管理的运作方式。中国对项目管理的实践起步较晚,真正意义上的项目管理始于20世纪80年代初的鲁布革水电站项目,该项目通过实行项目管理,缩短了工期,降低了造价,取得了非常明显的经济效益。

就国际工程发展阶段和项目管理特点而言,国内外项目管理包括以下三种主要形式。

(1) 业主自行管理模式,即业主与设计方、施工方直接签订合同,业主组成相应机构直接对项目行使管理权力。

(2) 业主委托承包商承包建设模式(即EPC方式)。

(3) 业主聘请管理承包商模式(即PMC方式)。

在实际应用中,各种模式的划分并不是十分明确的,往往根据项目的实际情况综合使用不同的方法,从而产生出各种各样的新的管理模式。随着建筑行业的不断发展,与之相关的项目管理模式也日益完善和健全。

目前,在中国常用的国际项目管理模式主要有以下几类,即传统项目管理模式、建筑工程管理模式、总承包模式、项目管理型模式、特许经营模式及公私合营模式。

2.2.1 传统项目管理模式(设计—招标—施工)
2.2.1 The "Design-Bid-Build" Traditional Project Management Mode

1. 概念及特点

业主委托设计机构(建筑师/咨询工程师)进行前期的各项有关工作,待项目评估立项后,与设计机构(建筑师/工程师)签订专业服务合同,建筑师/工程师负责提供项目的设计和施工文件,在设计机构的协助下,通过招标将工程施工任务交给报价和质量都满足要求且最具资质的投标人(总承包商)来完成。在施工阶段,设计专业人员通常担任重要的监督角色,并且是业主与承包商沟通的桥梁。

传统项目管理(设计—招标—施工,Design-Bid-Build,DBB)模式最突出的特点是强调工程项目的实施必须按设计—招标—施工的顺序进行,只有一个阶段结束,另一个阶段才能开始。

建筑师/咨询工程师和承包商之间没有合同关系,但承担业主委托的管理和协调工作。

这种项目管理模式在国际上最通用，世界银行、亚洲开发银行贷款项目和采用国际咨询工程师联合会(FIDIC)合同条件的项目均采用这种模式，业主、设计机构与总承包商之间的关系结构详见图2-2。

图 2-2　业主、设计机构与总承包商之间的关系结构

2．DBB模式的优点

（1）业主可自由地选择设计人员，便于控制设计要求，施工阶段也比较容易掌控设计变更。

（2）业主可自由地选择监理人员监理工程。

（3）可采用各方均熟悉的标准合同文本(如FIDIC"施工合同条件")，有利于合同管理和风险管理。

（4）由于这种模式长期、广泛地在世界各地采用，因而管理方法成熟，各方对有关程序比较熟悉。

3．DBB模式的缺点

（1）设计基本完成后，才开始施工招标，对于工期紧的项目十分不利。

（2）项目周期长，业主管理费较高，前期投入较高。

（3）变更时容易引起较多的索赔，业主在控制造价和工期方面信心不足。

（4）出现工程质量事故后，责任不易辨别清楚，设计方和施工方相互推诿，业主利益得不到充分保障。

（5）业主与工程师、施工方之间协调可能比较困难。

（6）施工方无法参与设计工作，设计的"可施工性"差。

（7）变更频繁，会导致索赔增多。

2.2.2　建筑工程管理模式
2.2.2　Construction Management Mode

建筑工程管理(Construction Management，CM)模式又称阶段发包方式(Phased Construction Method)或快速路径施工管理(Fast Track Construction Management)，是国外较为流行的一种合同管理模式。

1. 概念及特点

建筑工程管理模式具体由业主委托CM公司，以一个承包商的身份，采取"边设计、边施工"，即快速路径法的生产方式进行施工管理，直接指挥施工活动，这在一定程度上影响设计活动，其与业主的合同通常是采用"成本加利润"的一种建设方式。业主委托的CM经理与建筑师组成一个联合小组共同负责组织和管理工程的规划、设计和施工，但CM经理对设计的管理是协调作用，完成一部分工程的设计后，即对这一部分工程进行招标，发包给一家承包商，由业主直接就每个分部工程与承包商签订承包合同。要挑选精明强干，懂工程、懂经济又懂管理的人才来担任CM经理。CM经理与各个承包商之间是管理和协调的关系。

阶段发包方式的最大优点是可以缩短工程从规划、设计到竣工的周期，整个工程可以提前投产，节约投资，减少投资风险，可较早地取得收益；CM经理早期即介入设计管理，因而设计者可听取CM经理的建议，预先考虑施工因素，以改进设计的可建造性(Buildability)，还可运用价值工程以节省投资；设计一部分，竞争性招标一部分，并及时施工，因而设计变更较少。

CM常用的两种形式：代理型CM模式（"Agency"CM)和非代理型（"Non-agency" CM)或叫作风险型CM模式（"At-risk"CM)。

1) 代理型CM模式

代理型CM模式(见图2-3)：业主与CM经理的服务合同形式是固定酬金加管理费的形式。

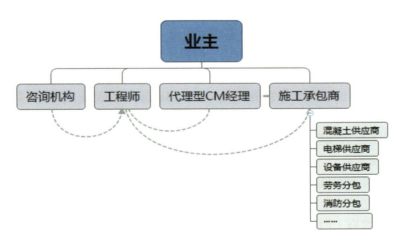

图 2-3　代理型 CM 模式

作为业主代理人协助业主与各阶段承包商签订施工合同(即传统模式下通常由设计单位承担的业主代表或咨询工程师的角色在代理型 CM 模式下由 CM 公司承担)，CM 经理作为业主的咨询人员和代理提供CM服务。业主直接与设计、施工、材料单位签合同。

如果各阶段承包商及其分包商未能履约，CM公司不承担与此相关的任何风险，由业主自己承担风险。

CM公司不使用自己的劳动力承担任何工程部分，但可能会承担一些相关的辅助工作，如安全监督和场地清理等。

CM公司通常在项目投资前期就受聘于业主。

CM管理模式的优点如下。

(1) 业主可自由选定建筑师/工程师。
(2) 招标前可确定完整的工作范围和项目原则。
(3) 完善的管理与技术支持。
(4) 预先考虑施工因素，利用价值工程原理，可以节省项目投资。

CM管理模式的缺点如下。

(1) 在明确整个项目的成本之前，投入较大。
(2) CM经理不对进度和成本做出保证。
(3) 业主进行项目管理会导致风险增加。
(4) 可能索赔与变更的费用较高，即业主方风险很大。

2) 非代理型或风险型CM模式

非代理型或风险型CM模式：业主在设计或施工准备阶段分别与设计单位和CM承包商签约，以便发挥CM承包商的各种优势和能力。

CM承包商在施工准备阶段的角色和工作与代理型CM模式相同，都是作为业主的专业顾问和代理。但在施工阶段，CM承包商同时也承担总承包商的角色，CM承包商以其自身名义与分包商签约，并承担分包商未能适当履行工程的风险，但分包要经过业主的同意。CM承包商与施工单位、材料单位、设备单位签合同，但费用由业主向各单位结算，CM承包商与业主签合同只报自己的管理费用价，不包括工程价。业主要求CM经理提出保证最大工程费用(Guaranteed Maximum Price，GMP)，超过GMP的，由CM承包商赔偿，低于GMP的，节约的投资归业主，但可对CM承包商按约定比例奖励。GMP包括工程的预算总成本和CM经理的酬金。

非代理型或风险型CM模式(见图2-4)的优点如下。

(1) 完善的管理和技术支持。
(2) 在项目初期选定项目组成员。
(3) 预先考虑施工因素，利用价值工程原理，可以节省项目投资。
(4) 所节省的投资归业主和CM承包商所有。
(5) 采用竞争性招标。
(6) 能够提前开工、提前竣工。

非代理型或风险型CM模式的缺点如下。

(1) 总成本中包含设计和投标的不确定因素。
(2) 可供选择的风险型CM承包商较少。

(3) 业主过多地参与项目实施(可能带来较多合同争议)。

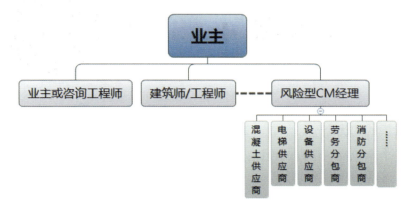

图 2-4　非代理型或风险型 CM 模式

CM模式业主方的风险如下。
(1) 项目前期策划失误。
(2) CM承包商不易选择。
(3) 承担设计风险。
(4) 项目进度控制风险(某一子项目拖期)。
(5) 保证最大工程费用(GMP)过高。

2. CM模式适用工程

(1) 对变更灵活性要求较高的建设工程。
(2) 项目的时间因素最重要的建设工程。
(3) 因总的范围和规模不确定而无法准确定造价的建设工程。

2.2.3　总承包模式(设计—采购—建设)
2.2.3　Engineering Procurement Construction Mode

1. 概念

总承包模式(设计—采购—建设，Engineering Procurement Construction，EPC)是指公司受业主委托，按照合同约定对工程建设项目的设计、采购、施工、试运行等实行全过程或若干阶段的承包。通常公司在总价合同条件下，对其所承包工程的质量、安全、费用和进度进行负责。在EPC模式中，设计(Engineering)不仅包括具体的设计工作，而且可能包括整个建设工程内容的总体策划以及整个建设工程实施组织管理的策划和具体工作；采购(Procurement)也不是一般意义上的建筑设备材料采购，而更多的是指专业设备、材料的采购；Construction应译为"建设"，其内容包括施工、安装、试测、技术培训等。EPC模式如图2-5所示。

图 2-5　EPC 模式

2. EPC模式的优点

(1) 由单个承包商对项目的设计、采购、施工全面负责。项目责任单一,简化了合同组织关系,有利于业主管理。

(2) 强调和充分发挥设计在整个工程建设过程中的主导作用,有利于工程项目建设整体方案的不断优化。

(3) EPC项目属于总价包干(不可调价),因此业主的投资成本在早期即可得到保证。

(4) 有效克服设计、采购、施工相互制约和相互脱节的矛盾,有利于设计、采购、施工各阶段工作的合理衔接,有效地实现建设项目的进度、成本和质量控制符合建设工程承包合同的约定,确保获得较好的投资效益。

(5) 业主方承担的风险较小。

3. EPC模式的缺点

(1) 能够承担EPC大型项目的承包商数量较少。

(2) 承包商承担的风险较大,因此工程项目的效益、质量完全取决于EPC项目承包商的经验及水平。

(3) 工程的造价可能较高。

4. EPC模式在实践中的几种合同结构形式

EPC项目适用于以交钥匙方式提供工艺或动力设备的工厂大型土木工程,基础设施工程。在EPC模式下,总承包商对整个建设项目负责,但却并不意味着总承包商必须亲自完成整个建设工程项目。除法律明确规定应当由总承包商必须完成的工作外,其余工作总承包商则可以采取专业分包的方式进行。在实践中,总承包商往往会根据其丰富的项目管理经验,根据工程项目的不同规模、类型和业主要求,将设备采购(制造)、施工及安装等工作采用分包的形式分包给专业分包商。所以,在EPC模式下,其合同结构形式通常表现为以下几种。

(1) 交钥匙总承包。

(2) 设计—采购总承包(E-P)。

(3) 采购—施工总承包(P-C)。

(4) 设计—施工总承包(D-B)。

最常见的是(1)、(4)这两种形式。

交钥匙总承包，是指设计、采购、施工总承包，总承包商最终是向业主提交一个满足使用功能、具备使用条件的工程项目。该模式是典型的EPC模式的前后延伸。

设计、施工总承包，是指工程总承包企业按照合同约定，承担工程项目设计和施工，并对承包工程的质量、安全、工期、造价全面负责。在该模式下，建设工程涉及的建筑材料、建筑设备等采购工作，由发包人(业主)来完成。

EPC模式的风险如下。

(1) 业主方的风险：业主资金不到位、投标报价过低、总承包商的管理能力差。
(2) 设计风险：错误、返工、变更等。
(3) 供应商的风险：不及时、不合格、索赔等。
(4) 施工中的技术风险：承包商的设计单位和施工单位能力不协调。
(5) 其他风险因素：如通货膨胀、不可抗力等。

2.2.4 项目管理型模式
2.2.4 Projects Management Contracting Mode

项目管理型(Projects Management Contractor，PMC)模式如图2-6所示。

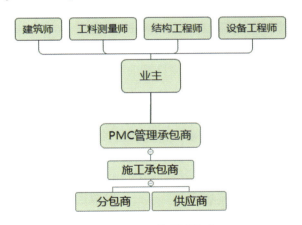

图2-6 项目管理型模式

1．PMC模式的主要工作内容

(1) PMC是业主工作的延伸，并与业主充分合作，确保项目目标的完成。
(2) 完成基础工程设计，负责组织EP/EPC的招标工作。
(3) 完成±20%投资估算；负责编制初步设计并获得有关部门的批准。
(4) 为业主融资提供支持。
(5) 在执行阶段，不管采用EP+C方案还是EPC方案，PMC都应对详细设计(主要由设计院承担)、采购和建设(由建设公司承担)进行管理，PMC也应直接参与试车直到投料的管理，投料后，PMC要协助业主进行性能考核。

2. PMC模式的优点

(1) 可充分发挥管理承包商在项目管理方面的专业技能，统一协调和管理项目的设计与施工，减少错漏碰缺等矛盾。

(2) 如果管理承包商负责管理施工前阶段和施工阶段，则有利于减少设计变更。

(3) 可方便地采用阶段发包，有利于缩短工期。

(4) 一般管理承包商承担的风险较低，有利于激励其在项目管理中的积极性和主观能动性，充分发挥其专业特长。

3. PMC模式的缺点

(1) 业主与施工承包商没有合同关系，因而控制施工难度较大。

(2) 与传统模式相比，增加了一个管理层，也就增加了一笔管理费用。

4. PMC模式的适用情况

国际融资银团在项目融资的方式下提出的要求如下。

(1) 业主股东的母公司或其政府不提供贷款担保。

(2) 业主是不同国家的公司之间的合资企业。

(3) 业主的项目管理人力资源缺乏。

(4) 业主的项目管理经验不足以承担该项目管理。

(5) 项目庞大，工艺装置多而复杂，业主对这些工艺熟悉。

在国际工程项目的实际运作中，项目管理服务商提供服务模式是多种多样的，当然也是他们最擅长或对他们最有利的方法，其中最关键的就是项目管理服务商按照合同要求为业主提供其所必需的项目管理工作。目前在国际建设领域，相当多的业主已经建立起对"项目管理服务"的需求，国际通行的工程项目管理，已经具备了一定的市场条件。通过建立项目管理服务机制，明确服务内容、服务形式、实施步骤，明确相关内容负责人的工作职责，树立团队成员的项目服务意识，推广项目管理服务(PM)，让专业的事由专业的人来管理。

2.2.5 特许经营(建造—经营—移交)模式
2.2.5 Build-Operate-Transfer Mode

1. BOT模式的概念

特许经营(建造—经营—移交，Build-Operate-Transfer)模式简称BOT模式，是指政府(中央或地方政府/部门)通过特许权协议，授权项目发起人(主要是民营/外商，也可是法人、国企)联合其他公司/股东为某个项目(主要是自然资源开发和基础设施项目)成立专门的项目公司，负责该项目的融资、设计、建造、运营和维护，在规定的特许期内向该项目(产品/服务)的使用者收取适当的费用，由此回收项目的投资、经营和维护等成本，并获得合理的回报；特许期满后，项目公司将项目(一般免费)移交给政府。BOT模式如图2-7所示。

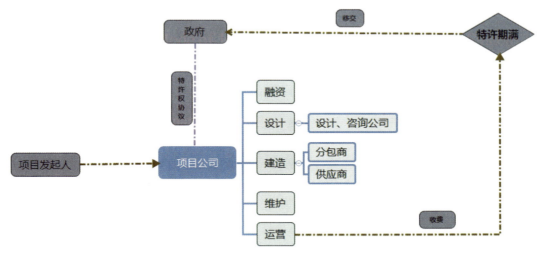

图2-7　BOT模式

2. BOT模式的基本形式及其演变

BOT是一种统称，共有三种基本形式和十多种演变形式。

BOT的基本形式如下。

(1) BOT(Build-Operate-Transfer，建造—经营—移交)。

(2) BOOT(Build-Own-Operate-Transfer，建造—拥有—经营—移交)：既有经营权又有所有权，项目的产品/服务价格较低，特许期比BOT长。

(3) BOO(Build-Own-Operate，建造—拥有—经营)：不移交，项目产品/服务价格更低、特许期更长。

3. BOT项目的本质特征

(1) BOT项目是一种(长期)特许权项目。

(2) 最适用于资源开发和基础设施(所有权归国家)。

(3) 政府将建设和经营特许权交给外国/私营发展商。

(4) 政府拥有终极所有权，特许期一般为10～30年，期满后无偿移交给政府。

4. BOT项目具有狭义项目融资的典型特征

(1) 利用(主要是自然资源和基础设施)项目的期望收益和资产进行融资，债权人对项目发起人的其他资产没有追索权或仅有有限的追索权。

(2) 融资不是依赖于发起人资信或涉及的有形资产，放贷者主要考虑项目本身是否可行及其现金流和收益是否可还本付息。融资负债比一般较高，结构较复杂；大多为中长期融资，资金需求量大，风险也大，融资成本相应较高；放款人参与全程监控；所融资金专款专用。

(3) 项目发起人以股东身份组建项目公司，该项目公司为独立法人，是项目贷款的直接债务人。

(4) 项目发起人对项目借款人(即项目公司)提供某种担保，但一般不涵盖项目的所有风险。

(5) 合同文件(如担保/保险)相当多，以便合理地分担风险。

5. BOT模式的优点

1) 对发起人而言

(1) 降低政府风险(基础设施项目周期长、投资大、风险大)，政府无须承担融资、设计、建造和经营风险，大多转移给项目公司承担(后者再转移给他人)。

(2) 拓宽项目资金来源，引进外资和利用本国民间资本，减轻政府的财政支出和债务负担，加快基础设施的发展和建设，以小投入做大项目或"借鸡下蛋"。

(3) 发挥外资和私营机构的能动性和创造性，提高建设、经营、维护和管理效率，引进先进的管理和技术。

(4) 合理利用资源，因为还贷能力在于项目本身效益且大多采取国际招标，可行性论证较严谨，避免了无效益项目开工或重复建设。

(5) 创造发展商/承包商的商业机会，项目公司可百分之百独资或合资合作经营。

2) 对放贷方而言

(1) 承担同样风险但收益率较高，易于评估中等信用借款方的风险，因为只需评估项目本身。

(2) 提供了良好的投资机会，而且竞争较少，投资额一般巨大，且需专业的知识。

6. BOT模式的缺点

1) 对政府而言

(1) 承担政治和外汇等风险，税收流失。

(2) 使用价格较高，造成国民不满。

(3) 耗时长，因为风险多/合同结构复杂，谈判难。

(4) 外商/私营公司可能出现掠夺性经营。

2) 对项目发起人而言

(1) 融资成本较高。

(2) 投资额大、融/投资期长、收益不确定性大。

(3) 合同文件繁多、复杂。

(4) 有时融资杠杆能力不足。

(5) 母公司仍承担部分风险(有限追索权)。

7. 应用BOT模式的国际趋势

发挥私营机构的能动性和创造性,提高效率,减少政府开支,从而减少政府债务和赤字。一方面是发展中国家对基础设施的需求,另一方面是国际资本寻找投资机会,经政府推动,促进私有化资金为提高效率和促进技术转移形成对多方有益的合作。

8. 最适用于BOT模式的项目

这一般指政府投资各类项目,主要是资源开发、基础设施、大型制造和公共服务设施项目,例如(按融资难易为序):

(1) 采矿/油/气、炼油厂(产品供出口)。
(2) 电厂、供水或废水/物处理厂(政府购买服务)。
(3) 通信(主要靠国际收益)。
(4) 公路、隧道或桥梁。
(5) 铁路、地铁、机场、港口。

此外,制造业(如大型轮船、飞机制造等)、文体设施、医院、政府办公楼、警岗、监狱等也适用。

2.2.6 公私合营模式
2.2.6 Public Private Partnership Mode

1. 概念

公私合营(Public Private Partnership)模式,简称PPP模式,是指政府与私人组织之间建立一种伙伴式的合作关系,以特许权协议为基础,提供某种公共物品和服务,通过签署合同来明确双方的权利和义务,以确保合作的顺利完成,最终使合作各方达到互利共赢的结果。

2. PPP模式的优点

(1) 政府和私人组织共同参与项目,在项目初期实现项目的风险分配,减少了投资商与承建商的风险,降低了融资的难度。

(2) 政府和私人组织在项目初始阶段共同参与,有利于尽早确定项目融资的可行性,提高工程建设效率和降低工程造价,避免项目资金风险,实现了更高的经济效率和更高的时间效率,降低了基础设施项目的投资。

(3) 政府和私人组织彼此取长补短,政府从繁重的事务中脱离出来,可以更好地监督项目的实施,私营企业的早期参与可以促使先进技术和管理经验的引进,通过项目的实施从容稳步地发展。

3. PPP模式的缺点

PPP模式的缺点有:私营机构融资成本较高、特许经营导致的垄断性、复杂的交易结构带来的低效率、长期合同缺乏灵活性、成本和服务之间的两难选择等。

4. PPP模式适用范围

PPP模式一般适用于具有相对灵活的价格调整机制、市场化程度相对较高、投资规模相对较大、需求长期稳定的项目。目前PPP模式主要应用于基础设施项目，如道路、桥梁、铁路、地铁、隧道、港口、河道疏浚等方向，公用事业项目如供电、供水、供气、供热以及污水处理、垃圾处理等环境治理方向社会事业项目如学校、医疗机构、养老院等领域。

第3章 国际工程常用的计价与计量体系

Chapter Three　Commonly Used Pricing and Measurement Systems for International Engineering Projects

【本章导读】从事国际工程造价管理工作，就要对国际工程的造价体系有所了解，本章介绍了这方面的知识。西方发达国家中的英国、美国和日本等在国际造价管理方面具有先进的管理优势，值得我们借鉴和学习。

【关键词】英国皇家测量师协会(RICS)；美国造价工程(Cost Engineering)；日本计算制度；招标项目单(Bid Item List)；成本编码

3.1 国际工程计价与计量体系概况
3.1 General Introduction on International Engineering Pricing and Measurement System

世界各国工程造价管理及计价模式并非统一，在不同时代、不同地域有不同的造价管理形式，计量计价方式也有差异。

16世纪初以前，建筑设计比较简单，工程计价处于可有可无的萌芽阶段。直到18世纪，伴随着西方资本主义国家在工业生产活动中呈现社会化的大力发展(其中英国为当时最发达的国家代表之一)，在工程计价方面亦开始出现新业态、新专业的雏形。19世纪初，西方资本主义国家在工程建设领域中开展项目的竞争性竞价活动，通过竞价活动，业主以最优价格找到更好的承包企业，这种现象慢慢地在资本主义国家推行开来，这期间工程造价的预测显得尤为关键。1868年3月，英国成立了"测量师协会"，其中"工料测量师协会"是最大的一个分会，该协会后期更名为"皇家特许测量师协会"，标志了工程计价的正式诞生。"皇家特许测量师协会"是影响力最大的，也是从事工程造价的计价和管理最早、体系最完整的专业工程咨询组织。到20世纪初期，随着西方资本主义经济学理论的发展，工程造价领域结合应用经济学、工程技术等的原理建立工程计量与计价体系。工程造价管控方向重视工程项目的计量统一标准的建立及应用，同时侧重项目投资与效益评估及分析技术与经济的平衡与统一等方面应用。到20世纪70年代末至90年代初，发达国家纷纷在改进本国自有理论和方法的基础上，借助国际上管理领域最新理论和方法，对工程造价管理在各个阶段计价模式上的发展和资金控制进行了更深入的研究。工程计价的综合与集成发展逐步形成了工程造价全过程控制理论，并在大型工程中得到了广泛的应用及创新。

中国工程造价管理是新中国成立后逐步建立起来的，有两种主要的计价方式，即"定额计价"和"清单计价"。自1949年以来，学习和借鉴了苏联模式的概预算定额计价模式，即以定额为基础确定建设工程造价。在20世纪六七十年代，由于政治原因，定额作用被削弱。1978年改革开放后，造价管理工作也迎来了发展期，全国范围内先后颁布了几十版次的劳动定额、预算定额、概算定额、估算指标等。随着时间的推移，与计划经济体制相适应的定额计价模式与市场经济的发展越来越不相适应，于是引发了工程造价管理制度方向的改革。2003年7月1日，国家建设部颁布的《建设工程工程量清单计价规范》(GB 50500—2003)开始实施。2008年12月1日，住房和城乡建设部重新修订的国家标准《建设工程工程量清单计价规范》(GB 50500—2008)开始实施。2013年又重新修订了《通用安装工程工程量计算规范》(GB 50856—2013)。目前我国建设工程造价计价管理现状还是"双规制"，即定额计价方法与清单计价方法。

国际工程建设领域中，被世界普遍认同的、具有典型代表特征的主要有三种计价模式：一是以英国为代表的工料测量(RICS皇家测量)体系的计价模式；二是北美的造价工程体系(Cost Engineering，以美国为代表)的计价模式；三是日本工程积算制度的计价模式。英国、美国和日本作为世界上经济最发达的资本主义国家，在工程造价管理方面同样走在世界前列，经过许多年工程项目实施积累的实践经验，形成了各自较为成熟的工程管理、造价管理体系，有许多值得我们借鉴的地方。对比英国、美国、日本及中国四个国家在工程计量及计价方法上的异同，有助于我们从宏观上了解国际工程计量计价体系之间的优劣(见表3-1)。

表3-1 英国、美国、日本及中国在工程计量及造价的计价方法上的异同

对比内容	英国	美国	日本	中国
现行工程量计算规则	《建设工程工程量标准计算规则》(SMM 7)及《土木工程工程量计算规则》等，RICS编制(非官方发布)	《美国建筑标准协会标准格式》(MASTER FORWAT)和《单元单价格式》(UNIT-IN-PALCE)，美国建筑标准协会(CSI)发布(非官方)，推行工程成本编码	《建筑数量积算基准》，建筑积算研究会编制，日本政府和私人工程普遍采用	全国统一的《工程量清单计价规范》，相应计算规则及各省计价依据相应的计算规则
工程量清单编制	由发包方提供工程量清单、合同条款、设计施工图样及技术规范，并且允许清单中的错误在实施后进行修改	政府工程在合同文件中列出"招标项目单"(Bid Item List)代替"工程量清单"(BQ)，投标人自行计算图纸工程量，自行报价，私营项目一般不使用	工程发包是由政府主管部门直接组织招投标，负责工程预算价格控制(类似于中国的招标标底)，政府工程或私人项目一般由咨询公司编制	由招标人或其委托的具有资质的造价咨询机构进行工程量清单编制
工程造价价值管理	无论是政府工程还是私人工程，一般是RICS提供工程建设的控制、管理，包含项目各阶段费用的估算编制、成本规划、承包方式的选择、招标代理、工程结算、实施项目管理和合同咨询、纠纷仲裁等全过程咨询服务	不同的估价阶段选用不同估价方法：单位成本法、设备因子法、规模因子法、其他参数法(参数单位成本模型、复合参数成本模型)、比例因子法、总单位因子法等。工程估价大致分5级：①数量级估算，精度-30%到+50%；②概念估算，精度-15%到+30%；③初步估算，精度-10%到+20%；④详细估算，精度-5%到+15%；⑤完全详细估算，精度-5%到+5%	与中国投资控制方式类似，政府项目从可研阶段投资估算到设计概算到招标预算逐级控制	政府投资从立项到可研阶段投资估算到设计概算到招标预算逐级控制

35

续表

对比内容	英国	美国	日本	中国
工程建设费的组成	包括：①土地购置或租赁费；②设计费；③现场清除及场地准备费；④工程费；⑤财务费用；⑥永久设备购置费；⑦法定费用；⑧其他费用	包括：前期费用(资金的筹措，设备购置及储备资金、土地征购及动迁补偿、环境评估费、地质土壤测试费、上下水、暖气电接管费、场地平整绿化费、财务费用、税金及其他前期费用)和项目实施费用(施工所需的工、料、机消耗使用费，现场费用，保险，税金，不可预见费)	由工程费(直接工程费和共通临时设施费)、临时设施费、现场经费、一般管理费及消费税等部分构成	包括：直接费、间接费、利润、税金
工程造价信息管理	政府(原建筑业行业管理部门贸易和工业部)、专业团体(以英国皇家测量师学会为代表的专业团体)和企业三个层次，收集、整理各种工程造价信息，分析、测算各种工程造价指数	美国的工程造价信息有各联邦政府出版的，也有民间出版的，还有企业自身积累的三种	官方的"经济调查会"和"建设物价调查会"收集各种相关经济数据和指标定期发布：建设物价杂志、积算资料(月刊)、土木施工单价(季刊)、建筑施工单价(季刊)、积算资料袖珍版因特网上登载物价资料(周刊)	由各级政府行政主管部门定期颁布各类造价调整指数和工程造价信息

下面将从造价管理和工程计量计价方法两个层面，对上述主要模式作简要介绍。

3.2 英国联邦工料测量(RICS皇家测量)体系的计价模式

3.2 Royal Institution of Chartered Surveyors Pricing Mode

3.2.1 RICS的历史及作用
3.2.1 The History and Roles of RICS

国际工程建设领域中，英国皇家测量师协会(RICS)是从事工程造价的计价和管理最早、体系最完整、影响力最大的专业工程咨询组织，和国际咨询工程师联合会(FIDIC)齐名，都是国际上具有权威性的咨询工程师组织，并且是被世界银行、亚洲开发银行等国际金融组织认可的国际咨询服务机构。

RICS，1868年成立于英国伦敦，总部设在英国伦敦的威斯敏斯特行政区的中心区，当时是专业工料测量师组织，经过多年的变更和发展，于1946年更名为皇家特许测量师协会。迄今为止，RICS已经有150余年的历史，全球拥有400多个RICS认可的相关顶级高校学位专业课程，每年发表500多份研究及公共政策评论报告，向会员介绍涵盖了土地、物业、建筑测量、建造、设施管理、测绘、规划及开发、厂房及机械、项目管理、住宅物业、林园物业以及文物和艺术精品评估等近20个不同行业和相关专业领域的最新发展趋势。RICS创立之初仅有会员200人，至2018年，拥有RICS会员资格的专业人士已遍布150多个国家，拥有设立于布鲁塞尔的欧洲分会、设立于悉尼的大洋洲分会、设立于纽约的美国特许工程师协会三个分会。被RICS认可的全球专业人士总数有13余万人。RICS会员主要集中在英国，在欧洲大陆、澳大利亚和中国香港也拥有庞大的数量。

中国内地第一批特许测量师近100人于1995年加入了RICS组织。RICS在2006年进入中国内地市场，目前在中国内地设有北京、上海、重庆、广州四个办事处。RICS与中国内地合作的高校包括清华大学、同济大学、天津理工大学、天津大学、浙江大学、中国人民大学、东南大学、华中科技大学、重庆大学等。RICS与中国内地合作的政府机构及公司包括中国对外承包工程商会、原中国国土资源部(现自然资源部)、国务院参事室、中国资产评估协会、国家发展改革委中国城市和小城镇改革发展中心、既有建筑更新研究设计中心、中国人寿保险(集团)公司、中国建筑集团等。截至2018年，RICS在中国内地会员有6000多人。

RICS发展历史可谓悠久，其作为一个独立的非营利性机构，以公众利益为本，致力于提高会员的专业水平及职业操守，为项目业主及承包商双方提供科学、公正的服务及权威的建议，是具有很高声誉和权威的专业组织。RICS与联合国、世界银行、欧洲复兴开发银行等国际组织长期保持紧密的联系。RICS还是国际评估标准委员会、国际测量师联盟等团体的主导成员，在国际建设领域有很高的话语权，在涉及国家政府公共政策等重要的议题方面发挥重要影响作用。在英联邦国家和地区，测量师是一种社会上独立存在的受尊重的职业，工程建设领域中，测量师、估算师已经具有与建筑师、专业工程师并列且相互制约、相互影响的工作地位。

RICS的作用：在工程建设领域中，RICS是政府和承包商之间的桥梁和纽带。在大多数西方发达国家，政府不直接参与对工程造价的管理和控制，无论是政府工程还是私人工程，通常由专业咨询机构提供管理服务。像RICS及其下属的事务所都是独立于发包人和承包商的中介组织，它们拥有大量的专业技术人才，长期从事工程建设的管理和控制等全过程、全方位的咨询服务。其业务主要包括：编制项目各阶段费用的估算、提供成本规划、代理业主进行招标、选择最优承包方、合同咨询谈判、后期工程结算、纠纷仲裁咨询等，RICS所积累的经验已经转换为庞大的已完工程案例数据库资源，支撑RICS估价师们更好地服务于业主及承包商。

3.2.2 RICS计价模式
3.2.2 RICS Pricing Mode

英国确定工程造价有关的计价依据主要有：工程建设标准、工程量计算规则、工程造价数据及信息等。这些标准及规则是保证工程造价计量的准确的依据，工程造价数据及信息则是保证计价准确的基础，缺一不可。

英国没有国家属性的计价定额或标准，工程量计量规则是由协会或学会在历年的工程项目中积累总结逐步形成的。1905年由TICS编制出版的《建筑工程工程量计算规则》(SMM)，成为全英统一的建筑工程工程量计算规则，用以规范参与建设各方的行为。RICS还编制、颁发了一系列行为规范、规定、标准或计算规则，如《土木工程工程量计算规则》，与SMM共同构成了全英工程造价管理技术体系。其中SMM经过多次修订、完善(现行版本为SMM7)，为工程量的计算、计价工作及工程造价管理提供了科学化、规范化的标准，成为建筑工程和土木工程及工业工程等参与各方共同遵守的计量、计价的基本规则。SMM 7在国际项目中也具有很高的声誉，被广泛学习、采用。

在英国，从业主的角度划分，一个工程建设项目的工程建设费由以下项目组成：①土地购置或租赁费；②设计费；③现场清理及场地准备费；④工程费(包括直接费、管理费、现场费、风险费和利润)；⑤财务费用；⑥永久设备购置费；⑦法定费用；⑧其他费用。

英国十分重视已完工程数据资料的积累及数据库的建设，其做法值得我们认真思考和学习。其在数据收集方面，划分为政府、专业团体、企业三个层面。

(1) 政府层面，英国的原建筑业行业管理部门贸易和工业部(Department of Trade and Industry, DTI)下设建筑市场情报局，专门负责收集、整理工程建设领域的价格信息(包括人工、材料、机械等)，计算各类建设工程的投标指数和造价指数，并定期(每季度或月度)向社会公布上述价格信息和各类指数，以指引和规范工程建设各阶段的工程估算、造价确定。

(2) 专业团体层面，是指以英国RICS为代表的工程造价相关的专业团体发布的造价信息。各专业团体均有专门的部门或分支机构负责收集、整理各种工程造价信息，并持续分析、测算各种工程造价指数，一般是有偿提供给业界参考使用。

(3) 企业层面，包括测量师行业公司、造价咨询公司和部分大型工程承包商发布的造价信息。英国建筑业企业重视企业无形资产的形成和保护，一方面非常注重实际的工程造价信息收集、整理和积累，另一方面会在一定期限内作为公司重要的资料严格保密。

英国的工程项目建设实施的是"量价分离"的模式，建筑市场通过招投标方式选择承包单位的模式和机制非常完善，英国的传统做法，由招标方在公告文件中明确或指定计算工程量时使用何种计算规则，一般是以SMM 7来作为工程量的计算规则，招标方编制招标文件并提供工程量清单、合同条款、设计施工图样及技术规范，规定未标价工程量清单通常是作为合同文本的一部分。工程量清单在招投标活动中的主要作用是为投标者提供一个公平竞争的报价平台，并且允许清单中的错误在后续实施过程中进行修改，因此在报价时承包商不必过分担心清单工程量的准确性而进行复核。据了解，英国工程量清单中有两类计价方法：一类是工程实体项目按单价计价，如混凝土工程按每立方米多少钱计价；另一类是类似于措施费等项目按照"项"包干计算，如工程保险费等。招标方在编制招标工程量清单时会注明有关项目内容，比如在相应的条目说明处写明该条目包括哪些工作内容或所采用的图样号等，其目的就是方便承包商报价。

详见英国皇家特许测量师学会官网，网址为https://www.rics.org。

3.3 北美的造价工程体系的计量和计价模式
3.3 The Measurement and Pricing Mode of the Cost Engineering in North America

北美的造价工程体系以美国造价工程(Cost Engineering)为代表，下面简单介绍一下美国的造价工程体系。

3.3.1 美国工程造价管理体系概述
3.3.1 General Introduction on Projects Cost Management in USA

美国是发达的资本主义国家，市场经济处于高度繁荣、自由竞争的状态，在经济发展过程中，市场结构体系也是在不断演变的过程中，政府采取控制宏观经济的手段和形式以及力度的不断增强，使得美国在国际经济关系中的作用和地位也处在不断调整的过程中。现在美国的经济可以说是一种政府干预的混合型经济。美国建筑行业内，市场机制、竞争机制在经济活动中发挥着基础性调节作用。

美国的建设工程项目主要分为政府投资项目和私人投资项目，投资主体不同，管理办法也不尽相同。由美国政府投资的项目，采取谁投资谁管理即由政府投资部门直接管理的模式，或是采取委托专业咨询公司对工程施工阶段造价进行全过程管理。对私人投资的工程项目政府不予干预，但通过制定相应的法律、法规、技术标准等，对私人工程实施中的技术标准、安全、社会环境影响和社会效益等加以引导或限制。

美国没有由政府部门统一颁布的工程定额和工程量计量规则，也没有强制统一的工程成本计价依据和标准，美国类似于英国的行业管理，由行业协会、企业或各州政府机构根据自身的具体情况制定各自的工程成本的计算标准。招标时一般由各大型工程咨询公司指定使用计价定额、指标、费用等的标准。各个州的咨询机构根据本地区的特点，制定出单位面积的消耗量指标和计价指标，并以此作为所管项目的成本估算标准的依据。在建筑造价信息方面，政府有关部门定期出版有大量的商业出版物，另外许多的专业协会、大型工程咨询顾问公司也将收集的信息汇总成商业出版物，以供工程项目在不同地区不同时间编制估价时参考。美国各州政府也会将上述资料进行综合分析和提炼总结，形成工程材料价格及成本指数等信息指南并定期发布。

在美国因为没有标准统一的工料测量方法，所以在招标活动中，政府投资的工程会在合同文件中列出"招标项目单"（Bid Item List）代替"工程量清单"（BQ），要求每个投标人根据设计图样自行选择计量方式计算工程量，然后依据自己所掌握的有关材料、设备、劳务的价格以及应包含的各类管理费和利润来计算投标价格。投标人或承包商所掌握及采用的价格信息一般不向业主公开，特别是大型承包商都有自己的成本估价系统，设有专门负责成本控制的机构和人员，对成本管理工作非常重视并严格保守秘密。

3.3.2 美国的工程造价与估算模式
3.3.2 Engineering projects Cost and Estimation in USA

工程造价是由两个部分构成的，简单来说就是项目前期费用与工程实施费用。项目前期费用就是业主投资及经营项目所需花费，包括资金的筹措、土地征购及涉及相关迁移补偿、设备购置及储备资金、投融资财务费用、税金及其他各种前期费用。而工程实施费用就是建安工程建设实际发生所需费用，可由业主委托设计咨询公司编制，或可由总承包公司编制完成，费用主要包括施工所需的材料、机械消耗使用费、劳力、业主及其代表等现场管理人员工资、办公和其他杂项费用；承包商在施工现场的生活及生产设施费用；需要购买的各种保险费用、缴纳地方政府税金及风险费用等。对于EP或EPC项目，除非设计建造文件另有说明，否则设计建造承包商需支付执行和完成工作所必需的人工、材料、设备、机械、建设设备和机械、水、电、实用工具、交通、其他设备和服务等费用，设计建造承包商需提供营业税、消费税、使用税及类似税种。另外还需根据项目情况考虑法务咨询费、资金成本费等。通常情况下承包商的利润占建安工程造价的5%~15%。

价值工程理论在美国应用广泛，工程造价的估算就是在价值工程理论基础上建立起来的，在设计方案阶段，一般都有估价师参与方案的研究和论证，以保证在实现功能的前提下，与尽可能减少工程成本相平衡，使造价建立在功能合理最大化的同时，投资效益取得最优回报。美国在成本估价方面，总结出了不同的估价阶段选用不同的方法，为估价人员提供多种估价依据。这些方法大致可分为如下几类：①单位成本法；②设备因子法；③规模因子法；④比例因子法；⑤总单位因子法；⑥其他参数法（参数单位成本模型、复合参数成本模型）等。

根据项目进展的阶段不同，工程估价大致分5级：第1级，数量级估算，精度

第3章 国际工程常用的计价与计量体系

为-30%到+50%；第2级，概念估算，精度为-15%到+30%；第3级，初步估算，精度为-10%到+20%；第4级，详细估算，精度为-5%到+15%；第5级，完全详细估算，精度为-5%到+5%。

通常，业主与承包商的估价过程及估价结果均有很大不同，这是因为他们站在不同的角度、拥有不同估价方法；对估价的准确性也有不同的要求，还有各自参考的价格、指数来源不同；承担的管理或交易风险不同等。

业主一般在研究和发展阶段即进行估价，类似于新工艺的可行性研究阶段，除了在技术上要考虑多方案研究比较，还需要考虑工艺技术的成熟度及应用风险。在投融资方面，首先考虑投资策略及风险，场地选择对项目营销的影响，宏观市场对项目的影响，后期运维的方案以及合同管理策略等一系列问题，其中每一项都会影响到成本高低，每一项都具有较大的不确定性，估价一般采用的方法为参数法。

承包商一般参与时间较晚，要在项目进行的中期或后期才开始，所以相对业主来讲，考虑范围和承担的责任要小一些。只需根据业主提供的初始条件来完成最终设计、承担建设并交付的过程，承包商会根据企业自身的经验数据，采用详细的单位成本或类似项目估算的估价方法。

3.3.3 美国的工程"招标项目单"
3.3.3 Engineering "Bidding Item List" in USA

在美国，工程量清单被称作"招标项目单"，在建筑工程的招标列项中，针对政府项目和针对私营项目有所区别。政府的工程建设合约需符合国家或各州政府相关法律和法规的限制，这些限制可以保证财务核算的正确，还可以体现出对政府公共资金支出的监督与管控。政府或相关部门在合同文件中列出招标项目单，并对每一个项目给予十分严格的定义或说明。在合同实施过程中，工程项目单可以作为进行现金流量分析的依据，同时也可以作为工程款支付的依据。美国的私人投资项目则不受上述法律和规定的限制。因此，私营项目业主常省略招标项目单(工程量清单)，采用总价合同(Lump-Sum Contract)的形式进行项目建设。

3.3.4 工程编码简介
3.3.4 Brief Introduction on Engineering Coding

美国在工程估价体系中，有一个非常重要的组成要素，即有一套前后连贯统一的工程成本编码及会计编码。美国的工程成本编码，就是将工程项目按其工艺特点划分为若干分部分项工程，并分配专用的号码给每个分部分项工程，作为该分部分项工程的代码。该代码相对固定，在工程管理和成本核算中对应建筑工程的各个分部分项工程，便于成本控制和管理。这个分解过程被称为工作分解结构(Work Breakdown Structure，WBS)，并在此基础上对应统一的会计编码。WBS与中国清单计价的工程编码类似。

美国建筑标准协会发布过两套编码系统，一套叫作"标准格式"(Master Format)，另一套叫作"单元单价格式"(Unit-In-Place)，这两套系统基本适用于所有的建筑物工程和一般的承包工程。其中，"标准格式"多用于工程项目运行期间的项目控制，"单元单价格式"更多地用于前期阶段的项目分析。其工作细目划分及代码分别如下。

1．标准格式的工作细分划分

1) 一级代码(见表3-2)

表 3-2　标准格式工作划分（一级代码）

CS1代码	说明	CS1代码	说明
01	总体要求	09	装饰工程
02	现场管控	10	特殊产品
03	混凝土工程	11	设备
04	砖石结构	12	室内用品
05	金属工程	13	特殊用品
06	木材及塑料工程	14	运输系统
07	隔热及防潮工程	15	机械工程
08	门窗工程	16	电气工程

2) 二级代码

01　一般要求

01100　概要

01200　价格和程序性支付

01300　管理要求

01400　质量要求

01500　临时设施和控制

01590　材料和设备

01700　执行要求

01800　设备操作

02　场地建设

02050　基础场地材料和方法

02100　现场清理

02200　现场准备/平整

02300　土石方工程

02400　开挖隧道、钻探和支护

02450　地基和承载构件

02500　公用设施

02600　下水道及密封

02700　路基、路面和附属物
02800　建设场地改善和环境优化
02900　绿化
02950　建设场地修复和重建
03　　混凝土
03050　基础混凝土材料和方法
03100　混凝土模板及附件
03200　混凝土钢筋
03300　现场浇铸混凝土
03400　预制混凝土
03500　水泥胶结屋面板和垫层
03600　水泥浆
03700　混凝土修复和清理
04　　砌体工程
04050　基础砌体材料和方法
04200　砌体块
04400　石料
04500　耐火材料
04600　仿石砌体
04800　砌体组装
04900　砌体修复和清理
05　　金属
05050　基础材料和方法
……

2．单元单价格式的工作细目划分

1）一级代码（见表3-3）

表3-3　单元格式工作划分（一级代码）

CS1代码	说明	CS1代码	说明
分单元1	基础	分单元7	传输部分
分单元2	下层结构	分单元8	机械部分
分单元3	主体结构	分单元9	电器部分
分单元4	外墙	分单元10	一般条件
分单元5	屋顶	分单元11	特殊结构
分单元6	内部结构	分单元12	现场作业

2) 二级代码

基础

地基和基础

1.1-120　扩展基础

1.1-140　带状地基

1.1-210　现浇基础墙混凝土

1.1-292　防水地基

挖方和回填

1.9-100　建筑挖方和回填

地下结构

地板结构

2.1-200　简单结构与加固结构

主体结构

柱、梁和桁条

3.1-114　C.I.P. 柱-方拉杆

3.1-120　预浇混凝土柱

3.1-130　钢柱

3.1-140木柱

3.1-190防火钢柱

3.1-224"T"形预制梁

……

3. 工业项目的工作细目划分

对于工业项目，由于它们所需的是对设备、管系、仪器以及其他占比较重要的项目，一般使用下面的编码体系或参考这些编码稍微改动。

典型的工业工程编码

(1) 现场/土木。

(2) 混凝土/基础。

(3) 结构/钢制品。

(4) 建筑物/建筑学。

(5) 管道系统。

(6) 设备。

(7) 导管。

(8) 电气。

(9) 仪器/工艺控制。

(10) 油漆/涂层。

(11) 绝热。

注:本章最后提供一个美国政府项目的"招标项目单",供感兴趣的同学参考。

3.4 日本工程积算制度的计价模式
3.4 The Pricing Mode of Japan's Engineering Accumulation System

3.4.1 日本工程积算制度的概念
3.4.1 The Concept of Japan's Engineering Accumulation System

日本的工程积算是一种量价分离的计价模式,所谓"积算",就是以设计图纸为基础,通过计量、计算构成建筑物的各部分,然后对其结果进行分类、汇总,是一种通过技术分析事先对工程费用进行预测的技术。

3.4.2 日本工程积算制度形成简介
3.4.2 General Introduction on Japan's Engineering Accumulation System Formation

在20世纪60年代之前,日本建筑工程在数量的计算方面,是承发包双方从各自角度出发,工程量计算的结果难以统一。1967年日本建筑工业经营研究会翻译并研究了英国的《建筑工程标准计量方法》(Standard of Measurement of Building Works),受到日本国内各方的关注,日本建设省(政府设施部)委托"建筑积算研究会"着手制定"工程量计算统一化"的研究工作,从1970年起花费了近十年的时间,编纂了日本的《建筑数量积算基准》,为使其日趋完善,广泛征询意见后进行了多次修订和改编,并在此基础上制定了《建筑工程工程量清单的标准格式》,使工程量计算有了标准化的基础依据。日本建筑工业经营研究会及建筑积算研究会对于日本工程计算规则的标准化制定发挥了巨大的作用,在日本拥有数十个成员单位。日本政府作为决策中标者的工程预算价格(类似于中国的招标标底)就是以此基准为依据进行计算的。

日本建筑积算协会于1979年设立了"建筑积算士"制度,随后于1990年通过向建设大臣申请、批准后,创立了"建筑积算资格者"制度,同时废除了"建筑积算士"制度。日本每年实施"建筑积算资格者"考试,考试分为学科考试和实践技能考试两部分,考试合格的人员,于当年由建筑积算研究会予以注册。该注册资格同时为建设大臣认定的资格。

3.4.3 日本工程积算计价模式
3.4.3 Japan's Engineering Accumulation Pricing Mode

与中国的工程造价管理体系相比,日本的积算计价模式有自己的特色。《建筑数量积算基准》被日本政府公共工程和民间(私人)工程广泛采用,所有的工程一般先由建筑积算士按此规则积算出工程量。工程量计算业务以设计图及设计书为基础依据,对工程数量进行记录和合计,通过计量、计算等方法构成建筑物的各部分工程量数据。建设省《建筑工程数量积算基准》中有一套《建筑工程标准定额》,相当于中国建设部批准并发布的《全国统一建筑工程基础定额》,它将建筑工程分为不同的种类(分项工程),再将其细化成单位工程,对于每一细目(单位工程)以列表的形式,列明单位工程的劳务、材料、机械的消耗量;其他经费,如分包经费(多为经验数据,以一项为单位),对其结果通过分类、汇总,编制出详细清单,这样就可以根据材料、劳务、机械器具的市场价格计算出每一细目的费用,进而可以算出整个工程的纯工程费。除了纯工程费外,日本的工程价格还包括现场管理费、一般管理费、消费税等,其中纯工程费由直接工程费和共通临时设施费组成。对于共通临时设施费、现场经费和一般管理费有两种计算方式,一是按实际成本计算,二是按过去的经验采用纯工程费的一定比率予以计算。日本工程项目费用构成如图3-1所示。

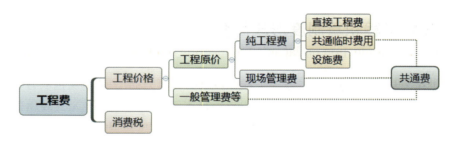

图 3-1 日本工程项目费用构成

日本是一个市场化程度较高的发达经济体,其建筑市场容量巨大。该国的市场规范,法制健全。"经济调查会"和"建设物价调查会"隶属于日本官房机构,专门负责收集各种相关的经济数据和造价指标。其中与建筑工程造价有关的有:"建设物价杂志"、"物价版"(周刊,同时还在因特网上每周登载)、"积算资料"(月刊)、"建筑施工单价"(季刊)、"土木施工单价"(季刊)及"积算资料袖珍版"等定期发行的资料。政府委托调查会对"积算基准"的使用情况进行调查,对相关的土木、建筑、电气、设备工程等的定额及各种经费的实际情况均在调查范围内,报告市场各种建筑材料的工程价、劳务费、材料价、运输费和印刷费等,要求按都道府排列。价格的资料来源是全国各地商社、建材店、货场或工地实地调查数据。每种材料都标明来源地(如由工厂或由库房、商店运至工地的差别),并标明每月的调查情况。利用这种方法编制的工程预算比较符合实际成本,体现了"市场定价"的原则,而且不同地区不同价,有利于在同等条件下投标报价。日本工程定价方式最显著的特征是真正的"量价分离",价是市场定的价,而量是法定的。

日本实行的是政府导向型的市场经济体制。对政府出资工程计价管理和私人投资工程造价管理实行分而治之的方法。政府直接投资项目的管理，由各地方政府的土地整备局或建筑都市部负责，由具有专业知识的国家公务员对政府投资工程项目的建设进行管理，政府指定专门机构(如上述研究会)针对政府工程收集掌握劳务、机械、材料单价，并编制复合单价，作为控制政府项目投资的依据，也可以说，政府投资工程其预算基本上是由政府控制的。特别是公共建筑工程计价依据，日本建设省官房厅营缮部，除负责统一组织编制并发布计价依据，并对公共建筑工程(如政府办公楼、学校、医院、公寓、体育设施等)造价实行全过程的直接管理并确定工程造价。其具体做法是：在项目立项阶段，项目费用控制由大藏省严格审批规则设计的投资估算(包括工程费、设计费和土地购置费)，超过限额投资规模的工程项目则还应报国会讨论通过。项目立项后，批准的规划和投资估算是设计单位接受委托设计的基础条件。需严格控制估算进行限额设计，一般不得突破批准的限额。设计完成后，还要根据不同阶段的设计再次详细计算和确认工程造价，以保证不突破批准的估算限额。如有突破，则需要修改设计，或降低建设标准或压缩项目的建设规模，最终设计限额。

在工程发包阶段，从招投标，选择和确定中标单位，直到与中标单位签订工程承包合同，都是由政府主管部门负责组织，严格控制，确保中标价在预定价格以内。在项目施工过程中，政府主管部门还要对工程建设各专业各环节进行严格的质量、工期和造价三方面的管理。严格控制设计变更在工程总价允许调整范围以内。

日本的造价管理(按工程的进度来分)可以分为三个阶段，如表3-4所示。

表3-4 日本造价管理阶段划分表

造价管理	工程的进展	主要目的	做　　法
计划阶段	项目构思	1.对费用的界限进行研究 2.研究项目的可行性 3.初步的投资估算	运用以往工程经验和造价指数估算
设计阶段	基本设计阶段	计算工程费	1.按建筑物各分部工程的工程量及综合单价计算 2.或按工程各分部占工程费用中的比例分配工程费的方法计算
	详细设计阶段	招标的标底	按图纸计算分部分项工程的工程量乘以单价来计算
施工阶段	工程实施阶段	造价控制	

在日本，国家的指导性计划不对私人投资工程具备法律上的约束力，但为了减少私人投资工程的盲目性，政府采用的管控措施就是通过利用各种经济杠杆，"引导"或"影响"企业的投资、生产等计划。总之，政府不直接干预私人投资项目的价格确定。

3.5 中国工程造价计价模式
3.5 Brief Introduction to China's Engineering Cost Valuation Mode

3.5.1 发展历史
3.5.1 History of Development

中国定额计价制度从产生到完善的数十年中，在指导工程建设的工程造价管理领域发挥了巨大作用，更为政府投资的工程项目的造价控制提供了基础依据。

中华人民共和国成立后，从1950年至1957年，学习借鉴苏联的预算管理制度，逐步建立健全中国工程建设概预算制度的阶段，政府管理部门颁布了一系列的管理规定，对概预算的编制原则、包含内容、计算方法、审评办法及修改程序作了相应规定，明确了概预算管控实行集中管理为主及地方分级管理制度。1958年至1976年，种种原因造成了概预算管理制度被削弱。1977年至20世纪90年代，概预算体系完善发展阶段，特别是1978年党的十一届三中全会以后的时期，随着改革开放，国家计划经济工作逐步走入高速经济发展的轨道上来，为健全、完善、发展概预算制度和创建定额管理体系创造了空前有利的环境。国家建设行政主管部门认真总结概预算和定额管理制度建立以来的成功经验及计划经济多造价失真影响投资控制等教训，借鉴西方发达国家的科学管理的理论，做出了加强基本建设工作的一系列决定，对定额制定和概预算管理实行了统一管理与分级管理相结合的办法，在定额编制、审批、执行等管理工作中，对行政主管部门的工作责任和权限给予了明确规定。也规定了施工定额、预算定额、概算定额等技术经济指标的内容、项目划分、工艺水平、施工方法、编制方法和使用范围，修订并编制颁发了《全国建筑安装工程统一劳动定额》《全国统一建筑工程基础定额》《全国统一安装工程预算定额》等数十种定额，各省市也都在国家定额的框架下相继出版了各自的定额，逐步形成中国概预算制度及定额管理的造价体系。

中国计划经济年代，建筑行业的人工、材料、机械等的价格长期保持固定不变。随着改革开放自由经济的发展等诸多因素引起主要生产要素——人工、材料、机械价格产生较大的波动，政府主管部门通过定期、统一颁布工程造价信息和相应的造价调整价系数等手段，实现对工程造价的有效管理。从20世纪90年代初开始，随着中国加大改革开放力度，鼓励发展市场经济，带动了建设市场的放开范围，那时的建筑材料已不再统购统销，影响力不断蔓延到人力市场、机械市场等，人工、材料、机械台班等建筑要素价格开始随市场供求的变化而上下波动。而定期的颁布定额信息调整和推广使用都落后市场一定的周期，使得在定额中所提供的建筑要素价格资料总是与市场实际价格不相符，造成工程造价不能客观反映真实的成本费用。所以在当时，按照统一定额计算出的工程造价已经不能很好地实现投资控制的目的，定额计价制度的改革势在必行。2000年，《招标投标法》在中国实施，标准的《建设工程施工合同(示范文本)》开始推广，同期中国加入WTO导致的与国际市场接轨速度的加快，这些客观条件变化加快了造价管理制度的改革，催生了工程量清单计价模式在中国的建立和推广。2003年7月1日，国家建设部颁布的《建设工程工程量清单计价规范》(GB50500—2003)开始实施。2008年12月1日，住房和城乡建设部新修订的国家标准《建设工程工程量清单计价规范》(GB 50500—2008)开始实施。2013年又重新修订了《通用安装工程工程量计算规范》(GB 50856—2013)。清单发布的主导思想就是"量价分离"。"量价分离"是指国务院建设行政主管部门制定符合国家有关标准、规范，并反映某一特定时期施工水平、材料、机械等消耗量标准，实现国家对消耗量标准的宏观管理。也使造价从业人员利用业主提供的清单，结合自身的成本进行报价，实现了量价分离，与国际工程报价接轨。

3.5.2 定额计价与工程量清单计价模式
3.5.2 Quota Valuation and Engineering Quantities List Pricing Mode

1. 定额计价模式

中国的定额从概念上说是指在正常社会劳动条件及合理时间下，制作和生产一定计量单位的合格产品所需人工、材料、机械的平均耗量及价格体现。定额并不完全是计划经济的产物，定额本身就是一个标准，它是现代化生产管理的必需手段，是一个发展阶段中无可替代的管理方法。这种管理手段和方法与社会制度和经济体制无直接关联。西方发达国家在造价管理过程中逐渐发展形成了工程计价的标准和方法即类似于我们的定额。美国人泰勒的科学管理理论中就有定额。

中国工程定额计价模式主要依据国家、省、市造价部门制定的各种定额，其中定额的项目划分按施工工序、分部分项划分得比较细致，定额计价方法是按照建设工程概预算定额的"工程量计算规则"，先计算出工程直接费(直接费包括人工费、材料费和机械费)，再以直接费(或其中的人工费)为基数计算各项费用、利润、税金，汇总为建筑工程造价。

2. 工程量清单计价模式

现行的工程量清单计价模式，主要依据"清单计价规范"，规范一词的性质是含有强制性条文的国家标准。清单项目划分是按"综合实体"进行划分的，每个分项可包含多个施工内容，可理解为定额项汇总得到一个实体完整的清单项。而清单计价方法采用综合单价，包含人工费、材料费、机械使用费、管理费、利润，并考虑风险因素。工程量清单计价时，造价由工程量清单费用($\sum$=清单工程量×项目综合单价)、措施项目清单费用、其他项目清单费用、规费、税金五部分构成，这种划分的主要目的是区分开施工过程中的实体性消耗和措施性消耗，对于措施性消耗费用只列出项目名称，由投标人根据招标文件要求和施工现场情况及企业的施工方案自行确定，体现出以施工方案为基础的工程造价的竞争。对于实体性消耗费用，则列出具体的工程数量，投标人要报出每个清单项目的综合单价。

综上所述，中国现行工程量清单计价模式是真正贯彻了国家进行工程造价体制改革，即"政府宏观调控、企业自主报价、市场竞争形成价格"的原则，是一种真正适应市场经济体制的工程造价计价模式，同时也是适应国际工程报价的模式。

附件 美国×××大桥费用子目录示例
Example of An American Bridge Fee Subcatalog

表3-5为美国×××大桥项目投标的"招标项目单"。

表3-5 美国×××大桥投标的"招标项目单"

成本子目编码	成本子目内容	成本类别	子目数量	计量单位
100-010	SUPERVISION(监管)	分包	39.00	MOS
100-010	SUPERVISION(监管)	其他	39.00	MOS
100-020	Tolls(通行费)	其他	39.00	MOS
100-030	FIELD OFFICE-Initial set/Demob(驻场办公室——建造及拆除)	材料	1.00	IS
100-035	FIELD OFFICE MONTHLY COST(驻场办公室每月费用)	其他	39.00	MOS
100-038	Trash Container Service(垃圾处理服务)	其他	39.00	MOS
100-040	Eqpt. Mob/Demob(设备安装及拆除)	其他	78.00	EA
100-050	Labor Escalation-Cooper Use Only(务工费)	人工	1.00	IS
100-060	Labor Holiday Pay(员工节假日费用)	人工	39.00	MOS
100-070	Engineer Service-General(工程服务-总览)	其他	1.00	IS
100-080	Safety PPE&Service-10% of original Small tool(个人防护用品——占原小物品的10%)	其他	39.00	MOS
100-090	WC/GL/UMBRALLA(卫生间、玻璃及雨伞)	其他	1.00	IS
100-092	Marine/Hull/P&I(海洋、船体及保赔)	其他	1.00	IS
100-094	Auto/Equipment Insurance(汽车险、设备险)	其他	1.00	IS
100-096	Material Transit Insurance(物资运输险)	其他	1.00	IS
100-100	Vehicles-Foreman/Supervison(车队队长/监管)	机械	39.00	MOS
100-110	Small Tools - All Trades(小型工具——全包括)	材料	39.00	MOS

续表

成本子目编码	成本子目内容	成本类别	子目数量	计量单位
100-120	Fuel (Eqpt+Car)(设备燃料及汽车燃料)	其他	39.00	MOS
100-130	Parts/Repair for Eqpt.&Cars(设备、汽车的零件及维修)	机械	39.00	MOS
100-140	Finance Cost(财务成本)	其他	1.00	IS
1000-010	Telecommunications conduit(电信管道)	分包	680.00	LF
1005-010	Buy/Install Pipe(购买及安装管道)	人工	526.00	LF
1005-010	Buy/Install Pipe(购买及安装管道)	机械	526.00	LF
1005-010	Buy/Install Pipe(购买及安装管道)	材料	526.00	LF
1005-010	Buy/Install Pipe(购买及安装管道)	分包	526.00	LF
1010-010	Buy/Install Pipe(购买及安装管道)	人工	327.00	LF
1010-010	Buy/Install Pipe(购买及安装管道)	机械	327.00	LF
1010-010	Buy/Install Pipe(购买及安装管道)	材料	327.00	LF
1010-010	Buy/Install Pipe(购买及安装管道)	分包	327.00	LF
1015-010	1 1/2 " RIGID METALLIC CONDUIT(1.5寸刚性金属导管)	分包	72.00	LF
1020-010	3 " RIGID METALLIC CONDUIT(3寸刚性金属导管)	分包	1502.00	LF
1025-010	10 " ×36 " JUNCTION BOX(10寸×36寸接线盒)	人工	6.00	EA
1025-010	10 " ×36 " JUNCTION BOX(10寸×36寸接线盒)	材料	6.00	EA
1025-010	10 " ×36 " JUNCTION BOX(10寸×36寸接线盒)	分包	6.00	EA
1030-010	18 " ×36 " JUNCTION BOX(18寸×36寸接线盒)	人工	6.00	EA
1030-010	18 " ×36 " JUNCTION BOX(18寸×36寸接线盒)	材料	6.00	EA
1030-010	18 " ×36 " JUNCTION BOX(18寸×36寸接线盒)	分包	6.00	EA
1035-010	REMOV, RELO, AND INSTALL MISC. ELEC ITEM(电子零碎部件拆除、重启及安装)	分包	1.00	IS
1040-010	ELECTRICAL WORK (BRIDGE CONTROLS)(桥梁控制电子工作)	分包	1.00	IS
1045-010	ELECTRICAL WORK (MAINTENANCE LIGHTING)(照明维修电子工作)	分包	1.00	IS
1050-010	ELECTRICAL WORK (COMMUNICATIONS)(电子通信工作)	分包	1.00	IS
1055-010	ELECTRICAL WORK (POWER)(电力电子工作)	分包	1.00	IS
1060-010	TESTING, FINAL ACCEPTANCE(测试及最终验收)	分包	1.00	IS
1065-010	Standby generator by sub(备用发电机)	分包	1.00	IS
1065-020	Install Generator(安装发电机)	人工	1.00	IS
1065-020	Install Generator(安装发电机)	材料	1.00	IS
1065-020	Install Generator(安装发电机)	材料	1.00	IS
1070-010	Buy/Erect/Bolt Stl Matl(Stl Matl购买、搭建及固定)	人工	1.00	IS
1070-010	Buy/Erect/Bolt Stl Matl(Stl Matl购买、搭建及固定)	机械	1.00	IS

续表

成本子目编码	成本子目内容	成本类别	子目数量	计量单位
1070-020	Studs/Rail/Ladder/Stair/Gate/Grate(钉子、扶手、梯子、楼梯、大门及炉条)	人工	1.00	IS
1070-020	Studs/Rail/Ladder/Stair/Gate/Grate(钉子、扶手、梯子、楼梯、大门及炉条)	机械	1.00	IS
1070-020	Studs/Rail/Ladder/Stair/Gate/Grate(钉子、扶手、梯子、楼梯、大门及炉条)	材料	1.00	IS
1070-030	All other Works(其他工作)	人工	1.00	IS
1070-030	All other Works(其他工作)	机械	1.00	IS
1070-030	All other Works(其他工作)	材料	1.00	IS
1070-030	All other Works(其他工作)	材料	1.00	IS
1070-190	SUB-Bridge drainage(桥梁排水)	分包	1.00	IS
1070-191	SUB-SIP Forms(Sub-Sip表格)	分包	1536.00	SF
1070-192	SUB-Windows(窗户)	分包	1.00	IS
1070-193	SUB-Drywall(石膏板)	分包	1.00	IS
1070-194	Sub-Tile(瓦片)	分包	1.00	IS
1070-195	Sub-Ceiling(天花板)	分包	1.00	IS
1070-196	Sub-Fence(围栏)	分包	230.00	LF
1070-197	Sub-Plumbing(自来水管道)	分包	1.00	IS
1070-198	Sub-HVAC(供暖通风与空气调节)	分包	1.00	IS
1075-010	Buy/Erect STL & Buy/Set genset(STL及发电机组购买及安装)	人工	1.00	EA
1075-010	Buy/Erect STL & Buy/Set genset(STL及发电机组购买及安装)	机械	1.00	EA
1075-010	Buy/Erect STL & Buy/Set genset(STL及发电机组购买及安装)	材料	1.00	EA
1075-020	Ladder/Steps(梯子与台阶)	人工	1.00	IS
1075-030	Roofing(屋顶材料)	人工	1.00	IS
1075-030	Roofing(屋顶材料)	机械	1.00	IS
1075-030	Roofing(屋顶材料)	材料	1.00	IS
1075-190	SUB-CMU Walls(劈裂砌块墙)	分包	1070.00	IS
1080-010	LIGHTNING PROTECTION SYSTEM(雷电防护系统)	分包	1.00	IS
1085-010	INTRUSION ALARM SYSTEM(入侵警报系统)	分包	1.00	IS
1090-010	FIRE DETECTION AND FIRE ALARM SYSTEM(火情探测及火灾警报系统)	分包	1.00	IS
1095-010	Bridge Gates-Buy/Wire/Rehandle(购买、铺设、重铸桥闸门)	人工	2.00	EA
1095-010	Bridge Gates-Buy/Wire/Rehandle(购买、铺设、重铸桥闸门)	机械	2.00	EA
1095-010	Bridge Gates-Buy/Wire/Rehandle(购买、铺设、重铸桥闸门)	材料	2.00	EA
1095-010	Bridge Gates-Buy/Wire/Rehandle(购买、铺设、重铸桥闸门)	分包	2.00	EA

续表

成本子目编码	成本子目内容	成本类别	子目数量	计量单位
1100-010	Warning Gates-Buy/Wire/Rehandle(购买、铺设、重铸警戒门)	人工	2.00	EA
1100-010	Warning Gates-Buy/Wire/Rehandle(购买、铺设、重铸警戒门)	机械	2.00	EA
1100-010	Warning Gates-Buy/Wire/Rehandle(购买、铺设、重铸警戒门)	材料	2.00	EA
1100-010	Warning Gates-Buy/Wire/Rehandle(购买、铺设、重铸警戒门)	分包	2.00	EA
1105-010	BRIDGE SECURITY SYSTEM(大桥安保系统)	分包	1.00	IS
200-010	P&P Bond(P&P砌合)	其他	1.00	IS
200-015	Sub Bond(砌合)	其他	1.00	IS
205-010	OCP Insuranc(OCP保险)	其他	1.00	IS
210-010	Railroad insurance(铁路险)	其他	1.00	IS
215-010	Pollution Liability Insurance(污染责任险)	其他	1.00	IS
220-010	Baseline Schedule Setup(基线进度设定)	分包	1.00	IS
225-010	Progress schedule update(进度更新)	分包	18.00	EA
230-010	Access stair towers(楼梯间)	人工	2.00	EA
230-010	Access stair towers(楼梯间)	机械	2.00	EA
230-010	Access stair towers(楼梯间)	材料	2.00	EA
230-020	Bull gang - land support(管道铺设队——土地支持)	人工	20.00	MOS
230-020	Bull gang - land support(管道铺设队——土地支持)	机械	20.00	MOS
230-020	Bull gang - land support(管道铺设队——土地支持)	材料	20.00	MOS
230-030	Tug support(拖船支持)	材料	6.00	MOS
245-010	Conc Compress Test Eqpt.(混凝土抗压试验设备)	材料	1.00	EA
250-010	Survey w/Eqpt.	人工	18.00	MOS
250-010	Survey w/Eqpt.	材料	18.00	MOS
255-010	FUEL PRICE ADJUSTMENT(燃料价格调整)	其他	1.00	IS
230-030	Tug support(拖船支持)	分包	6.00	MOS
230-040	Pre-post river surveys(事前河道调查)	分包	2.00	EA
230-050	Post Construction Wire Drag(后期施工钢丝扫海器)	分包	1.00	IS
230-060	Elec.SUB MOBES(电子MOBES)	分包	1.00	IS
230-070	Perm. fall restraint system(永久防坠落系统)	分包	1.00	IS
230-080	DCA Permitting(DCA许可)	材料	1.00	IS
230-080	DCA Permitting(DCA许可)	分包	1.00	IS
230-090	Generator -Temp power(发电机—温度功率)	材料	1.00	IS
230-100	Mobe/demob 300-Ton for Steel Erection(300吨钢结构安装及拆除)	人工	1.00	EA
230-100	Mobe/demob 300-Ton for Steel Erection(300吨钢结构安装及拆除)	材料	1.00	EA

续表

成本子目编码	成本子目内容	成本类别	子目数量	计量单位
230-110	Walk cranes on/off barges @ Dengles(步行起重机在登格勒斯上/下驳船)	人工	2.00	EA
230-110	Walk cranes on/off barges @ Dengles(步行起重机在登格勒斯上/下驳船)	机械	2.00	EA
230-110	Walk cranes on/off barges @ Dengles(步行起重机在登格勒斯上/下驳船)	分包	2.00	EA
230-120	Tug barge crawlers to/fro jobsite(拖船履带车往返工地)	人工	2.00	EA
230-120	Tug barge crawlers to/fro jobsite(拖船履带车往返工地)	机械	2.00	EA
230-130	Touchup paint(补漆)	分包	1.00	IS
230-140	Mobe/demob cranes on approach spans(安装及拆除在引桥上的起重机)	人工	1.00	IS
230-140	Mobe/demob cranes on approach spans(安装及拆除在引桥上的起重机)	材料	1.00	IS
230-150	Marine equipment for Unit 3(三组的船用设施)	材料	1.00	IS
235-010	Field Office Type F Setup(F型驻地办公室建造)	人工	1.00	EA
235-010	Field Office Type F Setup(F型驻地办公室建造)	材料	1.00	EA
240-010	Field office maintenance(驻地办公室维修)	材料	39.00	MOS
240-020	DOT Boat/Fuel(DOT船只及燃料)	材料	39.00	MOS
260-010	FINAL CLEANUP(最后清洁工作)	材料	1.00	IS
265-010	Viberation Monitoring(振动监测)	分包	1.00	IS
270-010	Clean site-Abdn MH/Plug Pipe/Remv Fence(清洁处——Abdn MH、塞管、可拆卸围栏)	人工	1.00	IS
270-010	Clean site-Abdn MH/Plug Pipe/Remv Fence(清洁处——Abdn MH、塞管、可拆卸围栏)	机械	1.00	IS
270-010	Clean site-Abdn MH/Plug Pipe/Remv Fence(清洁处——Abdn MH、塞管、可拆卸围栏)	材料	1.00	IS
300-010	Excavate Test Pit w/Fill(开发、填补实验空白)	人工	360.00	CY
300-010	Excavate Test Pit w/Fill(开发、填补实验空白)	机械	360.00	CY
305-010	Remove Pavement(路面移除)	人工	29.00	CY
305-010	Remove Pavement(路面移除)	机械	29.00	CY
310-010	Loadout & Dispose Reg. Material(装卸和处理登记材料)	人工	6926.00	CY
310-010	Loadout & Dispose Reg. Material(装卸和处理登记材料)	机械	6926.00	CY
310-010	Loadout & Dispose Reg. Material(装卸和处理登记材料)	其他	6926.00	CY
315-010	SOIL SAMPLING AND ANALYSES, REGULATED(管制土壤采样和分析)	分包	68.00	EA

续表

成本子目编码	成本子目内容	成本类别	子目数量	计量单位
320-010	Buy/Fab frac tanks(购买压裂液罐)	材料	2.00	EA
325-010	F & I Soil Aggregate(F & I碎石土)	人工	1335.00	CY
325-010	F & I Soil Aggregate(F & I碎石土)	机械	1335.00	CY
325-010	F & I Soil Aggregate(F & I碎石土)	材料	1335.00	CY
330-010	F & I 6 " DGA w/ Grade&Comp.(F & I 6寸DGA)	人工	364.00	SY
330-010	F & I 6 " DGA w/ Grade&Comp.(F & I 6寸DGA)	机械	364.00	SY
330-010	F & I 6 " DGA w/ Grade&Comp.(F & I 6寸DGA)	材料	364.00	SY
335-010	F/I Riprap Splash Pad(F/I 乱石防溅垫)	人工	3.00	LOC
335-010	F/I Riprap Splash Pad(F/I 乱石防溅垫)	材料	3.00	LOC
340-010	Excv/Demo/Fill(开发、拆除、填补)	人工	773.00	CY
340-010	Excv/Demo/Fill(开发、拆除、填补)	机械	773.00	CY
340-010	Excv/Demo/Fill(开发、拆除、填补)	材料	773.00	CY
340-010	Excv/Demo/Fill(开发、拆除、填补)	材料	773.00	CY
340-010	Excv/Demo/Fill(开发、拆除、填补)	其他	773.00	CY
345-010	Excavate Footings & Stone Backfill(地基开挖及石块回填)	人工	2595.00	CY
345-010	Excavate Footings & Stone Backfill(地基开挖及石块回填)	机械	2595.00	CY
345-020	Buy Stone/Install Sumps(购买石材及安装水槽)	人工	6.00	EA
345-020	Buy Stone/Install Sumps(购买石材及安装水槽)	机械	6.00	EA
345-020	Buy Stone/Install Sumps(购买石材及安装水槽)	材料	6.00	EA
400-010	HEAVY DUTY SILT FENCE, ORANGE(橙色重型淤泥围栏)	人工	1195.00	LF
400-010	HEAVY DUTY SILT FENCE, ORANGE(橙色重型淤泥围栏)	材料	1195.00	LF
405-010	HEAVY DUTY SILT FENCE, BLACK(黑色重型淤泥围栏)	人工	840.00	LF
405-010	HEAVY DUTY SILT FENCE, BLACK(黑色重型淤泥围栏)	材料	840.00	LF
410-010	HAYBALE(草垛)	人工	150.00	EA
410-010	HAYBALE(草垛)	材料	150.00	EA
415-010	F&I Inlet 2×4 Filters(F&I Inlet 2×4型过滤器)	人工	1.00	EA
415-010	F&I Inlet 2×4 Filters(F&I Inlet 2×4型过滤器)	材料	1.00	EA
420-010	F&I Inlet 4×4 Filters(F&I Inlet 4×4型过滤器)	人工	2.00	EA
420-010	F&I Inlet 4×4 Filters(F&I Inlet 4×4型过滤器)	材料	2.00	EA
425-010	FLOATING TURBIDITY BARRIER, TYPE 3(3型浊度障碍浮漂)	人工	1300.00	LF
425-010	FLOATING TURBIDITY BARRIER, TYPE 3(3型浊度障碍浮漂)	机械	1300.00	LF
425-010	FLOATING TURBIDITY BARRIER, TYPE 3(3型浊度障碍浮漂)	材料	1300.00	LF

续表

成本子目编码	成本子目内容	成本类别	子目数量	计量单位
430-010	DEWATERING BASIN(脱水池)	人工	1.00	EA
430-010	DEWATERING BASIN(脱水池)	机械	1.00	EA
435-010	RECHARGE BASIN(补给池)	人工	5.00	EA
435-010	RECHARGE BASIN(补给池)	机械	5.00	EA
440-010	Matl-SEDIMENT CONTROL BAG(Matl沉积物控制包)	材料	10.00	EA
445-010	Matl-SEDIMENT CONTROL TANK(Matl沉积物控制池)	材料	5.00	EA
450-010	CONSTRUCTION DRIVEWAY(施工车道)	人工	4500.00	SF
450-010	CONSTRUCTION DRIVEWAY(施工车道)	机械	4500.00	SF
450-010	CONSTRUCTION DRIVEWAY(施工车道)	材料	4500.00	SF
455-010	Matl-CONCRETE WASHOUT SYSTEM(Matl混凝土冲洗系统)	材料	1.00	IS

第 4 章　国际工程项目常用合同体系

Chapter Four　Commonly Used Contract System for International Engineering Projects

【本章导读】 合同在成本管理中的角色非常重要，了解世界建设领域中常用的合同体系和合同文本及其使用条件，是一个国际工程成本管理人员的必修课程之一。本章除了重点介绍FIDIC合同的百年发展及2017版系列合同，还简要地介绍了英国JCT和美国AIA等合同系列。

【关键词】 国际工程师联合会(FIDIC)；业主；承包商；工程师；争议裁决委员会(DAAB)；红皮书；银皮书；黄皮书；白皮书；金皮书；金标准；英国土木工程师学会(ICE)；英国联合合同委员会(JCT)；美国建筑师学会(AIA)

国际工程项目成本管理及控制

随着经济全球化的迅猛发展和国际建筑市场的高度繁荣，国际建设领域工程项目的数量越来越多。中国建筑业作为国民经济的支柱产业，在生产规模上保持着持续的发展态势，在国家"走出去"战略和"一带一路"行动的带动下，中国建筑企业越来越多地参与到国际工程建设中，学习和了解国际工程常用的合同体系，无疑会在国际工程项目竞争中起到提高竞争力的作用。本章将介绍目前国际工程中常见的合同体系，并对国际工程建筑市场上最具权威性、应用最广泛的FIDIC合同进行重点介绍。

4.1 国际工程项目合同框架
4.1 International Engineering Projects Contract Framework

4.1.1 国际工程项目常用合同体系
4.1.1 Commonly Used Contract System for International Engineering Projects

自20世纪以来，随着国际工程承包事业规模的不断发展扩大，西方发达国家在不断地实施—修订—完善的过程中将以往工程施工承包常用的一些标准合同条件，融合各国法律法规，经过不断地修改和完善，形成了在国际工程市场上有广泛应用的合同管理体系。以土木工程的招标承包业务为例，许多国家结合自己的具体情况，学习借鉴国际性的合同条件标准格式，编制出本国的合同条件，并形成一系列的标准格式版本。

目前，国际上常用的施工合同条件有以下几种。
(1) 国际咨询工程师联合会"FIDIC编制的各类合同条件"。
(2) 英国皇家建筑师学会的"RIBA/JCT合同条件"。
(3) 英国土木工程师学会的"ICE土木工程施工合同条件"。
(4) 美国建筑师学会的"AIA合同条件"。
(5) 美国联邦政府发布的"SF-23A合同条件"。
(6) 美国承包商总会的"AGC合同条件"。
(7) 美国工程师合同文件联合会的"EJCDC合同条件书"。
(8) 香港测量师学会"(HKIS)颁发的有关建筑合同标准合同范本"。
(9) 新加坡建筑师学会的"SIA合同范本"。
(10) 日本工程学会的"ENAA合同范本"。

在国际工程中，使用最广泛的合同条件主要有：①"土木工程施工合同条件"，国际咨询工程师联合会(FIDIC)编制；②"ICE土木工程施工合同条件"，英国土木工程师学会编制；③"AIA合同条件"，美国建筑师学编制。

国际通用的施工合同条件标准格式，都像是一本本厚厚的书，包含几十或上百个合同条款，从合同内容上分析有两个重要的部分是不可或缺的：一部分是"通用条件",另一部分是"专用条件"。通用条件,顾名思义是通用于某一类建设工程施工的条款,通用条件的条款是根据当地法律、法规规定及这一类建设工程施工的特殊需要而订立的;如FIDIC《土木工程施工合同条件》对于各种类型的土木工程(如工业或民用建筑、桥梁、公路、铁路、港口等)均适用。专用条件,则是针对要实施具体的工程项目的特征,并对通用条件进行的补充和修改,是将项目特点或项目业主特殊要求进行具体化的描述和专用条件的细化。一般在合同中约定"专用条件"优先于"通用条件",专用条款对通用条款未修改的部分,则以通用条款为准,如果通用条件与专用条件有矛盾,则以专用条款为准。

4.1.2 国际工程项目合同的类型
4.1.2 The Categories of International Engineering Projects Contracts

(1) 按工作内容分类,包括:工程咨询服务合同(包含设计合同、监理合同等);勘察合同;工程施工合同;货物采购合同(包含各类机械设备采购、材料采购等);设备安装合同;装修合同;工程保险合同等。

(2) 按承包范围分类,包括:设计—建造合同;EPC/交钥匙合同;施工总承包合同;分包合同;劳务合同;项目管理承包合同;建筑工程管理合同;特许经营项目合同等。

(3) 按支付方式分类,包括:总价合同(固定总价和可调总价合同);单价合同;成本加酬金合同等。

合同是工程开展的指南,是指通过商定以书面形式明确业主和承包商双方责权利的文件,是工程项目管理的重要依据。业主和承包商都对合同的签订与管理十分重视。尤其在国际工程中,业主或其委托的咨询公司,按照国际工程惯例来选择适宜的标准合同版本,虽然相关参与方来自不同的国家,但是国际工程通用标准合同版本是共同的研究对象。

目前,国际咨询机构AIA、JCT、FIDIC、ICE等出版了多种标准合同格式,业主、实施者(投标者)根据综合考虑国际工程合同类型、版本、优缺点及风险控制因素等要点,最终选择一个合适的国际工程标准合同格式。因此,国际工程的参与者都需要建立合同选择框架模型。表4-1的横向模块是合同类型,纵向模块是工程管理模式,建立起这样的框架模型再结合工程的特点,选择适用合同一目了然。

表4-1 合同类型选用表

类型	ICE/NEC(4个系列)	FIDIC	AIA标准合同
施工合同条件	第1系列	红皮书	A系列
分包合同	第2系列	棕皮书	C系列(建筑师与咨询之间合同)
小型工程	第1系列	绿皮书	
专业咨询服务合同	第3系列	白皮书	B系列

续表

类型	ICE/NEC(4个系列)	FIDIC	AIA标准合同
裁判者服务合同	第4系列		C系列(建筑师与咨询之间合同)
DB		黄皮书	
EPC		银皮书	

4.2 FIDIC合同体系
4.2 FIDIC Contract System

4.2.1 FIDIC合同简介
4.2.1 Introduction on FIDIC Contracts

1. FIDIC的由来

FIDIC是法语Fédération Internationale Des Ingénieurs Conseils的首字母缩写，中文译为"国际咨询工程师联合会"。FIDIC在国际上是最有权威的且被世界银行认可的国际咨询工程师组织，1913年由欧洲三个国家(法国、瑞士、比利时)的咨询工程师协会联合成立，总部设在瑞士洛桑，其成立的目的是"共同促进成员协会的执业利益并向其协会成员传播有益信息和资源"。其主要职能机构有：管辖评估小组(APA)、商业实践委员会(BPC)、能力建设委员会(CBC)、合同委员会(CC)、品质管理委员会(IMC)、质量管理委员会(QMC)、风险和责任委员会(RLC)、成员委员会(MemC)、可持续发展委员会(SDC)和秘书处。

如今，FIDIC会员资格已覆盖全球100多个国家，分别属于四个地区性组织：亚洲及太平洋地区成员协会(ASPAC)、欧共体成员协会(CEDIC)、非洲成员协会集团(CAMA)、北欧成员协会集团(RINORD)。

1996年，中国工程咨询协会代表中国加入FIDIC组织。

2. FIDIC合同近60年(1957—2017)的发展

1957年，针对域外实施的土木工程，FIDIC正式发布了第一版FIDIC合同《土木工程施工(国际)合同条款》，该版合同条款的基础是英国ICE合同，封皮印刷成红色，后来被称为"红皮书"。FIDIC根据市场的发展和需要持续进行合同条件的完善和修订，按照惯例，每十年左右就会有新版面世，紧随国际工程市场的变化及发展，FIDIC合同模式也不断更新或补充。在1969年、1977年分别出版第二版、第三版的《土木工程施工(国际)合同条款》，内容和专业方面作了些许改动，较好地处理了不同法律制度和体系的冲突。

到1987年彩虹族系列合同的问世，FIDIC合同种类更加完善，合同条款设置得更加合理，能够使得业主和承包商承担的风险分担更公平，在国际工程领域获得越来越多的国家和国际组织的认同，在众多国际大型工程项目实施中都选用FIDIC合同，成功的案例赢得了人们的普遍赞许和欢迎。特别是1995年世界银行为土木工程施工采购招标时，组织专业人员编制了第一版标准招标文件(SBDW)。其中合同部分采用了FIDIC合同条款作基础，自此，FIDIC合同条款在世界范围内奠定了其在国际工程项目中的权威地位。渐渐地，由FIDIC编制的《工程总承包合同条件》(橘黄皮书)被世界银行、亚洲开发银行等国际和区域发展援助金融机构指定为总承包项目的合同协议范本，促进了FIDIC合同在国际范围内的广泛传播和使用。

1999年又编纂了版新彩虹族系列合同，新红皮书、新黄皮书、新银皮书以及绿皮书四本，对原版作了较大的补充修改，即《施工合同条件》(Conditions of Contract for Construction)、《生产设备和设计—施工合同条件》(Conditions of Contract for Plant and Design-Build)、《设计采购施工(EPC)/交钥匙工程合同条件》(Conditions of Contract for EPC/Turnkey Projects)和《简明合同格式》(Short Form of Contract)。因为分别印刷为红色、黄色、银色与绿色，又被称为"FIDIC新彩虹族"。它们与2009年出版的《施工分包合同条款》测试版被称为新版合同。在新版合同系列中还加入了蓝皮书、金皮书等四本合同范本(将在下节详细介绍)，这一版合同范本具有里程碑意义。

从1999年到2016年年底，长达18年间，FIDIC对1999年彩虹族版本经过持续修订工作，2017年最先修订的《生产设备与设计—施工合同条件》(Contract of Conditions for Plant & Design -Build)正式出版，随后至2017年12月，在国际咨询工程师联合会伦敦举办的国际用户会议上，FIDIC发布了1999年版三本合同条件的第二版，被称作"2017年版新红皮书、新黄皮书和新银皮书"。

虽然FIDIC合同格式不是法律，也不是法规，但却是全世界公认的一种国际惯例。FIDIC合同体系具有条款严密、可操作性强、风险责任明确、权利义务公平等特点。

FIDIC秉持着把一个标准持续做到最好的指导思想，1913年至2017年，经过国际工程市场100多年的应用、检验，并随着国际建筑领域新技术和新的管理理论而发展，不断地完善修改，克服了文本中不足之处。FIDIC合同系列文本从总体来看，对国际工程市场产生巨大的影响力，得到广泛认可和应用。FIDIC合同文本的最大特点是：机会均等、程序公开、公平竞争，不会对合同任何一方带有歧视或偏见。从合同文本的理论上讲，承包商、业主、咨询工程师都是平等的，各方恪守权利和义务，围绕着项目合同目标相互配合、共同努力完成合同工作。

近30年来，FIDIC合同在中国被普遍使用，极大地提高了中国工程管理的规范化水平，同时中国建筑企业熟悉FIDIC合同条件，敢于更多地参与国际工程项目竞争。

3. FIDIC合同出版情况

表4-2是截至2017年12月FIDIC已出版的情况。

表 4-2　各版本的 FIDIC 合同列表

版次	出版时间	合同名称	备注	说明
第1版	1957年	土木工程施工(国际)合同条款 [Conditions of Contract(internation) for Works of Civil Engineering Construction]	红皮书	以ICE合同为范本
第2版	1969年	土木工程施工(国际)合同条款 [Conditions of Contract(internation) for Works of Civil Engineering Construction]	红皮书	增加《疏浚和填筑专用合同条件》
第3版	1977年	土木工程施工(国际)合同条款 [Conditions of Contract(internation) for Works of Civil Engineering Construction]	红皮书	增加了成本定义、明确工程师的权利和责任、增加了费用和法律的变更条款、增加了货币和汇率的条款
彩虹族合同	1987年	土木工程施工合同条款 (Conditions of Contract for Works of Civil Engineering Construction)	红皮书(第4版)	共72条194款，扩展补充了专用条款且单独成册，编号与通用条款对应一致
彩虹族合同	1987年	电气与机械设备合同条款 (Conditions of Contract for Electrical and Mechanical Plant)	黄皮书	雇主负责设计的承包商负责专业施工的工程
彩虹族合同	1995年	设计—建造和交钥匙合同条款 (Conditions of Contract for Design-Build and Turkey)	橘皮书	
彩虹族合同	1998年	客户/工程师标准服务协议 (Client/Consultant Model Service Agreement)	白皮书	
彩虹族合同	1994年	土木工程施工分包合同条款 (Conditions of Sub-Contract for Work of Civil Engineering Construction)		
彩虹族合同	1992年	咨询服务分包协议 (Sub-Consultancy Agreement)	第1版	
彩虹族合同	1992年	联营体协议书 [Joint Venture (Consortium) Agreement]	第1版	
彩虹族合同	1994年	招标程序 (Tendering Procedure)	1982年第1版，1994年第2版	
新彩虹族合同(1999年版)	1999年	工程施工合同条款 (Conditions of Contract for Building and Engineering Works ,Designed by Employer)	新红皮书	以1995年橘黄皮书的合同体系为编写体例，用于由雇主和其代表工程师设计的工程

续表

版次	出版时间	合同名称	备注	说明
新彩虹族合同(1999年版)	1999年	生产设备和设计—建造合同条款 (Conditions of Contract for Electrical and Mechanical Plant, and for Building and Engineering Works, Designed by Contractor)	新黄皮书	承包商负责设计并承担电气或机械设备供货的工程
	1999年	EPC/交钥匙合同条款 (Conditions of Contract for EPC Turkey Projects)	银皮书	承包商负责承担设计和实施全部职责,适用于项目工期和价格有较大的确定性项目
	1999年	简明合同格式 (Short Form for Contract)	绿皮书	用于工期短、造价低的简单工程项目
	2001年	疏浚和开垦工程施工合同条款 (Form of Contract for Dredging and Reclamation Work)	蓝皮书	测试版,2006年第1版
	2005年	施工合同协调版 (Harmonized Edition of Conditions of Contract for Construction, the MDB Edition)		供多边发展银行的主体在项目采购中使用
	2008年	设计—建造和运营项目合同条款 (Conditions of Contract for Design, Build and Operate Projects)	金皮书	由承包商负责设计、建造并承诺长期运营
	2009年	施工分包合同条款(测试版) (Conditions of Subcontractor for Construction, test edition)		测试版,2011年第1版
2017年版FIDIC合同	2017年	施工合同条件 (Conditions of Contract for Construction)	红皮书	1999年版三本合同条件的第二版
		生产设备和设计—建造合同条件 (Conditions of Contract for Plant and Design-Build)	黄皮书	1999年版三本合同条件的第二版
		设计—采购—施工与交钥匙项目合同条件 (Conditions of Contract for EPC/Turnkey Projects)	银皮书	1999年版三本合同条件的第二版

感兴趣的同学可以访问其网站(https://fidic.org/)获取更多参考消息。

4.2.2 FIDIC合同条件的组成
4.2.2 Composition of FIDIC Contract Conditions

1. FIDIC合同条款组成

FIDIC合同条款的组成一般包含三个部分。

第一部分，协议书。

第二部分，通用条款(标准条款)。

第三部分，特殊适用条款(需要专门起草，以适应特定的需要)。

业主和工程师可以在通过修改第三部分"专用条款"，使FIDIC合同更适合于具体项目的需要，而通用条款通常不做修改。下面简单介绍一下常用合同版本的通用条款。

(1) 以1987年版彩虹族合同为例，其通用条款目录包括以下内容。

① 一般规定。

② 雇主。

③ 工程师。

④ 承包商。

⑤ 指定的分包商。

⑥ 职员和劳工。

⑦ 设备、材料和工艺。

⑧ 开工、误期与停工。

⑨ 竣工检验。

⑩ 雇主的接收。

⑪ 缺陷责任。

⑫ 计量与计价。

⑬ 变更与调整。

⑭ 合同价格预付款。

⑮ 雇主提出终止。

⑯ 承包商提出停工与终止。

⑰ 风险与责任。

⑱ 保险。

⑲ 不可抗力。

⑳ 索赔、争端与仲裁。

(2) 以1999年版新彩虹系列《设计采购施工(EPC)／交钥匙工程合同条件》为例，其通用条款目录包括以下内容。

① General Provisions(一般规定)。

② The Employer(业主)。

③ The Employer's Administration(业主的管理)。

④ The Contractor(承包商)。

⑤ Design(设计)。

⑥ Staff and Labour(员工和劳工)。

⑦ Plant, Materials and Workmanship(生产设备、材料和工艺)。

⑧ Commencement, Delays and Suspension(开工、延误和暂停)。
⑨ Tests on Completion(竣工试验)。
⑩ Employer's Taking Over(业主的接收)。
⑪ Defects Liability(缺陷责任)。
⑫ Test after Completion(竣工后试验)。
⑬ Variations and Adjustments(变更和调整)。
⑭ Contract Price and Payment(合同价格和付款)。
⑮ Termination by Employer(由业主终止)。
⑯ Suspension and Termination by Contractor(由承包商暂停和终止)。
⑰ Risk and Responsibility(风险和职责)。
⑱ Insurances(保险)。
⑲ Force Majeure(不可抗力)。
⑳ Claims, Disputes and Arbitration(索赔、争议和仲裁)。

2. FIDIC合同主要版本适用条件

国际工程在施工时，通常是根据具体项目的特点，来确定使用哪一种FIDIC合同格式，业主或委托的咨询工程师在FIDIC彩虹合同族中选择最贴近的合同格式。

以下对1987年版FIDIC彩虹合同族中每一本合同格式适用条件做简要介绍(详见表4-3)。

表4-3 FIDIC 彩虹合同族的适用范围

序号	名称	俗称	适用范围
1	《施工合同条件》(CONS)	红皮书	承包商按照业主提供的设计进行的工程施工，可以包含土木、机械、电器和构筑物的某些部分
2	《生产设备和设计—施工合同条件》(P&DB)	黄皮书	多以专业机电工程为主，土木工程为配套或辅助的工程项目。可以包括机械、电气和土木、构筑物的任何组合
3	《设计采购施工(EPC)/交钥匙工程合同条件》(EPCT)	银皮书	承包商承担项目的设计和实施全部职责的基础设施项目或其他开发型项目，并负责试运行后交付业主，此类合同在价格和工期方面有更大的确定性
4	《简明合同格式》(SFC)	绿皮书	用于工期较短的(例如6个月以下)或工程费用较小或较简单的重复性的工程
5	《招标程序》	蓝皮书	适用范围广泛

(1) 红皮书《施工合同条件》(CONS)：适用于由业主或其代表承担主要部分(或全部)设计的建筑工程项目，由承包商按照业主提供的设计进行的工程施工。但该工程也可以包含承包商深化设计的土木、机械、电器和构筑物的某些部分。

(2) 黄皮书《生产设备和设计—施工合同条件》(P&DB)：适用于电气或机械设备供货或工程的设计与施工，通常由承包商按照业主要求，承担全部(或部分)设计和(或)

提供生产设备和其他工程项目。此类项目以专业机电工程为主，土木工程为配套或辅助的工程项目，可以包括机械、电气和土木、构筑物的任何组合。

(3) 银皮书《设计采购施工/交钥匙工程合同条件》(EPC/EPCT)：适用于：①承包商按照业主要求，承担大部分(或全部)设计和(或)提供生产设备和其他工程项目，可以包括土木、机械、电气和构筑物的任何组合。②适用于基础设施项目或其他开发型项目，由承包商承担项目的设计、设备供货和实施全部施工任务并且负责完成试运行后交付业主。

(4) 绿皮书《简明合同格式》(SFC)：适用于工期较短的(如6个月以下)或工程费用较小(例如50万美元以下)或较简单的重复性的工程(如疏浚工程)项目。

尽管FIDIC彩虹族的各类合同条件在全球工程承包中已经享有很高的声誉并得到广泛应用，但随着国际建筑承包业务模式的发展变化，FIDIC始终保持着对这些变化的敏感性，坚持修改完善合同文本以适应建筑业实践中的进步和发展，对原有的合同条件加以更新，必要时编制新的合同条件来取代原有的版本。具有里程碑意义的一套全新的标准合同条件于1999年9月正式出版，统称为1999年新彩虹族合同条件，分别为：《土木工程施工合同条件》(新红皮书)、《设备安装与设计—建造合同》(新黄皮书)、《EPC/交钥匙项目合同条件》(银皮书)、《简明合同格式》(绿皮书)。

下面简单介绍一下1999年版合同的适用情况。

(1) 《土木工程施工合同条件》(Conditions of Contract for Building and Engineering Works, Designed by Employer, 新红皮书，单价合同)适用于以下几方面。

① 各类大型或复杂工程。
② 主要工作为施工。
③ 业主负责大部分设计工作。
④ 承包商负责按照业主提供的设计进行施工，或可负责部分施工图深化设计。
⑤ 由业主委派工程师负责监理施工(质量和进度)并签发支付证书。
⑥ 固定单价合同，按工程量表中的单价来支付已完工程量费用。
⑦ 合同中风险的分摊基本是均衡的。

(2) 《设备安装与设计—建造合同》(Conditions of Contract for Electrical and Mechanical Plant, and for Building and Engineering Works, Designed by Contractor, 新黄皮书，总价合同)适用于以下几方面。

① 机电设备项目、其他基础设施项目以及其他类型的项目。
② 业主只负责编制项目纲要，提出"业主的要求"和"永久设备性能要求"，承包商负责大部分设计工作和全部施工安装工作。
③ 合同管理模式由业主委派的工程师来监督设备的制造、安装和施工，以及签发支付证书。
④ 在包干价格下按照里程碑节点支付方式工程款，特殊情况下也可能采用单价支付。

⑤ 合同中风险的分摊同《土木工程施工合同条件》，基本是均衡的。

(3) 《EPC/交钥匙项目合同条件》(Engineering-Procurement-Construction/Turnkey projects，银皮书，固定总价合同)适用于以下几方面。

① 适用于在交钥匙的基础上进行的工程项目的设计和施工，尤其是私人投资项目。

② 承包商负责实施所有的设计、采购和建造工作包括试运行，在"交钥匙"时，将一个设施配备完整、可以投产运行的项目交给业主"转动钥匙即可运行"。

③ 通常采用固定总价不变。

④ 交钥匙合同按照里程碑节点支付工程款。

⑤ 无业主委派的工程师这一角色，业主代表直接管理项目实施过程，为确实保证完工项目的质量，严格竣工检验和竣工后检验制度。

⑥ 合同价格包括实施中风险费用，较固定单价合同高，承包商承担项目风险较大。

(4) 《简明合同格式》(Short Form for Contract，绿皮书，无规定计价方式)适用于以下几方面。

① 施工合同金额较小、施工期较短(一般低于6个月)。

② 对于虽然投资较高的工程，但其建设周期较短，工作内容简单、重复，也同样适用。

③ 可以是土木工程、机电工程，也可以是土木机电组合工程。

④ 设计工作由谁负责没有明确要求，可以是业主，也可以是承包商。

⑤ 由业主或业主代表负责合同管理，合同价格形式灵活，单价合同或总价合同形式都可以。

⑥ 业主承担较大的风险。

4.2.3　2017年版FIDIC合同
4.2.3　FIDIC Contract 2017 Edition

FIDIC对1999年版新彩虹版合同条件在经历18年的运用后，又一次进行了大幅修改编纂。到了2017年12月，FIDIC在国际咨询工程师联合会伦敦举办的国际用户会议上，发布了1999年版三本合同条件的第二版，分别是：《施工合同条件》(Conditions of Contract for Construction，红皮书)、《生产设备和设计—建造合同条件》(Conditions of Contract for Plant and Design-Build，黄皮书)和《设计—采购—施工与交钥匙项目合同条件》(Conditions of Contract for EPC/Turnkey Projects，银皮书)，统称为2017年版FIDIC合同。经过这次修订，合同文本的字数也从1987年第四版的2万多字和1999年版的3万多字增加到5万多字；合同条款也从1999年版的167款增加到174款。经过修订，FIDIC合同条件中相应的条款更加程序化、刚性化，对索赔、争议解决和仲裁的规定变得更加明确。2017年版FIDIC合同的应用，无疑会给业主、承包商和工程师等参与合同各方人员带来巨大的便利，同时也对承包商的项目及合同管理提出了更高的要求。FIDIC对2017年版合同体系编制原则的解释是这样的："强化项目管理工具和机制的运用；加强工程师的作用；平衡各方风险分配；更加强调工具和机制的运用；条款更加清晰化，增强透明性和确定性；能够反映现今国际工程的最佳实践做法；反映FIDIC合同最新发展趋势。"

1. 2017年版系列合同条件的发布背景和修订理念

1999年版新彩虹族系列(以下简称1999年版系列)合同条件经过18年来使用中接收到客户回馈产生的问题，随着国际工程市场的发展和变化以及工程项目管理水平的提升，FIDIC认为有必要针对1999年版合同条件在应用过程中产生的问题进行修订，以使其能更好地反映国际工程实践，更具代表性和普遍意义。此次修订先从黄皮书开始，修订的主要依据如下：

(1) 依据FIDIC合同的用户反馈。

(2) 2008年FIDIC编写DBO合同的经验。

(3) FIDIC合同委员会特别顾问的建议。

(4) 2010年编写MDB合同条件协调版本时所积累的经验。

(5) 国际商会(ICC)的总体反馈及最新的国际工程发展动向以及良好实践做法等意见建议。

FIDIC从2016年开始修订工作并推出了黄皮书的征求意见稿(2016 pre-release version of the Yellow Book)，在黄皮书的基础上删减相关的条款后形成红皮书，对风险分配进行调整后形成银皮书。此次修订过程中，FIDIC一如既往地征求各方的意见和吸纳建议，主要有使用FIDIC合同的各方用户，国际工程业界的学会组织，CICA、EIC和OCAJI等承包商协会。

2017年版FIDIC合同(以下简称2017年版系列)合同条件追求更加清晰、透明和确定(clarity, transparency and certainty)，减少理解歧义以到达减少合同双方发生争端，使项目实施更加顺畅。2017年版系列合同条件加强了对项目管理工具和机制的应用；更进一步地平衡了风险及责任分配，强调合同双方的对等关系；力求更合理更贴切地反映当今国际工程最常见的实践做法；同时也基本解决了1999年版使用过程中产生的问题；修编中借鉴FIDIC 2008年出版的金皮书《生产设备与设计—建造—运营合同条件》(Conditions of Contract for Plant and Design-Build-Operation，DBO)的编写理念与经验。

2. 2017年版系列合同条件的通用条件结构略有调整

与1999年版相比，2017年版系列合同相对应合同条件的总体结构、合同条件的应用和适用范围、业主和承包商的权利、职责和义务以及业主与承包商之间的风险分配原则、合同价格类型和支付方式等方面都基本保持不变。本节以2017年版黄皮书为例进行分析。

2017年版系列合同条件的通用条件总体结构和条款的排列顺序基本不变，有些条款的名称略有调整，但所涵盖的内容范围基本不变，如表4-4所示。

表4-4 2017年版与1999年版黄皮书通用条件结构目录对比分析表

序号	2017年版《生产设备和设计—建造合同条件》	1999年版《生产设备和设计—建造合同条件》
1	General Provisions General Provisions(一般规定)	General Provisions General Provisions(一般规定)
2	The Employer(雇主)	The Employer(雇主)
3	The Engineer(工程师)	The Engineer(工程师)
4	The Engineer The Contractor(承包商)	The Engineer The Contractor(承包商)
5	Design(设计)	Design(设计)
6	Staff and Labour(员工和劳工)	Staff and Labour(员工和劳工)
7	Plant, Materials and Workmanship(设备、材料和工艺)	Plant, Materials and Workmanship(设备、材料和工艺)
8	Commencement, Delays and Suspension(启动、延迟和暂停)	Commencement. Delays and Suspension(启动、延迟和暂停)
9	Tests on Completion(竣工试验)	Tests on Completion(完成测试)
10	Employer's Taking Over(雇主接管)	Employer's Taking Over(雇主的接管)
11	Defects after Taking Over(接管后的缺陷)	Defects Liability(缺陷责任)
12	Tests after Completion(竣工后的测试)	Tests after Completion(完成后的测试)
13	Variations and Adjustments(变更和调整)	Variations and Adjustments(变动和调整)
14	Contract Price and Payment(合同价格和付款)	Contract Price and Payment(合同价格和付款)
15	Termination by Employer(由雇主终止)	Termination by Employer(由雇主终止)
16	Suspension and Termination by Contractor(承包商的暂停和终止)	Suspension and Termination by Contractor(承包商的暂停和终止)
17	Care of The Works and Indemnities(工程照管和保障)	Risk and Responsibility(风险与责任)
18	Exceptional Events(例外事件/特殊风险)	Insurance(保险)
19	Insurance(保险)	Force Majeure(不可抗力)
20	Employer's and Contractor's Claims(雇主和承包商的索赔)	Claims, Disputes and Arbitration(索赔、争议和仲裁)
21	Disputes and Arbitration(争议与仲裁)	/

除了上面对比的黄皮书外，2017年版红皮书和银皮书的合同条件都将1999年版的第11条"缺陷责任"更改为"接收后的缺陷"；第17条"风险与职责"更改为"工程照管与保障"；第18条与第19条调换了顺序，"不可抗力"被重新命名为"例外事件"；拆分了1999年版的第20条"索赔、争议与仲裁"，更改为第20条"业主和承包商的索赔"和第21条"争议和仲裁"。

2017年版银皮书一级条款的名称及顺序基本与黄皮书一致，除了第3条，1999年版为"业主的管理"(The Employer's Administration)，而2017年版银皮书则没有工程师这个角色，2017年版系列合同条件中的二级子目条款的先后顺序有部分调整，内容也略有增删。2017年版系列合同条件的通用条件均增加了很多三级子条款，篇幅字数也有所增加，在此无法一一赘述，请参见合同条件原文对比的具体变化。

3. FIDIC提出了起草专用条件的"五项黄金原则"

FIDIC每一本合同条件都有其特定的适用范围，并一直是通过条款设定来解决业主和承包商之间风险和责任的平衡分配。随着FIDIC合同条件在国际工程业界被越来越广泛地使用，出现了一些用户以FIDIC合同条件为蓝本，自行通过修改专用条件，甚至无限制地改变通用条件的内容，最终形成的合同文件严重背离了FIDIC相应合同条件的起草原则，严重影响到对等、公平、均衡的原则，严重损害了FIDIC的声誉，扰乱了行业秩序。针对业界存在的越来越多FIDIC合同条件被滥用的情况，2017年版系列合同条件在发布的同时，FIDIC首次提出了起草专用条件的五项黄金原则(FIDIC Golden Principles)，以指导用户在起草专用条件时慎重考虑。

这五项原则如下。

(1) 合同所有参与方的权利、义务、职责以及责任一般在通用条件中默示，并与项目的需求相适应。

(2) 专用条件的起草必须明确和清晰。

(3) 专用条件不得改变通用条件中风险与回报分配的平衡原则。

(4) 合同中规定的各参与方履行义务的时间必须合理。

(5) 所有争端在正式提交仲裁之前必须提交DAAB(Dispute Avoidance/Adjudication Board，争端避免/裁决委员会)取得对双方具有约束力的临时性决定。

FIDIC强调，通用条件为合同双方提供了一个基准，而专用条件的起草和对通用条件的修改可视为在招投标合同商签等特定情境下通过双方的博弈对基准的偏离。FIDIC给出的五项黄金原则，目的是力图确保在专用条件起草过程中，避免发生对通用条件的风险与责任分配原则各项规定不合宜的严重偏离。

4. 2017年版系列合同条件加强了工程师的地位及作用

早期的FIDIC合同范本延续了英国ICE(Institution of Civil Engineers)合同的理念，在1987年FIDIC《土木工程施工合同条件》及之前FIDIC的其他合同范本中，工程师均处于核心地位，客观地赋予工程师是公平和公正的(fair and impartial)第三方职能，是业主和承包商之间沟通的桥梁和中枢。但在实际操作中因为工程师和业主有合同利益关系，因此对工程师能否真正做到公平和公正国际工程业界一直都有很大的争议。正因为如此，1995年世界银行在其招标文件中采用了1992年FIDIC《土木工程施工合同条件》的修订版本，并在合同中引入了"争端审议委员会"(Dispute Review Board, DRB)，DRB负责合同争端的处理工作，取代先前合同争议需先交给工程师裁决的条款。

第4章 国际工程项目常用合同体系

1999年版FIDIC红皮书和黄皮书对工程师角色的定位作了非常大的调整，明确强调工程师就是为业主服务的，即代表业主管理和执行合同，不具有第三方职能(1999年版银皮书甚至取消了工程师这个角色用业主代表来替代)。2017年版红皮书和黄皮书(银皮书仍然没有工程师)继续尝试在1999年版的基础上加强和拓展工程师的地位和作用。希望工程师能在执行合同事务中发挥更大的作用，FIDIC在2017年版红皮书和黄皮书的通用条件中大幅增加关于工程师的条款篇幅(由2页增加到了5页)，在说明工程师仍代表业主管理项目的同时，要求工程师作出决定时保持中立(neutral)，但这里的中立理解成无派别(non-partisan)似乎更合适，因为工程师是与业主签约的，很难做到真正意义上的独立(independent)或公正(impartial)。再有2017年版要求工程师在处理合同事务时使用"商定或决定"条款，要保持中立，尤其是处理索赔问题时更要保持中立。经过修订后的2017年版关于"商定或决定"一个二级子条款用3页篇幅把角色的作用解释清楚，规定得非常详细，并强调此时工程师不应被视为代表业主行使权利，具有较强的可操作性。

2017年版对工程师人员的资质提出了更高、更详细的要求，要求工程师不能随意更换，在业务水平上拥有权威水平、类似工程的从业经验、专业且敬业的工程师才符合代理业主管理项目。另外增加了工程师代表这个角色，并要求工程师代表常驻现场。工程师代表的主要工作职责像是一个信使，起到沟通、传达和执行工程师的决定，工程师的角色则像是业主的大管家。

2017年版对工程师工作时效方面给予了很多限制，主要体现在"视为"规定(deem/deemed provisions)上，如：工程师没有在14天内(之前为21天)回复承包商提交的初始进度计划，则视为其同意了此计划。

5. 2017年版系列合同条件用"特殊风险"代替"不可抗力"

风险分担仍然在业主与承包商之间保持均衡，但编制方式发生了很大变化，在2017年修订版中，恢复采用了"例外事件/特殊风险"(Exceptional Events)这一术语，代替"不可抗力"(Force Majeure)这一术语，条款内容结构基本上与1999年版条款相同，增加了"海啸"及承包商人员涉及的"罢工或停工"归为例外事件。

"业主的风险"一词进行了重新编排，将业主的风险分为三部分。

(1) 业主的商业风险(Comercial risks)。

(2) 业主的损害风险(Risks of damage)。

(3) 特殊风险(Exceptional risks)。

这种编排顺序分类清晰，逻辑合理。

6. 2017年版系列合同条件更强调合同双方的对等关系

FIDIC一直强调和推崇的合同执行中保持双方风险与责任对等的原则，2017年版的修订过程中秉持"不能让风险悬在空中"，更加明确强调在风险与责任分配及各项处理程序上业主和承包商之间的关系是相互对等的。2017年版系列合同条件主要体现在以下几方面。

(1) 合同条款规定承包商向业主提供履约担保,如承包商因不能确保履约事项发生,业主有权没收保函或终止合同;相对应的强调业主资金安排需要在合同中列明,如果有实质性改变业主应马上通知承包商并提供详细的支持资料,如果业主没有遵守此规定,承包商甚至可以终止合同。

(2) 关于通知的规定对合同双方的要求是对等的,例如:业主和承包商都有义务对已知或未来可能发生的事件提前向对方(及工程师)发出预警通知。

(3) 业主和承包商都要遵守同样的保密条款。

(4) 业主和承包商都要遵守所有合同适用的法律。

(5) 业主和承包商都应协助对方获得相应的许可。

(6) 对工程师及其代表(银皮书的业主代表)的资质提出了更加明确具体的要求,同样对承包商人员资质的详细、严格的要求对等。

(7) 业主和承包商都要对各自负责的设计部分承担相应的责任。

(8) 业主和承包商都不得雇佣对方的雇员。

(9) 在出现工期共同延误时,业主和承包商要承担相应的责任,并在专用条件的编写说明中给出了参考解决方案。

(10) 保障条款将业主对承包商的保障和承包商对业主的保障对等分开,对交叉责任增加了相应条款。

(11) 索赔和争议处理要求双方均须遵守相同的DAAB程序,即业主的索赔和承包商的索赔纳入同一处理程序。

(12) 同时增加了业主和承包商合同终止的触发条件,条款中未明确遵守工程师最终的具有约束力的决定、未遵守DAAB的决定、欺诈和贪污等行为均有可能引发合同的终止。

7. 2017年版系列合同条件融入了更多项目管理思维

FIDIC认识到工程合同文件不仅仅是给律师看的,更是给项目管理人员用的,所以2017年版系列合同条件在不断修订过程中,除了公平对等的原则外,还借鉴国际工程界有关项目管理的最佳实践做法,融入了更多项目管理的思维。在通用条件各条款中,增加了很多更加明确的项目管理方面的相关详细规定,这也就是2017年版通用条件篇幅字数增加的主要原因。

天津大学国际工程管理研究团队所作相关研究结果(详见参考文献),对2017年版通用条件的初步分析认为:"其增加的篇幅绝大部分用于项目管理的协调功能上,即主要增加在了合同各方如何进行有效的沟通与合作的内容上,这符合FIDIC合同编制由单纯的法律思维向项目管理思维转变的理念。"

进度控制、质量控制项目管理成熟理论及管理目标体现在2017年版合同条款中,有很强的可操作性。增加大幅内容,明确管理方式、使用软件名称及版本、要求报送进度报告内容深度、规定执行标准体系和检验标准，如规定承包商需要准备和执行质量管理体系(Quality Management System, QMS)和合规性验证系统(Compliance Verification System, CVS)。

借鉴2008年FIDIC金皮书所使用的"提前通知"的编写理念，2017年版合同条款引入了争端预警机制(Advance Warning)，这项规定旨在使合同各方提前有效地进行沟通，在问题萌芽状态将其解决，以减少争端的产生。合同各方对在意识到有些事项按照原合同操作可能会使合同价格上升或会使工程工期延误或严重影响到承包商后续工作的，需提前告知各方，以使项目影响降到最低。

8. 2017年版系列合同条件其他重点修订与调整

(1) 2017年版红、黄、银三本合同条件，均包括通用条件、专用条件编写指南及附件(担保函、投标函、中标函、合同协议书和争端避免/裁定协议书格式。其中银皮书没有中标函，FIDIC认为银皮书更适合议标)。专用条件分为A、B两部分。A部分是将1999年版原来的"投标书附录"(Appendix to Tender)直接定义为专用条款，称为"合同数据"(Contract Data)部分。B部分和特殊条款(Particular Conditions)基本还是1999年版的专用条件部分。

(2) FIDIC新合同条件更加清晰明了，标准化程度更高，所以"定义"的数量大大增加，比如黄皮书定义数量由58个增加到了90个。被定义的词或词组按照字母顺序排列，类似字典查询方式。

(3) 2017年版三本合同条件中规定了承包商可以拒绝变更指令的情况，如红皮书中发生下列情况时承包商可以拒绝执行：①承包商无法预见到业主提出变更中涉及的工作范围或工作性质超出原有范围；②承包商难以获得变更所需生产物资；③变更严重影响承包商遵守健康与安全义务和/或环境保护规定。银皮书和黄皮书还增加了两条情况：①对性能保证计划的实现有不利影响；②对实现工程目的和工程完成产生不利影响。

(4) 在FIDIC每个版本中的"通知"都非常重要，2017年版增加了关于"通知"的新定义，增加了很多关于通知具体的时间限制要求和范围，如规定进度报告和进度计划中的内容不能被视为"通知"。1999年版合同条件中，开始接触到"不满通知"这一词，2017年版FIDIC新增了"不满通知"的定义，从定义中了解到，"不满通知"既可用于DAAB的决定，也可用于监理工程师的决定，任何一方对DAAB的裁决不满，则在收到DAAB的裁决之后28天内，向另一方发不满通知，然后再开始下一步程序。总之，通知、不满通知等定义及规定，增加了可操作性，更切合实际情况。

(5) FIDIC留意到国际建设领域近年流行的新的管理"建筑信息模型"(Building Information Modelling, BIM)，在2017年版合同条款增加了使用BIM的应用说明及可能需要调整的合同条款清单。

(6) 定义中将一个有经验的承包商"不可预见"(Unforeseeable)的时间点，提前到了"基准日期"(Base Date)，而不是原来的投标截止日期。

(7) 2017年版合同条款"工程照管与保障"对应1999年版的"风险与责任"条款，明确将承包商对业主的保障和业主对承包商的保障分为两个二级子条款。

9. FIDIC 2017年版其他新型合同范本编写计划

除了对1999年版彩虹族合同修订外，FIDIC同时正在计划或编制以下合同范本，以满足国际工程市场的需要。

(1) 编制新的《设计—建造分包合同》(New Design-Build Subcontract)，与新黄皮书设计—建造合同配套使用。

(2) 编制新的《隧道作业与地下工程合同》(New Tunneling and Underground Works)，专门用于对地质敏感的工程项目。

(3) 编制新的《运营—设计—建造—运营合同》(Operate-Design-Build-Operate Contract)，用于已有旧项目改扩建和运营，构成现有适用于新项目的DBO合同的姊妹篇。

除了上述合同之外，FIDIC也正在考虑是否单独编制下列合同范本。

(1) 《离岸风电项目合同》(Contract for Off-shore Wind Projects)。

(2) 《可再生产业合同》(Contract for Renewable Industry)。

除合同范本外，FIDIC还计划编制一些相关支撑FIDIC合同范本的文件，如：《基于网络的FIDIC术语词汇表》(Web-based Glossary of FIDIC Terms)、《FIDIC合同黄金准则》(Golden Principles of FIDIC Contracts)等。

4.2.4 回顾FIDIC合同的百年发展
4.2.4 Looking Back on FIDIC's 100-year of Development

FIDIC合同范本经过近百年的发展壮大历程，包括中国在内已经有60多个国家的工程师咨询协会或学会加入FIDIC国际组织中。FIDIC合同的内容由简单到全面、由单一合同发展到FIDIC合同体系，在发展沿革过程中不断地吸收借鉴各国合同的优点精华，根据实践需求补充丰富合同内容，为适应国际工程技术及规模的不断提高和扩大，将新的管理理论思维融入合同条件编制中，在国际上树立其权威地位，使得越来越多的国家参照FIDIC编制各国的标准合同文本。我们可以看出其在近百年的沿革中拥有以下特点。

(1) 百年来保持合同模式不断更新和修订，适应国际工程市场的需求和变化：从第二次世界大战后国际市场急需的土木工程合同，再到后来的机电工程合同；从20世纪90年代逐渐流行的DB/EPC/EPCT总承包(交钥匙)合同再到近些年PPP(DBO/ODBO)合同广泛使用，FIDIC无不给予响应和跟随，彰显出对市场需求的敏感。

(2) FIDIC合同中管理组织角色的工作职责也是不断变化演绎，从业主委托"工程师"来行使管理合同的职责并保持独立无偏的中立角色，到逐渐演变为"业主服务人员"不再具有第三方人员角色的作用,发展沿革中在某些合同里还增加"业主代表"并删除"工程师"这一角色。再到2017年版合同中对项目管理的关键人物的资质经验提出明确的要求,同时引入了争议裁决委员会(DAAB)解决双方的争端,不再由工程师处理争议问题。

(3) 合同编制越来越趋向重视服务于项目管理专业人员,同时保持法律上的严谨性。

(4) 不同的合同范本应用于不同的项目类型,采用不同的风险分担模式、不同的合同金额类型和支付模式。

(5) 越来越重视合同程序的完整性及严谨性,尽量做到平衡合同双方遵守程序的对称性。

(6) 合同编排结构更加逻辑化,专业定义更丰富、更规范,可操作性更强,语言更简明。

FIDIC从未停止过对其合同的完善修订的步伐,它一直保持开放交流合作的态度吸收各国合同的精粹,融入最新管理理论,广泛征求全世界各团体组织及协会的意见,不断进取变革。我们相信,FIDIC将在未来继续保持世界建设领域合同编制的权威地位。我们期待更多、更成熟的合同范本的面世,更好地服务于国际工程市场可持续的健康发展。

4.3 其他合同体系简介
4.3 Introduction on Other Contract Systems

4.3.1 英国ICE合同条件简介
4.3.1 Introduction to British ICE Contract Conditions

ICE是英国土木工程师学会(The Institution of Civil Engineer)的简称。该学会是1818年创建于英国的国际性组织,有近200年的历史,是世界上历史最悠久的专业工程机构,拥有100多个国家的会员,是国际建筑领域公认的学术中心、资质评定组织及专业代表机构。

ICE在土木工程建设领域中的工程合同文本方面同样拥有很高的权威性,其编制的土木工程合同条件在英联邦国家和地区的土木工程中得到了广泛应用。

如果说FIDIC合同归属于传统合同范畴的话,ICE编制出版的"新工程合同"(New Engineering Contract,NEC)则是对传统合同的一种挑战。ICE合同条款编制的理念是将现代项目管理理论及实践管理落实到合同文本中,以保障项目的质量、成本、工期三大控制目标的顺利实现。这种理念贯穿于所有合同条件中,力图促使合同的参与方在相互信任的基础上展开合作，共同完成合同总目标。特别是ICE于1995年出版的第二版"新工程合同"，以及NEC系列合同中的工程施工合同(Engineering and Construction Contract，ECC)，在"早期警告"机制、"提前竣工资金"和"裁决人"制度等条款中充分反映了NEC合同的"新"的指导思想。其合同条款第一条就对此作了明确规定："0.1 The Employer, the Contractor, the projects Manager and the Supervisor shall act as stated in this contract and in a spirit of mutual trust and co-operation. The Adjudicator shall act as stated in this contract and in a spirit of independence."（"0.1雇主、承包商、项目经理和主管应本着相互信任和相互合作的精神行事。仲裁员应本着合同规定并本着独立的精神行事。"）

NEC合同适用于国际工程采购和承包领域的标准合同体系，适用合同各方之间不同的关系，包括以下不同系列的合同和文件。

(1) 工程施工合同，主要用于业主和总承包商之间的主合同，也被用于总包管理的一揽子合同。

(2) 专业施工分包合同，多用于总承包与分包商之间的合同。

(3) 专业咨询服务合同，用于业主与设计师、项目经理、监理工程师、律师、测量师、社区服务咨询师等之间的合同。

(4) 仲裁人合同，用来作为雇主和承包商与仲裁人订立的合同。

NEC合同体系在国际上被广泛采用，其各类合同在订立时坚持灵活性、清晰简洁性和促进良好管理的原则。在合同条款设定以及实施运用方面，NEC施工合同有部分条款是倾向于业主的，更倾向于维护业主的利益。

NEC工程施工合同与FIDIC相比，具有适用范围更广泛，更具灵活性，符合现代国际工程领域内合同各方关系向着"相互合作"理念的变化发展。

4.3.2　英国JCT合同条件简介
4.3.2　Introduction to British JCT Contract Conditions

英国建筑领域中另一个著名的学会，是英国联合合同委员会(Joint Contracts Tribunal，JCT)，于1931年在英国成立[其前身是英国皇家建筑师协会(RIBA)]，并于1998年注册成为有限公司。该公司共有八个成员机构，每个成员机构推荐一名代表构成公司董事会。到目前为止，JCT已经制定了多种版本的标准合同文本、专业指引及其他的标准文本。已成为全世界著名的建筑业合同文本之一，在英国及英联邦地区乃至被全世界建筑领域普遍采用。

JCT章程对"标准合同文本"的定义为："所有相互一致的合同文本，经过被组合后共同使用，且这些文本作为拟定项目所必需的文件。"

在英国，由于JCT合同文本是由建筑业各行业参与方经过反复讨论，并由他们在JCT公司董事会的代表同意后颁发的，JCT合同文本中充分平衡了各方利益，通用条款适用度极高，在工程实践中合同双方无须再就通用条款进行谈判，只需对专用条款进行磋商，大大地节约了合同签订时间。

JCT合同文本的标准格式包括：顾问合同；发包人与主承包人之间的主合同；主承包人与分包人之间的分包合同；分包人与次分包人之间的次分包合同的标准格式；发包人与专业设计师之间的设计合同；标书格式，用于发包人进行主承包人招标、主承包人进行分包人招标以及分包人进行次分包人招标；货物供应合同格式；保证金和抵押合同格式。JCT的工作是根据各种类型的工程，编制出这些标准格式的组合，形成用于拟定工程的合同文件。

4.3.3 美国AIA系列合同条件简介
4.3.3 Introduction to the USA AIA Series of Contract Conditions

AIA是美国建筑师学会(The American Institute of Architects)的简称。该学会作为建筑师的专业社团，致力于提高建筑师的专业水平。AIA出版的系列工程承包合同文件在美国建筑业乃至国际工程承包领域都拥有较高的权威性，在美洲地区更是被广泛应用。经过几十年的发展，AIA工程承包合同文件已经系列化，形成了包括80多个独立文件在内的复杂合同文件体系，这些文件适用于不同的工程建设管理模式、合同类型以及项目的不同方面，既可单独使用，也可以按需组合使用。AIA合同文件根据其性质的不同，共分为A、B、C、D、E、F、G、INT系列，其中：

A系列适用于业主与承包商的标准合同文件，不仅包括合同条件，还包括承包商资格申报表，保证标准格式。

B系列主要适用于业主与建筑师之间的标准合同文件，其中包括专门用于建筑设计、室内装修工程等特定情况的标准合同文件。

C系列主要适用于建筑师与专业咨询机构之间的标准合同文件。

D系列是建筑师行业内部使用的文件。

E系列是合同和办公管理中使用的文件。

F系列是财务管理表格。

G系列是建筑师企业及项目管理中使用的文件。

INT系列适用于国际工程项目的合同文件(为B系列的一部分)。

中国建筑工程总公司被授权翻译该协会的系列文件，其中比较重要的是1997年版A201《工程承包合同通用条款》和A401《总承包商与分与商标准合约文本》。

AIA-A201工程承包合同通用条款，共14章83条，主要内容包括：一般条款；业主、承包商的权利与义务；建筑师与建筑师的合同管理；分包商的权利与义务；业主与独立承包商负责的施工；索赔与争议的解决；工程变更；工程期限；付款与完工；人员与财产的保护；保险与保函。详细目录见书后附录一。

4.4 中国工程施工合同示范文本与FIDIC施工合同的主要区别

4.4 The Differences Between China's Construction Contract Sample Text and FIDIC Construction Contract

FIDIC标准合同条件已有近百年的发展历史，对于工程建设项目的各个环节考虑都非常全面。世界上很多国家都是参照FIDIC标准合同条件来编写本国的合同标准文件的。中国的标准合同示范文本也是借鉴了国外先进经验，诸多条款也和国外的标准合同相似，但是受中国法律环境、人文环境等方面的影响，自然带有中国特色。

1999年，中华人民共和国建设部和国家市场监督管理总局联合制定出版了GF-1999-0201《建设工程施工合同(范本)》。经过十几年的应用，吸取了专家、使用者的意见，对1999年版进行补充修订，2013年中华人民共和国住房和城乡建设部和国家市场监督管理总局联合制定出版GF-2013-0201《建设工程施工合同(范本)》，为指导合同当事人的签约行为和维护合同当事人的合法权益提供规范的参考依据。尽管还不完善，但也充分体现了中国合同管理与国际接轨的思想。

下面将中国2013年版《建设工程施工合同(范本)》(GF-2013-0201)与1999年版FIDIC《施工合同条件》进行简单的比较分析，主要从结构体系、施工期、监理工程师权限、合同款支付等几方面进行。

1. 中国《建设工程施工合同(范本)》(GF—2013—0201)与FIDIC《施工合同条件》的相同点

这两者的总体结构一致。

(1) 中国《建设工程合同(范本)》(以下简称《范本》)分为三部分：合同协议书、通用合同条款和专用合同条款。

① 《范本》合同协议书共计13条，协议书是合同内容的说明及强调双方履约意识，主要包括：工程概况、合同工期、质量标准、签约合同价和合同价格形式、项目经理、合同文件构成、承诺以及合同生效条件等重要内容，集中约定了合同当事人基本的合同权利义务。

② 《范本》通用合同条款。

通用合同条款是合同当事人根据《中华人民共和国建筑法》《中华人民共和国合同法》等法律及法规规定，就工程建设的具体实施特殊需求的相关事项，对合同双方的权利义务作出的原则性约定。通用合同条款共计20条，具体条款分别为：一般约定、发包人、承包人、监理人、工程质量、安全文明施工与环境保护、工期和进度、材料与设备、试验与检验、变更、价格调整、合同价格、计量与支付、验收和工程试车、竣工结算、缺陷责任与保修、违约、不可抗力、保险、索赔和争议解决。前述条款编排既考虑了现行法律及法规对工程建设的有关要求，也考虑了建设工程施工管理的特殊需要。

③《范本》专用合同条款的内容、编号与通用条款相对应，专用合同条款是针对特定工程的特点对通用条款进行的细化、补充或修改说明及需要另行约定的条款。通过双方的谈判、协商后修改补充敲定最终专用合同条款。在使用专用合同条款时尽量避免直接修改通用合同条款。

④《范本》还包含有11个协议书附件，如下所示。

附件1：承包人承揽工程项目一览表。

附件2：发包人供应材料设备一览表。

附件3：工程质量保修书。

附件4：主要建设工程文件目录。

附件5：承包人用于本工程施工的机械设备表。

附件6：承包人主要施工管理人员表。

附件7：分包人主要施工管理人员表。

附件8：履约担保格式。

附件9：预付款担保格式。

附件10：支付担保格式。

附件11：暂估价一览表。

(2) 1999年版FIDIC《施工合同条件》(红皮书)也是由三部分组成：协议书、通用条件和专用条件。通用条件和专用条件均由20条主要条款组成，相互对应、互为补充。构成合同内容结构完整、思想体系一致的世界通用合同条件。合同条件后附有一些附件，如争端裁决决议书、各类定义、各类担保、投标函、合同协议书等标准格式。

虽然中国2013年版《范本》在架构和条款数量上与1999年版FIDIC红皮书相同，但实际上，条款内容并不是一一对应的《范本》在条款上借鉴了国际施工合同范本FIDIC的经验，如沿用了FIDIC中的"工程师"的称谓及其职责、索赔程序、双向索赔制度等。同时反映了国际建设工程惯例，增加了工程担保条款和有关保险的内容，使之成为工程项目建设中不可缺少的部分。

2. 中国《建设工程序工合同(范本)》(GF—2013—0201)与FIDIC《施工合同条件》的区别

两者的区别详见表4-5。

表 4-5 GF-2013-0201《范本》与 1999 年版 FIDIC 红皮书比较

序号	比较内容	GF-2013-0201《范本》	1999版FIDIC红皮书
1	开、竣工时间	自开工日期到实际的竣工日期，实际的竣工日期指通过验收检验后承包商递交竣工报告的日期	从发出开工令，到工程师根据合同规定认为的实际完成时间，并在移交证书中写明
2	监理/工程师权限	监理工程师类似于FIDIC中的工程师；受雇于业主，相对独立的第三方；监理工程师代替业主实施工程合同管理，涉及施工方案、进度计划、质量控制、中间及隐蔽工程验收、计量支付等审核审定	受雇于业主，相对独立的第三方；咨询工程师的职责范围很广：涉及工程质量、计量付款、解释合同、评定变更索赔等各个方面
3	合同价格形式	分为单价合同形式和总价合同形式，单价合同与国际接轨，总价形式与计量规范配套	第14.1款约定系单价合同形式(另有约定除外)专用条款约定，即也可以约定总价合同形式
4	暂估价与分包商确定	暂估价项目属必须招标的，约定了承包人与发包人共同招标或承包人招标方式对于不必须招标的暂估价项目，约定了承包人直接承包人招标签订合同方式	发包人通过招标投标方式或者协商方式确定分包商，该分包人称为指定分包人
5	违约及索赔	第16条违约条款，专门对 发包人、承包人的违约情形进行了约定，并对各自的违约责任、因违约解除合同、解除合同后的付款及处理都作了详细的约定	违约等索赔情形与索赔条款之衔接就很清晰，所有涉及索赔的情形，都会通过该索赔情形之条款中约定指向适用承包商的索赔条款或者雇主的索赔条款的方法进行条款之间的衔接
6	合同的完备性	未作说明	更加完备，如第6条对职员和劳工(雇佣)、工资标准和劳动条件、劳动法、工作时间、为职员和劳工提供的设施、健康和安全、监督等；第7条对永久设备、材料和工艺(实施方式、样本、检查、检验、拒收、补救工作等)都有详细的约定说明

3. FIDIC在中国翻译出版概况

1991年，FIDIC正式授权天津大学何伯森教授将其编制的FIDIC系列合同条件英文版翻译成中文在中国出版。之后何伯森教授组织天津大学翻译团队在1992年至1997年陆续将FIDIC多版合同翻译出版。1996年，在中国工程咨询协会代表中国加入FIDIC后，成立了FIDIC文献翻译委员会，陆续组织翻译出版了一系列FIDIC合同文件，包括

1999年版系列合同条件及其指南。2020年7月，FIDIC与中国机械工业出版社签署了为期十年的翻译和出版许可协议，FIDIC 表示正在创建一个平台，使得咨询工程和建筑领域的最佳实践文件可以改善协作和沟通交流。

已在中国翻译出版的主要FIDIC合同范本文献有(按翻译出版时间顺序)：

(1) 1986：卢谦，译. 张琰，校.《FIDIC 土木工程施工国际通用合同条件》(1977年第三版)，中国建筑工业出版社。

(2) 1991：臧军昌，季小弟，周可荣，张水波，译. 何伯森，谢亚琴，校. 许永康，审校.《FIDIC土木工程施工合同条件应用指南》(附1987年第四版、1988年订正版)，航空工业出版社。

(3) 1991：周可荣，张水波，谢亚琴，译. 何伯森，校.《FIDIC电气与机械工程合同条件》(1987年第三版)，航空工业出版社。

(4) 1991：周可荣，译. 何伯森，张水波，校.《FIDIC 业主/咨询工程师标准服务协议书》(1990年第一版)，航空工业出版社。

(5) 1995：周可荣，张水波，谢亚琴，范云林，鹿丽宁，译. 何伯森，陈大中，校.《FIDIC电气与机械工程合同条件应用指南》(1988年版)，航空工业出版社。

(6) 1995：张水波，周可荣，译. 何伯森，鹿丽宁，校.《FIDIC业主/咨询工程师标准服务协议书应用指南》(1991年版)，航空工业出版社。

(7) 1996：刘英，刘尔烈，李长燕，译. 何伯森，周可荣，张水波，校.《FIDIC土木工程施工分包合同条件》(1994年版，与1987年第四版红皮书配套使用)，中国建筑工业出版社。

(8) 1996：何伯森，周可荣，刘英，叶永，译. 张水波，校.《FIDIC 设计—建造与交钥匙工程合同条件》(1995年橘皮书)，中国建筑工业出版社。

(9) 1999：张水波，周可荣，叶永，译. 何伯森，校.《FIDIC 设计—建造与交钥匙工程合同条件应用指南》(1996年版)，中国建筑工业出版社。

(10) 2002：朱锦林，译. 徐章礼，校译. 王川，徐礼章，唐萍，审订.《菲迪克(FIDIC)施工合同条件》(1999年版)，机械工业出版社。

(11) 2002：周克荣，刘雯，万彩芸，王建，译. 何伯森，张水波，校译. 王川，徐礼章，唐萍，审订.《菲迪克(FIDIC)生产设备和设计—施工合同条件》(1999年版)，机械工业出版社。

(12) 2002：王川，译. 徐章礼，校译. 王川，徐礼章，唐萍，审订.《菲迪克(FIDIC)设计采购施工(EPC)/交钥匙工程合同条件》(1999年版)，机械工业出版社。

(13) 2002：吕文学，陈勇强，译. 唐萍，校译. 王川，徐礼章，唐萍，审订.《菲迪克(FIDIC)简明合同格式》(1999年版)，机械工业出版社。

(14) 2003：国际咨询工程师协会，中国工程咨询协会编译. 唐萍，张瑞杰，张洁，翻译. 唐萍，校译. 王川，徐礼章，审定.《菲迪克(FIDIC)合同指南(施工合同条件，生产设备和设计—施工合同条件，设计采购施工(EPC)/交钥匙合同条件)》(2000年版)，机械工业出版社。

(15) 2004：卢有杰，译. 唐萍，校译. 王川，徐礼章，审订.《客户／咨询工程师(单位)服务协议书范本》(1998年第3版)，机械工业出版社。

(16) 2004：唐萍，译. 王川，徐礼章，审订.《客户／咨询工程师(单位)协议书(白皮书)指南》(2001年第2版)，机械工业出版社。

(17) 2008：张水波，王佳伟，仉乐，隋海鑫，赫冰峰，张俊丽，译.《FIDIC系列工程合同范本——编制原理与应用指南(2005年版)》，中国建筑工业出版社。

(18) 2019：陈勇强，吕文学，张水波，等，编著.《FIDIC 2017版系列合同条件解析》，中国建筑工业出版社。

第5章 国际工程项目成本管理及控制

Chapter Five　Cost Management and Control in International Engineering projects

【本章导读】本章介绍了费用与成本及全过程造价控制的概念，影响国际工程成本的各种因素及西方发达国家成本控制的理论及方法，美国的价值工程及赢得值等项目管理方法理论最先进、英国最完备的所有会员共享的成本管理历史数据库、德国最严谨的动态成本管理措施与执行力得以确保成本控制计划的实施。通过本章的学习，了解多国的成本控制方法，并应用于工程成本管理的工作实践中。

【关键词】价值工程；赢得值(EVC或EVM)；英国的皇家测量师(RICS)；国际通用的建筑工程量标准计量规则(SMM系列)；美国成本工程师协会(AACE)；全寿命周期成本(LCC)；成本后评价

聚焦国际工程市场的建设规模和开放程度，目前全球建筑业的总产值每年为8万亿～10万亿美元。其中建筑大国如中国、印度、日本、欧盟各国、美国、加拿大、澳大利亚等国合计约占全球市场份额的80%，中国、印度、日本、欧盟各国建设市场几乎被本国公司垄断，对外基本是封闭的；美国、加拿大、澳大利亚的建筑市场是半封闭状态，这些国家对劳务人员入境等方面严格限制，加大了外国承包企业承揽工程的难度。占另外20%全球市场份额的是中东、非洲、东盟地区、拉美部分地区。

2001年中国将"走出去"发展战略列入《国民经济和社会发展第十个五年计划纲要》之后，中国在国际承包工程的业务量呈现规模增长的态势。在专业领域方面也逐渐涉足项目规划、勘探、设计、施工、管理等领域，其中以EPC总承包模式数量最多。近几十年来，中国国际承包企业经常参与东南亚地区、北非和中东等地区的国际工程项目竞争。对中国建筑承包企业来说，在海外参与工程项目主要为两类，一类是境外国家、政府或世界金融组织等投资的公开进行的国际招标工程项目，另一类是中国对外援助项目(多为对发展中国家援助的各种类型的工程项目)，援助项目涉及中国政府及受援国政府的互惠协议及援助项目的特定成本计算方法所限，招标范围和成本控制有其特殊性。本章主要介绍国内承包企业参与国际工程投标项目的成本管控。

国际工程市场竞争激烈，充满风险，做好国际工程项目的成本管理及控制，是企业海外生存的有力保证。国际工程项目具有的国际属性和建筑产品单一特性，使得国际工程成本难以得到可靠样本进行复制，类似业绩经验也往往只能提供某一方面的估算参考。本章以国际工程成本构成要素做抓手，根据国际工程项目的特点，分析国际工程成本管理及控制理念，学习各国成本控制方法，对如何有效控制项目成本的根本措施提出想法，通过努力实现项目的目标成本控制，实现以项目盈利为先导，继而在国际工程建设市场赢得有利的竞争地位。

5.1 国际工程项目成本构成要素

5.1 Cost Components of International Engineering Projects

实施国际工程项目成本控制，首先要充分了解工程成本构成要素。下面介绍与成本相关的一些概念。

5.1.1 工程成本与造价及费用的关系

5.1.1 The Relationships Between Projects Cost, Construction Cost and Expenses

英文Cost翻译为成本或造价都可以，但在国内的工程实践中，成本和造价在概念性质和概念定义两个方面还是有区别的。

工程成本是实现工程建设而发生的资源耗费的货币体现，通常用货币单位来衡量。

工程造价等于成本、税金及利润之和，也就是说，因此建造而投入的成本和由此衍生出来的利润和税金的总和即为工程造价。

费用则是一个较中性的词，不过分强调是业主还是承包企业的立场角度，只是强调完成工程项目必须付出的花费。英文Cost Management一般翻译成"费用管理"。因此，在本章中，同一项目的成本、造价和费用是不同的含义，是渐进增加的。

5.1.2　静态成本造价及动态成本造价的概念
5.1.2　The Concept of Static Cost and Dynamic Cost

静态成本造价是以某一基准时间点(一般精确到年、月)的建设要素的价格为依据计算出的建设项目成本的瞬时值。动态成本造价不仅包括静态成本造价，还包括涨价预备费(考虑因价格上涨需要增加的风险费用)、固定资产投资方向调节税以及利息支出财务费用等，可以理解为是完成一个建设项目预计所需费用的总和，公式如下。

$$动态成本造价=静态成本造价+工程造价调整预备费+建设期贷款利息+固定资产投资方向调节税$$

5.1.3　国际工程成本构成
5.1.3　Composition of International Engineering Cost

众所周知，中国的工程项目费用构成，在2003年以前的时期是以定额计价为主，工程费用在国内工程咨询行业内习惯叫作"建筑安装工程造价"，是由直接费(人工费、材料费和机械费)、间接费以及利润和税金组成；2003年后执行GB50500《工程量清单计价规范》，根据规范"建筑安装工程造价"包含：分部分项工程费、措施项目费、其他项目费、规费和税金等费用组成。

建筑安装工程造价是工程项目费用的基本组成部分，计算国际工程费用也不例外。从业主角度考虑，建设项目费用一般称作投资费用，除了建筑安装工程造价外，还应包括前期费用如征地拆迁、设计咨询、招投标管理费用、项目管理咨询费用、不可预见费用，以及竣工后的开办费用等。大型的国际工程项目，从业主角度考虑项目建设的全过程造价控制的范畴中，各个实施阶段相对应的成本费用控制因素，如图5-1所示。

这其中，成本费用的控制从初步估算→项目估算→投资概算→招标预算→中标价或签约合同价→工程结算各个环节，环环相扣，逐级控制。每一级成本依据不同的估算或计算方法(通常采用综合指标投资估算法、比例估算法、生产能力指数法等)，业主或委托专业的造价咨询单位，做好充分的市场调研，依据以往工程案例辅助，参考政府或咨询机构发布的各种价格信息及计算依据，合理准确完成各级成本计量、计算工作，出现重大偏差时需要及时调整方法或调整项目规划范围及设计标准，最终达到成本费用逐级控制的目标。全寿命周期的工程项目成本管理，既要考虑建设成本，同时还应考虑项目建成后的运营成本费用。

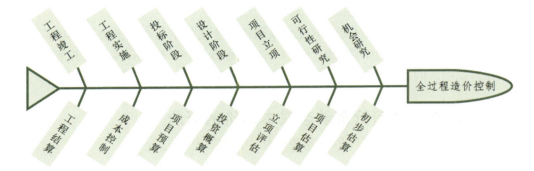

图 5-1 项目全过程成本管理控制要素

若从承包企业的角度来看,成本费用组成要素及控制范围略有不同。以国际承包工程中最常用的EPC合同招标项目为例,成本控制工作是根据合同类型和工作范围进行分析,承包企业从获得项目招标文件开始,进行调研并决策,到投标准备、投标实施、中标签约、施工准备、现场施工、材料设备采购,直至竣工验收以及项目后评价,全过程造价控制每个环节都离不开成本管理工作,其主要工作流程如图5-2所示。

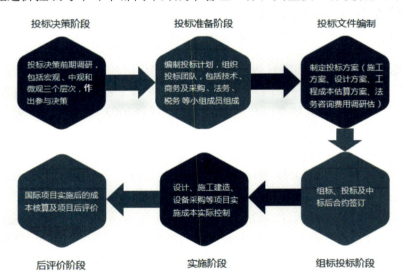

图 5-2 国际 EPC 工程项目成本控制流程

通常业主在招标文件中明确规定合同类型,比如常见的EPC固定总价合同,从承包企业的角度,报价由项目工程成本、管理费用(包括公司本部管理费用、项目现场管理费用及其他相关管理费用)、其他费用、预备费、利润组成。其中项目工程成本由设计费用、采购费用(包括采购服务费用)和施工费用三项组成,这三项是工程成本的主要部分,是需要根据项目特性及以往经验单独计算或估算的。成本估算要遵循不漏项、不重复计算、覆盖全面的原则,考虑完成项目所需的全部花费;而后面的四项管理费用等则需根据项目标的国家的政策法规及建筑市场等因素结合企业自身管理水平综合

第 5 章　国际工程项目成本管理及控制

考虑计算，如招标文件中未提到这四项管理费用分项报价，就需在计算出成本估算的基础上再分摊到前三项费用中。

5.2 影响国际工程项目成本的因素
5.2 Factors Affecting the Cost of International Engineering Projects

国际工程项目成本构成，除了最基本建筑安装工程费用要素外，还有可能需要考虑国际运输费、财务汇兑费用、海外工程咨询费、法务费用、当地税费、工程保险费、不可预见费等，根据合同要求也有可能包含设计费及融资成本费用。换个角度来说，就是除了需要考虑包括项目微观层面的建筑工程费用，还要考虑中观层面(即项目所在国的市场因素)对费用的影响，以及宏观层面(即项目所在国的政治经济、社会环境等)造成的特殊费用增加额。概括地说，国际工程成本构成要素包括宏观层面、中观层面及微观层面三个方面的影响因素，如表5-1所列。

表 5-1　国际工程成本影响要素

标的国家宏观环境要素	政治环境	政权性质与政府信用，与中国友好程度及竞选年份影响，有无政变、内战、暴乱和罢工事件
	经济环境	经济发展周期、经济总量，何种经济组织成员及贸易协定，金融开放程度，汇率稳定程度及货币汇兑情况
	语言环境	官方语言及合同用语
	法律体系	何种司法体系及制度，争议解决机制
	宗教信仰	宗教节日及风俗习惯(如穆斯林应有斋月)对项目的影响程度
	保护主义	注册公司许可制度或代理认知度，投资额度限制要求，不成文惯例等
	自然环境	海拔、气候、自然灾害、虫害、地方病等
标的国家中观环境要素	市场准入	工程承包准入、劳务准入、资质管理等
	市场容量及开放情况	建筑市场发达与否，对外开放范围
	物资资源市场	本地物料、机械与进口材料设备种类及程度
	劳务市场资源情况	劳务技能水平程度
	工程体系及管理	建筑主管部门，质量验收体系、招投标管理等
	出入境管理	签证类型，出入次数，单次停留时间等
标的项目的概况及特点(微观环境)	工程地点、规模及类型	施工地点运输限制、结构类型特殊要求、工程规模与当地市场匹配度等
	招投标管理及承包模式	提供资料完整程度、资质要求、保函提交方式，EPC或PPP或BOT等承包模式
	工期内的影响因素	工期是否合理，考虑国际赛事、会议、节假日及宗教习俗影响情况
	合同参与各方	业主、设计、监理、其他

续表

标的项目的概况及特点（微观环境）	合同条件计价	合同版本、合同文件组成合同价格类型、合同权益转让等
	货币及支付情况	单一货币或多种货币混合支付，或买方信贷等汇率风险及汇兑费用
	招投标情况	投标时间是否充足，竞争对手情况摸底
	现场条件	临时水电道路、临时实施等场地情况，周边环境，施工限制等

一般来说，国际工程项目与国内工程项目比较，因可能参与项目的人员来自不同国家，所涉及的专业领域多，承揽的工作范围广（设计、采购及施工），计量支付的币种多样，因此需提前计划和多部门共同参与的高度统筹的复杂工作。所以说国际工程承包相比较国内总承包项目来说，算是具有高强复杂性和高度风险的行业工作。在国际承包工程中，除了需要根据工程项目特点计算建筑安装工程造价及其他间接费用外，还需要充分考虑项目所在国的政治和经济形势社会和宗教习俗、自然地理和气候条件、劳务政策和法律规定及签证类别办理、资金以及外汇管制方法、有关进出口及税收情况等一系列不定因素，使得国际工程承包企业面临的环境纷繁复杂且变化多端，不可预知的风险事件随时都有可能发生。所以在国际上承接项目要在事前做好认真细致的调研工作，充分评估参与工程的风险控制能力，知己知彼，保证国际工程项目管理目标的实现。概括起来，要特别注意对国际工程成本有影响的以下几个共同特点。

1. 项目参与人员众多，合同主体的多国性，相关法律环境不同

很多大型、复杂的国际工程项目的实施从纵向和横向关系看，不仅有业主（甲方）和承包企业（乙方）两个方面，有时涉及几十家公司，并要签订几十份合同。参与承包建设的公司及人员来自不同的国家，如工程项目所在国、总承包企业的注册国，各类专业工程分包商，还有贷款金融机构、咨询设计、设备供应公司以及劳务公司等可能都属于不同的国家，造成各方签约主体属于不同国别，可能会涉及多国的不同法律环境的制约，诸如建筑法、经济合同法、招投标法、公共采购法、劳动法、投资法、金融法、各种税法、社会保险法、外贸法、外汇管理法等。而在许多发展中国家，虽然法律体系不完备，可能有一些行业内不成文的习惯做法及工程项目所在国的宗教习俗等虽然不会在招标文件或合同中明示，但却是具有"约束力"的国际惯例，签约之前必须做足调查并引起足够的注意。有时出现由多个不同的合同或协议规定它们之间的法律关系，并不一定适用于工程所在国的法律，特别是合约中关于争议解决方式的约定，并不一定都像国内那样采取仲裁程序或司法诉讼程序，这一特征使得参与国际工程承包项目各方的法律关系变得难以处理。所以承包企业不仅要处理好与业主、监理工程师之间的关系，而且要尽力协调好参与项目各方责任人彼此之间错综复杂的关系。

2. 政治体制及经济环境的影响

不同地区的政治体制和政治环境对国际工程有巨大的影响。比如中东地区酋长和

国王政治体制，非洲地区多部族政治体制，到东南亚地区有很多家族政治体制，当然也有很多国家采用西方民主政治体制，多党轮流执政。这些政府的信用、办事效率、竞选周期、与中国政府的友好程度等方面，都会对在当地承包项目运作产生直接或间接的影响。例如，可能因承包工程项目所在国发生内乱、战争或派别斗争等政治形势变化而使工程中断，或因为国际政治经济形势发生突变(例如制裁、禁运、贸易协议到期等)而终止；有些国家政府对于外国承包企业实行歧视性限制政策；还有些国家的项目受到国际资金来源的制约，面临中途停工等情况。

经济方面影响因素还需考察承包工程项目所在国的宏观经济状况、国家资源及储备状况，金融环境方面要考虑是否有稳定的金融环境，通货膨胀及汇率波动，外汇汇兑管制情况，以及是否参加世界经济组织、双边或多边贸易协定等因素。这些国际政治和经济形势的变化直接影响国际工程项目的实施成本。

3. 工程款支付方式和货币币种的多样性

国际工程承包的支付方式除了现金和支票外，还有银行信用证、银行汇付、国际托收、实物支付等多种方式。

国际工程承包除了本国货币外，还要使用工程所在国的货币支付当地费用，对于分包商和材料设备分供商，根据合同约定支付相应币种货币，还要考虑中国对外汇管制的因素。承包企业面临货币汇率浮动和利率变化的复杂国际金融环境之中，即使合同约定支付货币为美元或欧元等国际通用的主要币种，同样会面临利率波动带来的对成本的影响。

4. 技术体系不同造成规范庞杂、差异性大

中国与西方发达国家在工程技术标准体系方面存在较多不同之处。国际工程实施中，一般在招标文件或者合同中会明确要求采用被国际广泛接受的技术标准、规范和各种规程。如果一项国际工程合同中不强调使用统一的标准、规范和规程，工程实施中监理工程师质量控制将没有参照标准，参建各方互不协调而争议不断。进入国际市场的承包企业，在熟悉国际通用的各种技术和规范后，在工程成本及造价计算中，充分考虑自己的施工技术及管理水平与国际标准、规范的适应性，避免因技术措施费用测算不足而造成项目亏损。

5. 建筑市场及劳务市场的发展水平及准入管理

世界各国的建筑水平、材料设备分供资源情况不尽相同，机械设备租赁市场容量及规格配套、劳务供给数量及技术水平、进口物资供应量及周期等对工程工期、成本的影响需要提前核实计算。另外，许多国家对建筑公司设置市场准入要求，一般要求在当地注册公司后方可参加项目投标及工程实施并遵守当地建筑市场的管理要求。需要了解劳务人员方面是否有入境人员数量限制，调研当地劳力技术水平，可雇佣人员数量。在非洲地区、东南亚地区拥有熟练技能的劳务人员数量较少，很多情况下需要承包企业在雇佣后进行专门的工作技能培训后方可上岗工作，大大地影响工作效率，

进而对成本产生较大的影响。

6. 项目组织及管理

国际工程项目另一重要特点是建设周期长，环境错综复杂。通常情况下，国际工程从投标、签约、履约到项目完成合同终止，或再加上运维保修期时间至少在两年以上，大型或特大型工程项目实施周期有可能在十年以上。周期越长，出现变化的概率越大，国际工程总承包是完全意义的总承包管理，涉及的领域广泛、关系人多，需要协调设计、施工、材料供应、专业分包等各个专业团组，在项目组织工作上不但要满足业主(或业主代表工程师)的监督与审核要求，还要重视设计管理对成本的影响，通过全球采购的组织协调降低项目成本。同时，因为国际工程合同期限长，合同关联人员关系错综复杂，关联分包合同众多，难免会遇到资金紧张、材料供应脱节、清关手续烦琐等棘手的问题，要通过项目实施前的策划和实施中的精准管理减少复杂状况的出现。

7. 识别风险，规避风险

风险大、可变因素多历来被公认为国际承包工程"风险事业"的标签之一，承包企业的风险管控工作与投标报价工作应该同步进行、相辅相成。越是有经验的承包企业，越重视参与国际工程时的风险识别及控制。承包企业面对陌生的海外环境时，详细进行项目所在国家的宏观环境、中观环境及微观环境的调查中，对可能影响工程进行的政治风险、经济风险、自然条件的风险、经营管理失误的风险进行识别和规避。如果说政局动荡的风险是小概率事件，那么经济风险则是普遍存在且影响巨大的。2008年，因美国次贷危机引发的影响到全球的金融危机使众多的国际承包企业蒙受巨大损失，其中也包含不少中国公司。2020年年初开始肆虐全球的新型冠状病毒疫情对世界经济的影响不可估量。事实告诉人们，尽管国际承包工程会遇见难以预料的巨大的风险，但只要善于总结经验教训，在认真调查研究的基础上，切实改善经营管理，采取必要的防范措施，就可以避开较大的风险或减低已发生的风险损失程度，使自己成为驾驭风险的成功者。

5.3 国际工程项目成本管理及控制理念
5.3 International Engineering Projects Cost Management and Control Concept

5.3.1 西方国家成本管理组织简介
5.3.1 Introduction on Cost Management Organizations among Western Countries

西方发达国家在工程成本管理方面，经过多年的经验积累和不断改进已处于有序的市场运行环境中，已实现了系统化、标准化的管理。近现代，在世界建设领域内，西方发达国家在建筑理论及管理方法等方面，积累了多年的基础经验并不断总结和改革完善，并以其科学性、实用性而被其他国家广泛学习和借鉴。在工程估价、招投标制度建立实施、合同管理等方面，西方国家近百年形成了较先进的管理体系及理论。

目前，国际建设领域中有许多行业组织，其工作性质中或多或少与工程项目成本管理有关联，如工料测量类多属于制定工程量计算规则或提供相关服务的协会组织。项目管理类的学会(其中成本管控是项目管理的主控目标之一)，根据工作性质和及服务内容大致归纳为三类行业专业组织：①工料测量类，如英国的皇家测量师学会(RICS)、香港工料测量师学会(HKIS)、新加坡测量师学会(SISV)、日本建筑预算协会(BSJ)、澳洲工料测量师协会(AlQS)等。②项目管理类，如美国项目管理学会(PMI)、国际项目管理协会(IPMA)、法国项目管理协会(AFITEP)等。③成本管理类，如美国成本工程师协会(AACE)、加拿大成本工程师协会(AACE-Canada)、巴西成本工程师学会(BICE)、日本成本及项目工程师协会(JSCPE)、意大利成本工程师协会(AICE)、俄罗斯成本工程师协会(RICE)等。

5.3.2 西方国家成本管理的建立及发展简介
5.3.2 Brief description on the Establishment and Development of Cost Management in Western Countries

英国是现代工业发展最早的国家，通过英国工程估价的产生和发展过程，可以窥见西方发达国家成本管理的发展历程。

(1) 发展第一阶段，从事后算账发展到事先算账。

16世纪至17世纪，英国建筑规模比较小，有些项目没有设计图纸，直接施工，建造花费一般是盖完了才知道花了多少钱。这是设计与施工分离的阶段，是对已完成工程进行计价的阶段。

随着时间的推移，手工制作方法改进和小型机械的发展，建筑项目也逐渐发展到大型的住宅、厂房、博物馆等大规模建筑，建筑设计也从简单到复杂，从没有图纸到聘请专门的设计人员进行先设计后实施的生产过程。随着工业革命机械化发展，从手工劳作到社会化大生产的出现，设计与施工逐渐分离成为相互独立的专业。随着工程规模的扩大，工程量的测量、计算和估价的工作，也开始由专业工料测量师独立承担。

到了1881年英国皇家特许测量师协会(RICS)成立，这个时期完成了工程估价的第一次飞跃。

(2) 发展第二阶段，估价逐步成为一个独立的专业，形成标准的计量体系，根据图纸估价以及招投标的做法得以推广和认同。

到了1922年，由RICS修编出版了第一本标准工程量计算规则，使得工程量计算有了统一的标准和基础，加强了工程量清单的使用，进一步促进了竞争性投标的发展。

所有的投标都以业主提供的工程量清单为基础，从而使投标结果具有可比性。业主聘用有资质的估价师负责计算工程量、提供工程量清单。业主们希望在设计初期阶段或者在做投资决策时，就能够有相对准确的投资估算，并对设计进行控制。1950年，英国皇家特许测量师协会(RICS)的成本研究小组(RICS Cost Research Panel)也制定了成本分析和规划方法。从这时开始，估价工作成为主动事前的工作，估算的精准也在逐步提高。一个"投资计划和控制制度"就在英国等经济发达的国家悄然兴起，完成了工程估价的再次飞跃。

(3) 到了1970年，建筑业有了一种普遍的认识，认为在对各种可选方案进行估价时仅仅考虑初始成本是不够的，还应考虑到工程交付使用后的维修和运营成本。这种理论计算类似全寿命周期的"总成本"计算，从而使估价工作的含义进一步拓展到贯穿工程项目的全过程。

值得一提的是，国际通用的《建筑工程量标准计量规则》即通称的SMM体系，由英国皇家特许测量师组织出版发布，自1922年第1版问世，到1988年7月1日修订完成第7版(SMMT)，积累了几十年的工程实践经验。新版SMM7改进了许多新的工程分类并吸纳了一批新的工程科技进步成果，被英联邦体制下的上百个国家广泛接受和使用，部分WTO成员国家和地区纷纷在SMM7的基础上编制本地区的规则，SMM7逐渐具有国际化、标准化属性。

这个发展过程归纳起来有以下特点：从最初事后反映已完工程量的价格，发展进步到在开工前即可进行工程量的计算和估价，进而发展到在可行性研究时提出投资估算，在初步设计时提出概算，指导设计控制施工图预算，在招投标阶段通过统一标准的工程量清单招标方式选定承包商，从而使得业主的投资项目实现全过程的控制与管理。

通过工程估价发展简史不难看出，英国工程估价是随着工程建设的发展和市场经济的发展而产生并日臻完善的。从横向看，其他西方发达国家如美、英、日、德等国在工程造价管理理论上结合本国的实际情况，先后建立了各国较为科学、严谨、完善的管理制度。在国际工程建设领域中，通过招投标的方式选定最适宜的承包商是国际上普遍、惯用的工程管理方式。

5.3.3 世界各国成本管理体系及现状简介
5.3.3 Introduction on Cost Management System and the Status around the World

1. 美国的工程项目成本管理简介

美国作为世界上最发达的国家，拥有高度发达的市场经济环境和庞大的法制体系。建筑业也曾经是美国的支柱型产业，在建筑技术乃至工程造价的管理方面也有许多值得我们借鉴的地方，如政府部门不直接管理工程造价，而是通过规范的市场行为实现对工程造价的相对合理的控制。在美国，各种类型的工程咨询机构或咨询公司是工程项目管理及工程成本管理的主要承担者。如上文提到的美国项目管理学会(PMI)、国际项目管理协会(IPMA)、美国成本工程师协会(AACE)等,其中多为民办咨询服务机构。他们既服务于承包企业,也可接受业主委托做其代理人或顾问,提供工程项目管理及工程造价成本控制服务,注重服务效果的反馈,并对反馈信息进行分析、判断,逐步形成成本预测、控制的完整的科学管理体系。

(1) 系统化综合化管理。在美国的工程管理体系中,不断地对项目管理方式进行研究创新,通过科学的项目管理理论来实现对工程成本的控制;对造价、质量、工期进行系统化的管理来实现对造价、质量、工期的综合控制,即将工程合同约定的质量、工期、造价作为一个系统进行综合管理。

其管理理念是:任何工程合理工期的确定必须是在满足工程质量标准要求的前提下制定的,然后才谈得上工程造价的合理确定;严格按计划保证工期,进而实现预定的造价控制。美国的成本进度综合控制方法中理论最成熟、应用最广泛的是赢得值法。

(2) 追求全生命周期的费用最小化。全寿命周期成本(LCC)是指一个项目从立项、设计、实施、运营的整个寿命周期内出现的所有成本。在美国,工程造价的计算要求对工程进行全面的效益分析,避免片面追求建造前期的低造价,而投产后期维护费用不断增加的弊端。即工程全寿命期的费用估算,不能遗漏工程投入运行费用及后期的维护费用。

(3) 广泛应用价值工程。美国的工程造价的估算是建立在价值工程基础上的,大量、主动地利用价值工程技术控制工程造价,由专业造价工程师参与到工程设计方案的研究和论证中,以保证在满足功能要求的前提下,使造价处于合理的水平,从而取得投入产出的最优效益。

(4) 工程造价变更与工程结算控制。工程变更只有在发生合同条件变更、工程内部调整、重新安排项目计划等重大事件时才可能同意变更工程造价。所有工程造价的增减变更需事先报业主或业主委托的主管工程师批准后方可执行。

工程结算控制中对于承包商未超出预算的付款结算申请,按照程序报业主与其委托的建筑师/造价工程师审查,批准后给予结算;对于超过预算5%以上的付款申请,必须经过严格的原因分析与审查,不合理的超预算有可能不被批准。

(5) 管理模式推陈出新。美国在项目计划和控制的技术手段上也在不断推陈出新,在原有的甘特图、工作分解结构和计划进度网络技术的基础上新开发的"已获价值"技术理论[Earned-Value Technique,也有翻译成"赢得值"法——EVC(Earned Value Control)或EVM(Earned Value Management)]是美国国防部组织大量项目管理专家经过多年的研究和实践后于20世纪90年代向民间公开的一项项目管理技术。这个新技术由三个基础模块组成:①计划内工作的预算成本(Budgeted Cost of Work Scheduled,BCWS),BCWS表示预计完成某一特定任务的成本;②已完成工作的实际成本(Actual Cost of Work Performed,ACWP);③已完成工作的预算成本(Budget Cost of Work Performed,BCWP)。"已获价值"技术方法的主要特点是:①将费用与进度集成到一起进行控制,即所谓的费用/进度综合控制,考虑了投资与进度之间的紧密联系;②通过偏差分析,预测剩余资源(资金、工期)能否完成工程建设。该技术自发布以来,在美国得到了广泛采用。

2. 英国工程项目的成本管理简介

英国工程项目的成本管理与其他国家最显著的不同有两点:一是英国工料测量师的核心作用;二是英国的建筑成本信息服务部编制发表《建筑工程成本分析标准格式》的应用。简单介绍如下。

(1) 英国的工料测量师是世界造价工程师的先驱,在英国,工料测量师在工程成本管理方面发挥着重要作用。在英国的工程建设管理体系中,工料测量师的地位几乎与建筑师同等重要,在项目建设全过程中,都发挥着不可替代的作用。

从历史上看,从事工程测量、工程估价专门工作的人员最早产生于英国,因建筑不断增长的需求而逐渐发展成独立的专业,即测量师、估价师、造价师等。英国工料测量师的主要职能有:投资与融资咨询、协助招标投标工作、成本管理、合同管理等。1971年,英国皇家特许测量师学会(RICS)规定的工料测量师(QS)的作用是:"工料测量师最主要工作任务是在工程的全过程建设中通过向业主和设计方提供项目的财务管理和成本咨询服务,以确保建筑业的资源能最有效地为社会所利用。工料测量师的独特能力是在建筑领域中的计量和估价技术,他们可以对(建设项目的)费用和价格进行预测、分析、计划、控制和解释。"1983年,RICS又指出:"从一个项目的开始到竣工,由工料测量师提供的独立的成本咨询意见对业主来说是极其重要的。聘用独立的工料测量顾问,允许并鼓励他们不受参与项目的其他人的影响而自主地开展工作,无论是对公共部门还是对私人机构都至关重要。"

英国政府不编制统一的计价定额或标准,而由行业协会来制定有关市场行为准则,规范参建各方的行为。其中由RICS发布的《国际通用的建筑工程量标准计量规则》即通称的SMM体系,自1988年7月1日正式颁布后,被英联邦的许多国家广泛接受和使用,还有众多WTO成员国家和地区在SMM7的基础上编制出该地区的规则,在通用标准上互通互联以适应国际建筑市场的发展环境。

在建设领域中,除了英国皇家测量师学会外,英国民间管理组织、各种专业协(学)会还有很多,如英国标准化协会(BSI)、皇家特许建造学会(CIOB)、土木工程师学会(ICE)、建筑师学会(RIBA)、规划师学会(RTPI)、建设工程师联合会(ABE)、咨询工程师联合会(ACE)、英国建筑技术专家组织(BIAT)、建筑承包商协会(GBC)、大不列颠皇家建筑师组织等,这些专业学会有统一的业务职称评定和职业守则。其中有不少高等院校根据市场需要专门人才的要求,开设了工程估价专业课程学习。协会与学会在政府和建筑市场投资者、建造者之间起到桥梁的沟通与服务作用。

(2) 英国建筑成本分析与《建筑工程成本分析标准格式》。

英国的QS通过使用《建筑工程成本分析标准格式》,编制出成本分析的结果报告，这样的报告可以帮助业主和设计师明确在拟建建筑物的各个元素上成本费用的多少，判断各个单位项目的成本花费是否已经达到平衡分配的效果。这样的报告以数据形式存放在RICS名下的建筑事业成本信息服务部(Building Cost Information Service，BCIS)经营的建筑行业数据库中，提供给所有的会员，进行对照分析不同建筑物中成本元素的同比分析及可参照使用的其他建筑物的成本数据。BCIS数据库包含了15 000多个工程的实际成本数据。会员及用户可以搜寻类似项目的数据分析、更新工程的成本数据、选择平均价格等。数据库中的所有信息都是依据标准科学体系的分类，以标准统一的成本分析格式的数据填报的，可以根据不同的时间和地域很容易地调整(可下载并能够修改处理的数据表格及文档格式)，进而完成拟建工程的成本和费用估算。

BCIS是英国建筑业最权威的信息中心，从1962年开始持续运营，专门收集已完工程的资料，存入数据库，提供交换建筑成本信息的平台，面向参与设计和施工的用户提供关于建筑经济方面的广泛数据，为建设项目成本分析和数据积累提供参考依据。这些建筑数据由顾问、客户及承包商进行评估，可以应用于早期造价预估、具体工程的同比类比估算、类似工程成本计划和估算基准的咨询工作，历史数据可追溯到1957年以前，并且可对未来五年的发展计划进行预测。

由BCIS提供的建筑成本信息范围很广泛，包括：地区的趋势；法规立法；成本指南；统计和经济指标；成本研究；详细的成本分析；简明的成本分析；建筑价格表；具体项目全面的工程简要情况；建筑价格的季度报告；指数；劳动力；工时和工资；材料和设备；工艺、系统和运营；出版物文摘；以及包括300多种建筑形式的平均建筑价格和其他相关参考指数。

建筑物的成本分析是指对目标建设项目的成本数据进行科学的系统分类，以《建筑工程成本分析标准格式》中统一的标准的成本分析格式进行分析，从而保证简化成本的审核和相同分项类比。比如它能够在不同的建设项目之间作出相同元素的详细的比较，还可以区分出不同元素间存在差异的原因，比如建筑形式的差异、基础形式的差异、装修等级的差异、地区定价的差异等。

建筑物成本分析的结果报告能够清晰地反映建筑物各个分项工程成本构成之间的比例关系，是成本控制的基础。

比如在设计阶段，我们可以发现对建筑物质量和效率贡献不大的建筑元素在建筑成本所占比例却较高，而对客户真正关心的比如装修工程、园林景观提供的资金却很少。基于成本分析，可以在设计初期阶段对建筑物的各个元素之间进行合理的成本配置优化，往往能够提高建设投资的支出回报。

(3) 成本分析的标准表格内容简介。

建筑成本信息服务部(BCIS)于1969年年末首次发布成本分析的标准表格The Standard Form of Cost Analysis(SFCA)，并于2008年秋天被联合国批准认定为国际数据交换标准。其标准表格得到了各国使用者的大力支持，并在实践应用中不断完善其元素划分、定义原则等要素。根据各类建筑物进行分类，明确成本分析体系及其相应的格式，实现成本有效的同比和控制。

在成本分析的标准表格中，建筑元素被分为六个大组，前五组主要包括建筑物本身，第六组包括外部工程。建筑元素具体包括基础工程、上部结构、内部装饰、设备、服务设施和外部工程共六组，其中基础工程是独立的元素组；上部结构由框架、楼地面、屋顶、楼梯、外墙、窗户和外门、内墙和隔墙以及内门组成；内部装饰由墙体装饰、地面装饰和天棚装饰组成；设备是单独一个元素的集合，包含通风装置、供水装置、卫生器具、电气装置、用电设施等；成本分析标准表格有两种形式：简明成本分析和详细成本分析。其中简明成本分析只提供工程和六个大组所包含的元素成本的相关信息，以建筑面积每平方米成本表示，详见表5-2。

表5-2 简明成本分析表

概要要素		成本要素			
	要 素	总成本	每平方米成本	要素单位数量	要素单价
1	基础				
2	上部结构				
2A	框架				
2B	楼地板				
2C	屋顶				
2D	楼梯				
2E	外墙				
2F	外门窗				
2G	内墙和隔墙				
2H	内门窗				
3	装修				
3A	墙体装修				
3B	地板装修				
3C	顶棚装修				
4	设备/家具				
5	服务设施				
5A	卫生器具				
5B	服务设备				
5C	处理设备				
5D	供水工程				
5E	暖气管				
6	外部工程				
……	……				

在英国目前的作法中，因为有了统一的元素分类标准和成本分析标准表格，所以

在成本分析过程中，无论成本信息是由谁(设计、咨询或施工方)提供数据来源，工料测量师都能依据标准表格进行编制建筑成本的分析和记录，并以相同的原则同比(同类比较)。这样使用者可以清楚地看到成本配置对成本效益的影响。例如大到不同类型建筑的规模、装修的标准高低、园林绿化中硬化比例，小到外墙材料材质、栏杆材质及样式、顶棚及吊顶做法、门窗及配件选用等，这些搭配和选择操作构成项目成本分析的基本元素，经过反复分析比对这些成本数据，最终获得有效的成本配置建议。作为业主或设计人员，能够在设计的早期阶段有更多的成本控制主动权；有目标、有侧重、有策略地进行成本配置。在满足客户需求的前提下，在成本框架内配置产品、部品、部件、材料和技术，强调其性价比。同时作为购买者，也能根据自身需求与建筑物的空间利用、建筑形式、后期运营成本等进行比较，从而判断该项成本支出是否物有所值。

详细成本分析表格中还包含大量的信息，如承包合同的详细说明、建筑物的选址、现场情况、市场状况、工程的建筑形式、招投标水平、劳动力和原材料的获取情况，还有建筑物的设计特点，例如建筑面积、屋顶面积、外墙面积、墙面/地面比和楼层高度等。

通过将上述承包合同中的所有与成本相关的信息转换成建筑物元素组的成本信息，然后将这些内容归纳整理为总元素成本造价和每平方米建筑面积单方造价来表示。同时，也要列出每个元素的单位数量和元素单价，在进行类似项目成本比较时，合同中元素信息越具体越有参考价值。除此以外，建设项目各个元素的规格和设计记录以及时间等信息必须包括在其中，便于后期应用于为拟建项目编制成本计划时，能根据详细的规格和设计记录调整元素的价格。初期准备工作、偶发性事件的成本同样显示出来，可以单独列项显示，也可以分摊到各个元素中，详见表5-3。

针对建筑物的主要元素进行成本分析的目的，是为了能体现一栋建筑物的成本在其元素组和元素上的分布情况，这是因为采用相同的成本分析口径，使得多个建筑物的成本能够进行同类比较。这对于业主进行成本配置分析和设计单位进行优化设计都有着积极的参考价值。例如，在一个住宅楼工程中，内门的成本基于建筑面积是20.55英镑/m^2，而在另一个工程中，内门成本是34.78英镑/m^2，针对这两者的差异，需要寻找到其成本差异的原因所在。

一般情况下，产生差异的可能原因有三种：第一种是后者工程有更多数量的内门，导致相对总建筑面积单方造价偏高；第二种是后者工程中，内门的质量要好一些，主材单价高；第三种就是在价格上涨的阶段，后者工程比前者工程所有的价格都要高一些。所以，后期在参考一栋现有的建筑物的成本分析里的元素费用作为新的拟建项目的初期成本计划的基础时，必须考虑元素的数量、质量、价格水平这三种因素。其中，会因为元素的数量和质量不同而产生差异，每一项都需要单独考虑和设计，而价格水平往往是适用于所有元素的费用，一般基于价格指数的基础作出调整。

表 5-3 详细成本分析表

要素			子要素			成本要素		
			数量	单位	总成本	总成本	每平方米成本	要素单位数量	要素单价
一	基础								
1A	基础								
	1A-1	标准基础							
	1A-2	特殊基础							
	1A-3	最底层基础/垫层							
	1A-4	地下室							
	1A-5	地下室外装							
		基础小计						m^2	
二	上部结构								
	2A	框架							
	2A-1	结构框架							
		框架小计						m^2	
	2B	楼地板							
		楼地板小计						m^2	
	2C	屋顶							
	2C-1	屋顶结构							
	……	……							

(4) 英国工程成本实行全过程的动态管理和控制。

英国建筑领域中对工程造价调整和价格指数测定、发布，实施科学严密的方法，并形成较完整的信息体系。即政府层面由英国贸易工业部(DT1)的建筑市场情报局和国家统计办公室共同收集整理工程成本信息和统计资料并定期出版，发布工程价格指数及使用说明和相关调整规定。行业协会层面以RICS为主的协会或学会发布造价指数、价格信息等来指导全社会实施工程造价的动态管理。承包商层面一般会提供价格信息。建筑相关的新闻媒体定期发布公开招标信息。最后一个层面就是每一个皇家测量师学会的会员均有责任和义务将经办的完工工程的造价资料及数据收录到数据库中；会员同时有权获得数据库里的资料。在互联时代实行全国联网，所有的会员资源共享。

英国的工料测量师参与造价的工作内容非常广泛，主要有：预算咨询、可行性研究、成本计划和控制、就施工合同的选择进行咨询，选择承包商；招标文件的编制；投标文件的分析评估，标后合约谈判及合同文件的准备；在工程进行中的定期成本分析，工程变更的成本估算，协助建筑材料采购及财务报表；已竣工工程的估价，决算，合同索赔的证据收集及索赔价款估计；对承包商破产或被并购后的应对措施；与基金组织的协作进行通货膨胀趋势预测；合同的财务管理等。

英国工程项目管理中工料测量师根据其服务对象不同,在传统上有不同的称谓,服务于业主的称为"工料测量师",或称为业主的估价顾问;另一种服务于承包商,则称为"估价师",或称为承包商的测量师。除了称谓不同,两者所需的资格与技术能力并没有划分出绝对的界限,"工料测量师"既可以成为某业主的代表,日后也可能服务于其他承包商作为其工程"估价师",详见表5-4。

表5-4 服务于业主的工料测量师参与的工程造价管理工作

工作阶段名称	图纸设计	工料测量师工作内容	其他配合协调工作
设计任务书阶段	尚未出任何图纸	根据过去同类建筑的实际造价考虑地区差别、现场条件、市场情况和工程质量因素而作出调整,以比较法或以内插法为基础提出暂定估算值	依据BCIS发布的SFCA标准表格
草图设计阶段	概念性设计	初步估算造价,参考大量的造价资料,按照建筑物各个分部分项工程编制出的暂估造价指标	多方案时,根据不同的结构形式、材料和公用设备等信息作出造价比较,供业主和设计决策
施工图阶段	施工图	根据施工图编制工程量清单;根据获得的价格信息进行标价工作	要求分包商和供货商提供充分的信息,包括符合实际的订货单

传统的工程量清单投标报价方法,承包商委托专业的估价师参与投标工作。承包商在从业主处获得招标文件后(通常招标文件中包括一份由业主提供的未标价的工程量清单),第一步对该工程量清单进行评估,第二步对该工程量清单中的所有项目进行标价,第三步将所有项目的成本进行汇总,并加入相应的管理费和利润等项。其具体做法如表5-5所示。

3. 德国的工程项目成本管理

德国人具有严谨、认真的作风,在工程造价管理上也不例外。他们把工程建设项目投资估算的科学性、合理性和严肃性作为首要的管理控制项目。

建设项目投资估算费用的确定,要求根据国家质量标准DIN,准确地计算所需要的费用,同时须有一定的风险预估与一定比例浮动费率,即估算投资要考虑全面并留有余地。

德国政府是通过协会、学会对建设工程技术进行管理的。行业协会或同业学会虽然是民间组织,但它在保护行业的利益和推动政府决策方面起着重要作用,保持与政府的密切联系,是政府与行业之间对话的桥梁,同时发挥社会协调、职业道德、互相监督的作用。

在德国,没有设立像北美的造价工程师(AACE)和英国工料测量师(QS)的专业制度,但从事工程造价工作的人员都是工程师,而且兼具多方面专业知识,特别是供职在著名的咨询服务公司里工程计价部门的全部都是工程师，还有的是博士或教授等人才，一般具有多年实际经验。所以，在德国凡从事工程造价管理工作的必须先取得工程师资格，再参加协会组织的资格考试，合格后才能获得资格受聘于业主或受聘于承包商，也可以在政府的工程部门服务。

表 5-5　服务于承包商估价师的估价工作过程

工作阶段名称	估价师工作内容	其他配合协调工作
投标决策阶段	决定参加投标，估价师应检查项目招标文件内容是否齐全，制订出完成该项目估价工作的计划安排日程表，以便控制估价工作的进度	
项目的初步研究	对项目进行完整详细的研究，参与制定出施工方法的投标前施工方案。尽早发出各种询价单。其他研究的内容包括：主要工程量、近似估价、拟要分包的工程项目、列出需要询价的材料及是否有必要考虑设计替代方案	
材料与分包询价	通过询价方式获得一份各种材料的最新报价（需考虑运费变化及通货膨胀等影响因素），估价师比较分析各分包商的报价之后，挑选出合适的分包商	估价师根据招标文件分析出各种材料的规格、数量及交货日期，交由采购部门负责发出询价、审核报价材料
项目研究	制订施工方法和进度计划	
计算人工费和机械费	根据企业内部的计算方法或通过询价获得各类人工的综合价格或费率，以小时或以周计的机械费价格	
估算直接费及其他费用	估算出工程量清单中每一工程条目的直接费单价，估算现场费、管理费和利润等。汇总工程所需的全部成本费用	直接费单价指人工、机械、材料和分包的合成单价，还包括管理费和利润等附加费用
汇总	汇总所有项目的成本+现场费用+其他管理费+税金	
投标会议报告	向雇主提交有关成本报价及合同项目特殊情况的报表及说明	

在德国，注重运用项目管理的方法，进行工程全过程的管理，包括质量、进度和成本的控制贯穿了项目的全过程，最终建造优质的建筑产品。

在德国，运用动态的工程投资控制措施，对影响投资的主要因素即设计、市场供求价格和特殊情况等，在建设前期阶段制定成本控制关键措施。要求在德国从事工程管理的部门(机构)必须参与到设计审定工作中。在德国，只要工程项目投资额确定后，在后续的实施过程中，必须严格地按估算(概预算)执行，不可随意修改和突破。

在德国，政府或是私人投资的项目，一般由工程咨询顾问公司的工程造价专业人员来确定项目投资总额。

工程造价咨询行业间的竞争激烈，各家咨询企业通过新工艺、新材料、优化设计、提高质量、缩短工期等科学的管理和监控手段，对咨询项目的成本、质量、进度进行严格的控制，通过成功实例和业绩树立良好的声誉，赢得市场。在成本控制方面则是"一条龙"全过程服务的，从投资估算开始到项目实施过程成本监控，再到过程竣工结算和决算等，逐级管控，最大限度地避免计划与建设实施的脱节或配合不畅的问题。前期科学合理地确定了总投资额，后期实施计划的建设过程中，确保计划与建设融为一体，期间严格控制不得超过已确定的投资总额。如果出现成本控制超出既定的投资额而又没有充足的理由，则需要承担相应的经济责任。

在德国，FIDIC(土木工程建设合同条件)的要求和做法被普遍采用在工程项目上，项目公开招标，工程数量和项目均在标书中全部列出，通常采用固定单价合同，投标综合单价由投标人确定，工程数量乘以综合单价，再经过汇总成工程总报价，要求在造价中必须考虑风险、利润、税金等因素，由投标人各公司根据自己的实力和竞争策略确定并包含在总价中。德国的工程预算在工程实施中是工程费用支付及管理的基础依据。

德国的地方公共工程，由地方政府投资兴建并需确保其资金供应，故由地方政府负责计算，联邦政府在业务上加以指导以确保预算执行效果，同时对地方政府的建设工作进行监督管理。

5.3.4 树立成本管理体系及控制理念
5.3.4 Establish a Cost Management System and Control Concept

现代工程项目成本管理的概念是由企业自行组织的成本管控工作，具体是指在项目实施的全过程中，需要参与实施者的全员包括技术、成本、合约、采购、法务、财税等各部门协同的统筹性的工作，在确保完成项目合同约定的工程质量标准、工期时间的前提下，在合同金额项下已批准的成本预算内，通过组织、计划、控制和协调等活动，最大限度地完成工程项目，实现预定的成本目标的管理活动。

国际工程项目成本管理是考验实施者的组织能力、专业能力、整合资源能力的工作，也是实施者积累系统经验和培养高素质国际人才队伍的工作。在项目实施过程中，树立全过程成本造价咨询及动态成本控制的理念，将成本控制工作重心前移，从作出决策参与投标开始，成本控制工作就已经开始了，要做好投标决策阶段的成本预估，投标阶段根据充分市场调研信息，采用正确的估算方法，作出针对性强的估算，才能使项目成本从源头上得到控制，相当于成本费用控制的前置管理。以往项目管理者常常错误地从项目中标签约开始到施工准备、现场施工，直至竣工验收来进行成本控制与核算。如果缺少投标决策阶段的成本预估这个环节，一旦中标价格低于成本，等于从源头就造成成本亏损、成本失控现象。为了避免这种现象发生，在整个项目实施周期明确划分成本控制的起始时间段，建立全过程成本控制流程，从决策阶段的工程成本预测开始，到工程实际成本的确定和经济后评价为止的成本管理，通过制订成本管理计划、成本估算及成本预算、实施过程中成本控制措施计划、运营维护及成本经济后评价五个过程来完成项目全寿命周期、全过程成本管理及控制工作。

1. 制订成本管理计划

控制成本关键在于措施得力和制度到位的先进管理方法。首先编制切实可行的成本计划，制定相应的保证措施。成本计划是控制项目成本的基本依据。项目成本目标一经审批确定，就应该编制详细的成本计划。在确定成本计划的同时，必须制定降低成本的有效措施与方法，降低成本的措施建立在可能与积极的基础上。这些措施主要是对可控成本进行控制，除了技术措施、管理措施外，还应包括经济奖惩的责任措施。成本控制工作需要参与项目的各个部门相互配合，共同完成，如表5-6所示。

表5-6 成本控制专业协调配合工作分工表

工作内容	项目经理	成本合约部	设计技术部	市场采购部	法务部	财税部
编制工作计划	√ O					
市场调研	*	√	*	*	*	*
现场踏勘	O	√	√			
施工技术方案		*	√	*		
工程量核算		√	*			
分供商策划询价		√	*	*		
主要设备材料询价		√	*	*		
直接费用测算		√	*	*		
其他费用测算		√	*	*	*	*
保函、汇率等		*				√
报价汇总	O	√	*	*		

注：√表示主导部门，*表示配合部门，O表示协调部门。

2. 成本估算及预算

工程项目成本全过程动态控制的前提是准确的成本估算在详细的成本预测基础上，确定成本目标。成本估算是项目最初总投资控制的前提和确定成本目标的基础，也是后期投标报价的基础。成本估算的时间应该在项目投标决策或可行性评估阶段进行，在决策投标之前，投标企业自行或委托咨询公司针对该项目的规模、施工技术难易程度、质量要求高低、工期合理性、地域及自然条件等具体情况深入调查和评估比较，完成成本预测报告，以供决策层进行投标决策时参考。

成本预算是项目中标后，根据项目实际设计文件的要求进行深化设计，依据调研的市场行情、地质资料、实施方案、进度计划、总体部署等条件，在统一核算科目体系(投标企业自行制定便于后期成本控制及财务管理)的基础上进行详细的成本测算、分析、比较、评估，在反复核算、检验的基础上确定最终成本目标。

3. 项目实施过程中成本控制措施

工程项目施工成本管理活动中，工程项目成本费用是随着工程进度逐期发生的，即项目成本费用具有动态性，存在诸多影响成本的动态因素，这个阶段是成本控制不确定因素最多、最复杂，也是最重要的管理阶段。

工程项目实施过程中的施工成本控制，是在成本核算系统下，规范成本项目开支范围。成本核算的科目是要涵盖工程项目总成本的每一个开支项目，通常是指在项目施工过程中，在合同工期内，围绕项目质量、进度、安全、公共关系等目标进行，对形成成本的各个要素，包括施工生产所耗费的人力、材料、机械和其他费用开支，进行监督、调节和限制，做到发现偏差及时纠正，进而实现在预定目标之内计划成本的费用控制。

其具体做法就是根据工程进度计划编制成本控制计划，包括材料、设备及人工成本控制计划；根据合理的施工方案编制技术措施费用使用计划；联合法税及财务部门制订其他费用及措施费用的使用计划。总之，是针对项目所发生的各项耗费建立全员、全费用的使用控制计划，分别列出主要费用与次要费用、变动费用与固定费用。各种费用相互关联、互相影响，会随着时间和环境的变化发生变化，需要定期调整。成本控制的重点是主要费用及变动费用的管控。特别是对其中占比较大的材料设备费用、人工费用予以重点控制。建立定期核算，发生偏差及时制定纠偏方案，并采取改进措施。

4. 建立成本后评价制度

在成本核算制度中，竣工阶段工程实际成本已经确定，成本盈亏也基本定局，即使发生了偏差，也来不及修正，因此，提出成本后评价工作，重新认识成本控制在项目管理中的作用。通过成本后评价总结项目的成功与失误，汇总、分析数据并归类整理，提出改进措施报告。为促进企业保持持续盈利发展，就必须树立正确的成本效益的观念，从理念上创新，不断提高成本管理水平，通过成本后评价的结论，将容易产生偏差的项目重点监控，将成本控制的重心前移。形成成本控制持续改进的观念，在下一个项目中实现更有效的成本控制。

5.4 国际成本管理人才培养
5.4 International Cost Management Talents Training

在工程建设领域，所有的工程项目自始至终都离不开成本造价人员的参与和管理工作。无论是业主还是承包企业，或者第三方造价咨询机构，都必须拥有自己的从事工程成本造价管理的专业人员，在工程全过程成本造价的管理中，不同角色从不同的角度完成工程项目建设的各阶段的立项估算、设计概算、施工预算、竣工结算；造价管理人员的工作包括编制工程量清单、进行工程组价、工程进度拨款以及工程审计等工作，并形成各阶段工作成果文件，总之，工程造价人员的职责贯穿工程建设的全周期。因此，不论是在国内还是在国际上，工程造价专业人才的需求量都非常大，发展机会广阔。作为从业人员如何能够迅速地成为专业预算员，进而成长为注册造价工程师，并且能够迅速成长为既能编制国内造价管理文件又能够从事国际工程报价工作的全方位复合型人才呢？离不开以下这三步。

第一步应该进行专业系统的学习。在中国，工程造价专业是新增设的热门专业之一，是教育部根据国民经济和社会发展的需要而设置的，以经济学、管理学、土木工程、安装工程为理论基础，从建筑工程管理专业上发展起来的新兴学科。工程造价管理(Engineering Cost Management)，是运用科学、技术原理和方法，在统一目标的原则下，对建设工程投资及建安工程造价所进行的全过程、全方位的符合政策和客观规律的全部业务行为的组织活动策划，以确保建设工程的经济效益和有关各方面的经济权益达到最优。目前，中国开设了工程造价专科及工程管理本科还有硕士研究生等多层级的专业院校课程学习，据不完全统计，有百余所高等院校(如天津理工大学、南京工程学院、北京建筑大学、山东建筑大学等)开设造价管理的相关专业，主要课程有：画法几何与工程制图、工程制图与 CAD 、管理学原理、房屋建筑学、建筑材料、工程力学、工程结构、建筑施工技术、工程项目管理、工程经济学、建筑工程计价、土建工程计量、安装工程施工技术、工程造价管理、建设工程合同管理、建筑工程质量控制、建筑工程造价管理、工程概论、工程成本会计学、工程招标与合同管理、工程造价案例分析、电工学、流体力学、建筑电气与施工、安装工程计价与计量、建筑给排水与施工等。

通过高等教育文化理论基础专业培养，应具备扎实的管理学、经济学和土木工程技术的基本知识，掌握现代工程造价管理相关的科学理论、方法和手段，主要有以下几方面。

(1) 掌握工程造价管理的基本理论和技能。
(2) 具有较高的计算机应用能力。
(3) 熟悉有关产业的经济政策和法规。
(4) 具有编制建设工程设备和材料采购、物资供应计划的能力。
(5) 具有建设工程成本核算、分析和管理的能力。
(6) 具有能够编制有关工程(补充)定额能力。
(7) 具有能参与国际工程成本管理熟练应用外语能力。

第二步投身工程造价专业工作，在实践锻炼中提升。在中国从事工程造价相关工作的行业公司有很多种：工程(造价)咨询公司、会计审计事务所、建筑施工企业(乙方)、建筑装潢装饰工程公司、设计院、工程建设监理公司、房地产开发企业、政府部门企事业单位基建部门(甲方)等企事业单位，主要从事工程造价建设项目投融资和投资控制、工程造价确定与控制、工程咨询、招标代理、投标报价、合同管理、工程预(结)

决算、工程成本分析、工程监理以及工程造价管理相关软件的开发应用和技术支持等工作。不论在哪类公司、从事哪类造价相关工作，首先要培养"认真、诚信、学习、进取"的工作作风，这是造价咨询人员起码的职业精神。其次是要坚持锻炼自己独立工作的能力，不断学习新理论、新技术。最后是在从事建设工程招标、投标、编写各类工程估价(概预算)经济文件实践工作中，善于进行建设项目投资分析，不断积累造价指标数据，总结造价文件编制技巧，应对各类造价控制工作。

第三步培养成国际复合型造价专业从业人员。在全球的建设领域中，各国与成本造价工作相关的专业人才名称各有不同，如：英国的皇家特许测量师RICS(香港皇家测量师)，美国成本工程师协会(AACE)认证的有成本工程师证(Certified Cost Engineer，CCE，也有翻译成造价工程师)和成本咨询师证(Certified Cost Consultant，COC)两种。德国没有专门的造价师，但是从事相关工作的都是具备工程师资格的人员。中国自1996年起，依据《人事部、建设部关于印发〈造价工程师执业资格制度暂行规定〉的通知》，开始实施造价工程师执业资格制度。1998年在全国首次实施了造价工程师执业资格考试。考试工作由人事部、当时的建设部共同负责，每年举办一次，考试合格者颁发《造价工程师执业资格证书》，该证书在全国范围内有效。

随着中国"走出去"发展战略的推行，中国在国际工程市场中承包业务呈现规模增长的态势。高素质的国际工程成本造价管理人员在国际承包企业中突显出其工作重要性。国际复合型成本管理人员，要有良好的职业道德和过硬的基本功，业务工作中要有勤勤恳恳、任劳任怨的精神。不仅熟悉掌握国内工程计价方式，还需要了解一般的施工工序、施工方法、工程质量和安全标准等工程技术知识；了解常用的建筑材料、构配件、制品以及常用的机械设备台班费的组成；熟悉各项定额规范工程量计算规则，掌握图纸算量技巧；更需要熟悉各种版本工程合同的条款文件，了解建筑经济等法律法规，能参与招标、投标及合同谈判；要有一定的电子计算机应用基础知识，能用电子计算机来编制施工预算；能独立地完成项目的估(概、预、结)算等造价工作。此外，还需要具有良好的沟通能力、协调能力以及工作执行能力。上述能力培养不是一朝一夕能够完成的，致力于工程成本造价的有识青年要有决心、有恒心，勤学多问，借助公司给予的平台，借助中国在国际工程中占据的市场份额的不断提升，有更多机会参与各类国际工程的实践活动，注重学习和积累前辈总结国际工程的经验与教训，开拓创新，一定会成为国际工程成本造价管理的复合型优秀人才。

5.5 降低国际工程项目成本的措施
5.5 Measures to Reduce the Cost of International Engineering Projects

传统的成本管理观念认为，成本控制就是"省、省、省""节约、节约、再节约"，一味地强调降低费用开支，期望通过节省达到成本控制目标。传统的成本控制起始端一般从中标后开始进行,以中标合同价为控制基础,而对中标价中的风险因素无法提前预控。传统的成本控制责任通常落在预算人员及经营部门身上,认为技术人员、管理人员不承担成本控制责任。这些观念、做法与现代工程管理的思想相差甚远。

国际工程项目成本管理不是仅仅由造价专业部门单独承担的工作,而是一项需要项目实施机构全员参与、协同作战的统筹性工作,也是考验项目实施机构的组织能力、专业能力、整合资源能力、系统经验积累和国际人才队伍素质高低的工作。工程成本全过程控制是动态的有层次的控制工作,都是和质量控制、进度控制及合同控制相关联的,结合工程项目管理理念的实施减低国际工程成本的措施,在事前、事中和事后三个阶段工作中各有侧重, 概括起来有以下七项工作。

1. 在事前阶段首先要做好投标决策阶段的成本预估

这是进行投资机会成本研究的重要阶段,也就是说,从决策参与投标开始,成本控制工作就已经开始了。标前阶段进行市场调研,采用正确的估算方法,作出针对性强的估算,才能使项目成本从源头上得到控制。在此阶段重要的是对风险充分评估,相当于成本层面的顶层设计规避风险的决策。以往项目管理者常常错误地从项目中标签约开始到施工准备、现场施工直至竣工验收来进行成本控制与核算。如果缺少投标决策阶段的成本预估这个环节,一旦中标价格低于成本,等于从源头就造成成本亏损、成本失控的现象。在本阶段重点做好项目所在国家宏观及中观的调研及决策,评估发生重大风险事件的概率及对项目实施的影响力,决策是否可以规避风险而参与竞争。

2. 投标中做好成本预测

一旦中标签约预测结果即转变为确定的成本控制目标。此项工作对于成本控制来说亦是属于事前控制影响事中管控的重要执行阶段。要想做好项目成本控制,前提是必须做好成本预测。因此,成本预测的意义在于提高成本计划的科学性、降低成本并提高经济效益等。首先对工程成本中基础的工、料、机费用进行准确预测。①人工费用要分析目标国家的人工费单价及工资水平,再根据工期及准备投入的人员数量分析该项工程合同价中的人工费组成计算。②工程材料费占建安费的比重为60%以上,应作为重点给予提前策划和准确把控,分别对主材、地材、辅材、其他材料费进行逐项分析,经过综合比较材料价格、市场容量及国内外运输方式及装卸费用高低来最终核定材料的供应地点(国内或国外);分析拟定采用的材料规格与组价定额中规定的材料规格的异同进行费用折算,汇总分析预算中的其他材料费用计算。③机械使用费:在国际工程中机械费用的调研工作要结合施工组织设计一起进行,考虑当地机械租赁费或是新购置的机械设备费的摊销费,如使用当地租赁机械需根据型号和效率因素重新核定台班产量、定额含量及机械费报价中的操作人员和燃料费用。人、材、机三项费用的合理计算,直接影响其他费用的计算基础。周密地调研、准确地组价,形成成本控制的基础,既保证中标,也保证不在中标后发生成本失控的现象。

3. 事中控制的重点工作是设计把控

对于EPC项目，业主通常会给出较为明确的设计方案应该包含的内容。一般认为，设计阶段设计费用虽然占比较少，但设计工作成果对成本的影响起到决定性作用。特别是设计理念对成本的影响，设计人员要与成本人员、施工技术人员联动，结合施工技术和成本费用控制，树立限额设计理念，将成本控制工作重心前移到设计阶段，在满足业主需求的情况下尽量采用成熟的工艺、材料和设备，有利于成本优化和工期节约，在设计过程中修正概算，达到设计效果与成本费用平衡统一，通过设计优化实现成本节约。近些年随着BIM技术的发展、推广和应用，在施工图阶段采用BIM设计管理，查找设计中的错、漏、碰、缺对成本控制意义重大。

4. 工程项目的实现关键是技术性实施

对于国际工程项目来说，确定先进合理的施工方案与施工工艺是技术系统的重要内容，同时也是对成本造成重要的影响的因素。项目措施费用高低，施工期的长短都与施工组织方案选用的技术密切相关，先进企业的成熟技术方案是投标的核心内容，组成项目措施费用的重要依据，在施工中不断地优化施工方案，能够直接降低措施费用，实现成本优化。

5. 实施过程中的工期管理

施工中如何加快工期建设不仅是技术问题，其对资金链的管理也起到重要的影响，人工成本费用与工作效率成反比，提高效率，可以缩短工期，可以减少人工费用、现场管理费用，在国际工程项目中还能减少汇率波动的风险对总费用的影响，通过节约工期提升时间价值，实现成本节约。

6. 成本控制具有动态特性，定期及时进行成本核算

成本核算过程既是对项目成本计划的实施进行检查与控制的过程，定期反馈项目经营过程中的各种耗费时间与数量的对比过程，也是为满足项目管理计划中成本信息实施效果。因此，应及时进行成本核算，严格遵守计划成本开支范围，对非计划成本开支进行评估，并调配资金使用计划，分清工程项目成本费用与期间费用的界限，如实记录工程实际成本情况。

成本控制实施过程是一个持续改进的工作，工程实施中定期进行成本分析，及时与目标比较差异，发现问题应采取措施，及时纠偏，或调整计划或整改项目实施方案，以保证目标责任成本的实现。必要时要对项目成本控制体系进行修正。调整有关成本计划，以适应变化了的情况，使成本控制系统在循环的过程中不断得到完善。

项目管控是系统工程，工期、质量、采购(数量及周期)、技术方案、环境因素、劳务需求等互为变量。项目成本也不是某一因素孤立形成的，多方面因素影响着成本的管控。比如项目工期是保证质量标准的前提下，正常施工组织条件下计算出来的，如业主要求超短工期势必投入超常数量的人力、物力和机械，增加工程措施费，即同

一个项目工期要求不同造价额就不同。再如采购费用支出不单纯受采购数量的制约，在国外许多国家因建筑材料市场规模所限，采购数量越多，反而单价越高，生产周期也越长，跟国内材料市场大量采购能获得优惠价格的情况大不相同。所以项目成本受内、外部多种影响因素的共同制约，这些因素在不同的领域对项目成本施加影响，因此，项目成本控制应该着力对系统工程的思想进行全方位的管理，统筹考虑各种影响成本的因素，权衡利弊进行取舍。

7. 事后阶段的成本后评估

在项目最终结束后，进行成本总结，是对成本数据按照分项进行分类合并整理，对以后的工程有一定的指导意义。当竣工及结算完成后，客观、合理地评价项目目标成本的执行情况，由成本管理部门负责组织相关部门(含工程、设计、市场采购、财务等部门)编制《项目成本后评估》报告，对项目发生的整个成本状况进行全面、系统的再评价。

报告应对比结算成本与目标成本，对比项目结算与该项目可研报告中成本数据及制定的目标成本，评价投资估算、项目目标成本的准确、合理性，对差异部分进行分析、说明，汇总项目成本超计划、无效投资、损失浪费等教训和各种途径降低成本的成功经验，评价成本管理工作的有效性，对项目成本管理整体情况作出评价。组织项目成本后评估研讨，对主要差异的形成作出分析，针对性地提出改进措施并整理形成研讨成果，将完整的项目成本后评估报告交相关部门归档。成本总结及后评价工作需要领导重视，全员共同参与，总结成本管理工作的得失，提炼数据模板，指导后续工程项目的成本控制。可以说，成本后评估报告是企业的宝贵财富之一。

附件 英国某酒店式公寓项目成本计划控制案例分析

Appendix: A case study on cost planning control of a hotel-style apartment project in UK

英国某酒店式公寓项目成本计划编制说明 (20/11/2019)

General:

项目总览：

We have based this Cost Plan on the Works to 3 Blocks based upon the following:

我们根据以下 3 个区域的工程制订了此成本计划：

1. 198 Affordable rent Apartments (1 Bed 1 person 12Nr, 1 Bed 2 person 77Nr, 2 Bed 3 person 70 Nr , 2 Bed 4 person 39Nr).

198 间出租公寓[1人1室房间(单人床房)需12间； 2人1室房间(双人床房)需77间；

3人2室房间(家庭房)需70间；4人2室(家庭房)需39间]。

2. None residential space is priced shell & core only.

所有非住宅空间仅以毛坯状态定价。

3. We have not included for an Energy Centre.

我们没有包括能源中心的费用。

4. We have assumed a suitable temporary building electric supply will be provided by the client at the contract start.

我们设想客户在合同开始时提供合适的临时建筑电力供应。

5. Current Prices.

(采用)当前价格。

6. The preliminaries are priced on a percentage at this stage with an allowance for Tower Cranes.

现阶段，准备物资按百分比定价，并包含塔式起重机费用。

7. We have allowed at 3% Risk allowance.

我们已经预留了3%的风险准备金。

8. We have allowed for 4% OH&P on internal sub-contractors and 6% OH&P on external sub-contractors, Preliminaries, Provisional Sums and Fees etc.

我们为内部分包商预留了4%的间接费用和利润(OH&P)，而对于外部分包商、预备项目、暂定金额和其他费用等，我们预留了6%的间接费用和利润(OH&P)。

9. Bathroom formed on site (No Pods).

浴室现场组装(无浴室吊舱)。

10. Wardrobe allowed per apartment Bedroom.

每间公寓卧室均预留了衣柜空间。

11. Half Height Tiling to Bathroom Walls.

浴室墙壁瓷砖铺总高度的一半。

12. Carpet to all apartment rooms.

所有公寓房间均铺设地毯。

13. 1 Mirror per Bathroom included.

每间浴室配备1面镜子。

14. Laminate floor to kitchens and hallways.

厨房和走廊铺设复合地板。

15. Refuse Bin, allowance per apartment.

每间公寓都配备垃圾桶，按房间收费。

16. 1nr Post Box included per apartment.

每间公寓都配备1个信件邮箱。

17. Cleaning Strategy.

清洁策略。

a.Extendable Arm BMU – Main Roof.

BMU 伸缩臂——主屋顶。

b.Tracked Cradle System - 22nd Level Roof Terrace.

履带式摇篮系统——22 层屋顶露台。

c.Mansafe System only – Level 3 terrace & Level 5 Terrace.

仅使用 Mansafe 系统——3 层露台和 5 层露台。

18. An allowance for Landscaping only.

园林绿化费用。

19. Facade–As per DRP response design schedule Feb 2019. Troc-MCB-XX-XX-PP-A-0001-S2-P2.

外立面——根据 2019 年 2 月的 DRP 响应设计时间表。

a.Podium – Solid Brick with an allowance for enhanced detailing as shown on marked up copy enclosed & Curtain Walling to the JDW Pub.

墩座墙——实心砖，细节部分需付费，如随函附上的附件及 JDW 酒吧幕墙所示。

b.Both Towers – Unitized panels to roof overrun.

两座塔楼——组合墙板到屋顶超限。

Exclusions:

除外(项目)：

1. We have not included for pre-construction fees within our cost plan.

本成本计划中不包括施工前费用。

2. Utility services are excluded.

不包含公用服务设施。

3. Loose FF&E excluded.

不包括家具、固件设施和设备。

4. Highway costs for closures, suspensions etc.

公路封闭、停运等公路费用。

5. Value Added Tax.

增值税。

6. Inflation.

通货膨胀。

7. No allowance for construction contingency.

不考虑施工意外事故。

8. Land acquisition costs and fees.

征地成本和费用。

9. No Bonds allowed at this stage.

现阶段不允许有债券服务。

10. Retention.

留购。

11. Licences.

许可证。

12. Drainage attenuation.

排水损耗。

13. No allowance for PV or Nox filtration.

没有预留PV或Nox过滤的费用。

14. Springs or other anti-vibration techniques if required.

如果需要，可采取弹簧或其他抗震技术。

15. Client finance costs.

客户融资成本。

16. Legal costs.

法律费用。

17. Project insurances.

项目保险。

18. Marketing costs.

营销成本。

19. Show flats and sales office.

样板房及售楼处。

20. Party wall awards / contributions.

隔断墙奖励/贡献(搭拆/广告收入)。

21. Fees and costs associated with rights of light agreements etc.

与轻型协议等相关的费用和成本。

22. No allowances for NHBC Warranties & Building control.

不考虑NHBC保修和建筑控制。

23. Rights of light payments.

可小额支付项目。

24. Site investigations and surveys.

现场调查和勘测。

25. Section 106 Payments/ Community Infrastructure.

第106号支付/社区基础设施。

26. Asbestos removal.

石棉清除。

27. Knotweed removal.

杂草清除。

28. Abnormal ground conditions.

地面异常。

29. Archaeological investigations and exploratory works.

考古调查和勘探工作。

30. We have excluded parking bay suspension.

不包括悬挂式停车场。

31. We have excluded delays which may arise from the discovery of any unexploded ammunition.

已排除因发现任何未爆弹药而造成的延误。

32. Working outside of normal working hours.

加班情况。

33. Management set up costs, public relations and publicity costs.

管理设立费用、公关费用、宣传费用。

34. Public art contributions.

公共艺术区费用。

35. Park and ride contributions, and contributions to training and employment schemes.

停车及乘车费用，以及对培训和就业计划的费用。

36. Contributions to public transport.

公共交通费用。

37. Reinforcement of existing service mains.

加强现有服务总干线。

38. Section 278 works and commuted payments for maintenance.

第278条款工程和维修折算费用。

39. Payments to tenants for disruption to trading.

因交易中断而向租户支付的款项。

40. Attendance on tenant shop fitters and developer's contributions to tenants.

协助租户店铺装修和开发商对租户的补贴。

41. Internal planning, finishes, engineering services, fitting out to retail units & complimentary uses.

内部规划、装修、工程服务，以及零售单位的装修和免费使用。

42. Costs resulting from tariffs or other charges applied by foreign countries following the withdrawal of the UK from the European Union.

英国脱欧后，外国征收的关税或其他费用导致的成本。

英国某酒店式公寓项目成本计划如表5-7所示。

表 5-7　成本计划表

Description 描述	Quantity 数量	Unit 单位	Rate 单价(欧元)	Total 总价(欧元)
Block A A区				
Substructure 底层结构	1677	平方米	1150.88	1 930 025.76
Superstructure 上层结构	19761	平方米	1282.62	25 345 853.82
Internal Finishes 室内涂料	19761	平方米	149.63	2 956 838.43
Fittings And Furnishings 装修与家具	19761	平方米	75.89	1 499 662.29
Services 服务费	19761	平方米	487.3	9 629 535.30
External Works 外部工程	2427	平方米	94.64	229 691.28
Measured Works 测量工作				41 591 654.00
Preliminaries 初期支出	1	项	6003040.21	6 003 040.21
Firm Price 定价	1	项	560503	560 503.00
OH+P OH+P	1	项	2147485	2 147 485.00
Contingencies 意外应急费用	1	项	365546	365 546.00
Non-Measured Works 非测量工作				9 076 574.21
Total 总计				50 668 228.21
Substructure 底层结构				
Abnormalities 异常状况				
Site Preparation / Reduced Level 　场地准备/降级	2427	平方米	20	48 540.00

续表

Description 描述	Quantity 数量	Unit 单位	Rate 单价(欧元)	Total 总价(欧元)
Substructure Works 底层结构工作				
Substructure Works 底层结构工作	1677	平方米	1121.94	1 881 493.38
Superstructure 上层结构				
Frame 框架				
Frame 框架	18679	平方米	186.5	3 483 820.29
Upper Floors 上部楼层				
Upper Floors 上部楼层	18679	平方米	215	4 015 985.00
Internal Walls & Partitions 内部墙及隔断				
Blockwork 砌块墙	659	平方米	150	98 850.00
Dry Lining 干衬壁	34034	平方米	95.31	3 243 780.54
Internal doors 内部门				
Apartment Doors 公寓门	1208	个	431.95	521 795.60
Communal Doors 公用门	328	个	598.32	196 248.96
Internal Finishes 内部涂饰				
Wall finishes 墙壁粉饰				
Finishes: Painting 墙壁粉饰：涂刷	53964	平方米	6.99	377 208.36
Finishes: Tiling 墙壁粉饰：贴瓷砖	6536	平方米	59.61	389 610.96

续表

Description 描述	Quantity 数量	Units 单位	Rate 单价(欧元)	Total 总价(欧元)
Floor finishes 地板装饰				
Floor Finishes 地板铺设	18256	平方米	33.69	615 044.64
Floor Tiling 地板贴砖	1505	平方米	63.28	95 236.40
Screed 找平层	19761	平方米	30	592 830.00
Ceiling finishes 天花板装饰				
Painting to Ceilings 天花板粉饰	19461	平方米	5.08	98 861.88
Plasterboard Ceilings 装石膏吊顶	19461	平方米	40.5	788 170.50
Fittings And Furnishings 配件及家具				
Bathrooms 浴室				
Bathrooms - Affordable 浴室(可承受)	307	个	1625	498 875.00
Mastic Pointing 填缝	307	个	150	46 050.00
Kitchens 厨房				
Kitchens: Affordable 厨房(可承受)	198	个	3055.05	604 899.90
Wardrobes 衣柜				
Wardrobes: Affordable 衣柜(可承受)	198	个	300	59 400.00
Communal FF&E 公用家具、固件设施和设备				
Fixtures 固件设施	198	个	356	70 488.00

续表

Description 描述	Quantity 数量	Units 单位	Rate 单价(欧元)	Total 总价(欧元)
Car Park Fittings 停车场配件	198	个	1.52	300.96
Signage 标识牌	198	个	290	57 420.00
Skirtings 壁脚板				
Apartment Skirtings 公寓壁脚板	17408	米	5	87 040.00
Communal Skirtings 公用壁脚板	9396	米	8	75 168.00
Services 服务				
Mechanical & Plumbing Installations 机械及管道安装				
Mech. & Plumbing: Affordable 机械及管道安装(可承受)	198	个	22500	4 455 000.00
Electrical installations 电子安装				
Electrical: Affordable 电子安装(可承受)	198	个	22500	4 455 000.00
Lift & Conveyor installations 电梯和输送机安装				
Lift Installations 电梯安装	93	个	6000	558 000.00
Builders Work 建设者工作				
Builders Work 建设者工作	198	个	816.1	161 587.80
External Works 外部工作				
Site works 现场工作				
Landscaping 环境美化	750	平方米	105	78 750.00

续表

Description 描述	Quantity 数量	Units 单位	Rate 单价(欧元)	Total 总价(欧元)
Drainage 排水工作				
Drainage 排水工作	2427	平方米	62.19	150 935.13
External services (Excluded) 外部服务(不包含)				
External services (Excluded) 外部服务(不包含)	198	个		
Measured Works 测量工作				
Preliminaries 初期支出				
Preliminaries 初期支出	1	项	6003040.21	6 003 040.21
Firm Price 定价				
Firm Price 定价	1	项	560503	560 503.00
OH+P				
OH+P	1	项	2147485	2 147 485.00
Contingencies 意外应急费用				
Contingencies 意外应急费用	1	项	365546	365 546.00
Non-Measured Works 非测量工作				
TOTAL 总计				50 668 228.21

下篇 应用篇

Application in International Engineering Projects

第 6 章　项目投资者各阶段成本管理

Chapter Six　Cost Management of the projects Investor at Every Stages

【本章导读】本章从实施的角度分析可行性研究阶段、设计阶段及招投标阶段的成本管理方法和详细的控制措施，并辅以工程案例以加深理解。

【关键词】成本估算；市场调查；设计优化；限额设计；招标方式

随着经济全球化的迅速发展以及国家"走出去"战略的实施，中国对外承包工程规模日益扩大，市场多元化体系形成，合作领域不断拓宽，许多国内享有一定声誉的大型工程公司，一手抓稳国内市场业务的同时，另一手开拓新的市场领域，逐步跻身国际市场，期望在国际市场占有一席之地，国际工程也日益增多。但是对于投资者来说，走出去开展国际工程还是面临较多的风险，所以成本管理就成为投资者关注的焦点。

投资者成本管理就是在项目的不同阶段，通过对项目成本有效的组织、计划、实施、控制、跟踪、分析、考核及总结等管理活动，来强化经营管理，完善成本管理制度、降低工程成本，在既定工期、质量、安全的条件下把工程的实际成本最终控制在"目标成本"内，实现目标利润，创造更高的经济效益的过程。

本章从投资者的角度阐述各阶段的成本管理的相关工作。

6.1 可行性研究阶段的成本管理
6.1 Cost Management in the Feasibility Study Stage

投资方进行全过程成本管理最关键的阶段就是决策阶段，此阶段对项目成本的影响可以高达 70%~90%，而可行性研究是投资决策的基础，所以可研阶段是成本管理的前置关键环节。

本节所阐述的可研阶段的成本管理，主要针对的内容为成本估算即本章提到的"目标成本"。成本估算是可行性研究报告的组成部分之一，是项目决策的重要依据之一。成本估算的准确与否直接影响到可行性研究工作的质量和经济评价结果，更直接关系到全过程成本管理的下一阶段以及建设项目的资金筹措方案。因为全面准确的成本估算，是可行性研究乃至整个决策阶段成本管理的重要内容。

6.1.1 成本估算编制条件
6.1.1 Cost Estimate Preparation Conditions

国际工程实施需要考虑项目所在国家的政治、经济、环境、法律、法规、建设地址条件等因素，与国内相比不具备类似经验指标、标准法律文件、范本等，故国际工程实施存在较大的风险。如何规避风险，全面准确地编制成本估算，就需要投资方对项目所在国所在地进行充分的市场调查，进行充分分析后，为成本估算提供依据和数据支持。针对成本估算，市场调查时需要了解的内容见表6-1。

成本估算的编制准确性，还需要有相对完善的方案设计。中国目前可行性研究阶段存在的主要问题，一是工程技术方案的研究论证深度不足。国际工程通常做法是，可行性研究阶段的研究深度应能达到确定方案的程度，因此要求在工程技术方案论证，应达Basic Design的程度，基本相当于中国的初步设计应达到的水平，除了方案论证外，还应提出对应的设备清单等。故在此阶段，针对成本估算编制对项目技术方案提供文件有如下要求，见表6-2。

表6-1 成本估算编制需要项目所在国调查了解的主要内容

序号	名称		主要说明
1	国家宏观经济		
	整体经济概况		官方及实际人均GDP、通货膨胀率、PPI指数、财政收入主要来源、外汇储备额等	主要考虑经济环境带来的风险因素；考虑市场物价的上涨幅度；汇率风险
2	工程技术资料		
2.1	气象气候条件	风力和风速：常年最大风力和风速，当地的主导风向，日照及角度，有无台风、飓风和暴风	主要考虑当地气象气候条件对施工的措施和费用的影响
		雨量：常年的最高、最低降雨量及月份，降雨特点，旱季和雨季的时间	
		气温：常年的最高、最低温度和月份，及最热月平均气温	
		湿度：常年的最高、最低湿度和月份	
		雷电：当地雷暴日数及雷电情况	
2.2	工程技术当地经验	当地材料种类情况：砌块、水泥、砂石、混凝土	考虑材料具备种类的，来决定采购地点，同时进行价格对比分析
		当地有无白蚁或其他虫害	考虑防治措施费用
		当地有无海雾腐蚀	考虑防治措施费用
		当地技术规范或惯性施工做法	方案中可考虑
2.3	建设地址条件	建设场址	城市的具体位置、占地面积、地块形状、方向走势、场地高差、总体评价
		场地现状	工程地形地质、工程水文地质、周围民宅的坚固程度和相邻单位关系等进行调查，为制定施工方案，技术组织措施，冬雨季施工措施，进行施工平面规划布置等提供依据
		周边交通及道路	周边市政道路级别、宽度、交通流量，距用地红线距离及连接路面现状，以及有无限行或限制规定
		周边市政基础设施及配套	供水、供电、排水、排污、燃气、供热、通讯、网络、电视等情况。是否需要现场进行打井、发电等措施

续表

序号	名称		主要说明
3	经济专业资料		
3.1	法律法规	有关财税、金融、贸易、环保	可能涉及的税种和税率
		有关雇工	社会保障、劳动许可、当地劳工雇用等
		有关施工	资质管理、工商注册、开工许可、施工保险
		有关出入境	入境签证和居留证的办理流程、费用和周期，以及出境等
3.2	价格资料	当地劳动力	当地用工制度、假日及工作日天数、最低工资标准、人工价格(不同工种的)、技术水平和工作效率、建议用工比和工效比等
		当地主要建筑材料	当地主要建筑材料的产地来源、供应情况及价格(淡、旺季时间及其价格)，产地至工地的运输方式、运距及费用
		当地主要施工机械租赁价格	当地施工机械租赁市场供应情况及租赁价格
		当地水电资源和燃料	供应情况及价格
		运输情况	当地航空运输、海洋运输(港口、吞吐能力、淡旺季)和陆路运输(公路和铁路运输、主要路线)等条件及价格；当地港口(或连接工地的主要港口)距中国主要港口间运输周期和可靠性；港口费用、设施和吞吐能力；港口至工地运输及运价等
		当地生活情况	主要为生活用品的价格；当地房屋租赁的价格；当地交通价格
		当地大型设备厂家的售后服务	电梯、空调机组等

表 6-2 方案设计的要求

序号	名称	主要说明
1	设计依据、设计要求、主要经济技术指标	设计采用的主要法规和标准
		设计基础资料
		建设方的主要要求
		委托设计的内容和范围
		工程规模和设计标准

续表

序号	名称	主要说明
1	设计依据、设计要求、主要经济技术指标	主要经济技术指标 其中包括：总用地面积、总建筑面积、各分项面积(地上部分、地下部分)、建筑基底总面积、绿地总面积、容积率、建筑密度、停车泊位数(室内外和地上下)、建筑层数、总高度、特殊建筑按规定列出特殊的指标
2	总平面设计说明	概述场地现状、周边环境。详细阐述构思意图、布局特点、竖向设计、交通组织、景观绿化、环境保护方面的具体措施
		一次规划、分期建设、原有建筑、古文物的总体设想
3	建筑设计说明	平面和竖向构成
		功能布局、各种出入口、垂直交通运输设施的布置
		建筑内部交通组织、防火设计、安全疏散设计
		无障碍、节能、智能化设计简要说明
		其他特殊要求说明
4	设计图纸	
4.1	总平面设计图纸	场地区域位置
		场地的范围(用地和建筑物各角点的坐标定位尺寸、道路红线)
		场地内及四邻环境反映(原有及规划)
		场地内拟建道路、停车场、广场、绿地及建筑物的布置，主要建筑物与用地界线及相邻建筑物之间的距离
		拟建主要建筑物的名称、出入口位置、层数与设计标高、地形复杂时主要道路、广场的控制标高
		指北针或风玫瑰图及比例
		(据需要)反映方案的分析图
4.2	建筑设计图纸	平面总尺寸、开间、进深尺寸、柱网尺寸
		各主要使用房间的名称
		结构受力体系中的柱网、承重墙的位置
		各楼层地面标高、屋面标高
		室内停车库的停车位和行车线路
		底层平面图表明剖切线位置和编号并标指北针
		必要时绘制主要用房的放大平面和室内布置
4.3	立面图	体现建筑造型的特点，选择1~2个代表立面
		主要部位和最高点标高、主体总高度
		与相邻建筑有直接关系、绘制相邻或原有建筑的局部立面图
		图纸名称、比例或比例尺

续表

序号	名称	主要说明
4.4	剖面图	剖面高度和层数不同、空间关系比较复杂的部位
		各层标高及室外地面标高、室外地面至建筑檐口(女儿墙)的总高度
		有高度控制时标最高点标高
		剖面编号、比例或比例尺
4.5	表现图	透视图和鸟瞰图
4.6	效果图	将平面的图纸三维化、仿真化，表达作品所需要以及预期的达到的效果

6.1.2 成本估算编制办法
6.1.2 Cost Estimate Preparation Method

可行性研究阶段的成本估算，此时已经具备了一定的相对详细、深入的基础资料，要求精度较高。故成本估算一般规定误差控制在±20%以内。

1. 成本估算文件的组成

成本估算文件主要包括：封面、编制说明、总投资估算表、单项工程估算表、主要经济技术指标以及过程计算表等内容。针对不同的估算方法可适当地进行调整。

其中编制说明是估算文件的重要内容，主要包括：工程概况、编制范围、编制依据、编制方法、特殊情况说明(新工艺、所在国特殊条件等)。

2. 成本估算编制方法

国外工程造价构成主要包括四部分：项目直接成本、项目间接成本、应急费用、建设成本上升费用，具体内容如表6-3所示。

上述表格主要说的是国际工程造价的构成，在编制成本估算时需要参照上述内容进行编制。为了保证成本估算的精度，一般估算方法采用的是指标法。但对于国际工程尤其是刚刚进入所在国的企业来说不具备当地的经验指标，故建议采用国内类似项目的对标估算或者采用概算定额估算。

1) 对标估算主要方法

(1) 首先是项目应在时间间隔较近、建筑面积、结构形式、使用功能、装修档次上基本类似。如果存在一定的差别，先行使用如生成能力指数法、系数估算法、比例估算法等将此项目调整成与国外新建项目类似的程度要求。

(2) 利用国内类似项目估算出部分国外项目的消耗量。此部分估算出来的消耗量均为需要重新考虑价格的内容。其公式如下：

估算出新价格部分消耗量总价+原有类似项目未调整价格的总价+措施项目差异总价+当地特殊要求费用总价+零星补充调整差异价格=新建项目估算总价

简单来说，就是用国内类似项目的组价文件，根据国外项目的调研结果重新进行组价。

表 6-3 国外工程造价的构成

工程项目成本估算	项目直接成本	建筑安装工程费	单项(A)工程费用	各分部分项工程费用	人工费	工资、加班、津贴、招聘解雇费用
					材料费	原价、运杂费、税金、运输损耗、采购保管费用
					施工机械费	自有机械摊费用以及当地租赁机械租赁台班费用
					利润税金	指施工企业的利润
					其他摊销费用	"三通"费用、技术措施费用等
				开办费	施工用水、用电、机具费、清理费、周转材料摊销费、临时设施摊销费、驻工地代表办公费、现场试验费及其他开办费
			单项(B)工程费用	同上
	项目间接成本	项目管理费	总部人员管理费	总部人员的薪金和福利费用
			施工现场人员管理费	施工现场管理人员的薪金以及其他施工管理机构的费用
			零星杂项费用	返工、生活补贴、业务支出等费用
		开工试车费用	指工厂投料试车必需的劳务及材料费用
		生产前期费用	前期调研、"三通一平"等费用
		运输保险费用	包括海运、国内运输、海洋运输保险等费用
		税费	地方及所在国的相关税费
	应急费用	未明确的项目准备金	相当于国内的暂定金额，即在编制成本估算时因缺少完成或者必要的资料，暂不能完全预见项目同时又是肯定会发生的费用
		不可预见的准备金	主要是指不可预见费用及风险所包含的内容
	成本上升费用	主要为工程实施期间人工、材料、设备、机械等未知的价格上涨费用

(3) 需要重新组价替换的内容，见表6-4。

表 6-4　国际工程项目对标估算的主要方法

序号	国内类似项目	国际工程项目	备注
一	人工		
	国内不同工种的工日单价	1. 不使用当地工人的项目，人工工日单价按照类似项目单价考虑，并增加出国补贴，后计算新的工日单价。 2. 可以使用当地工人的项目，就需要按照中外用工比及中外功效比，考虑当地工人的雇佣价格后，计算综合工日单价	
二	材料		
	国内大宗材料价格(水泥、石子、沙子、混凝土等)	一般大宗材料基本都是在所在国当地采购。价格按照当地运输到工地价格考虑	
	其他设备材料国内采购价	1. 了解项目所在国当地设备材料的种类是否满足本项目需求以及价格水准。如种类满足同时价格相近，本项目估算阶段就可以不进行价格替换。 2. 如果当地无法满足本项目的设备材料，需要考虑进口。经过对比后如果从中国采购，此时价格也可以不进行替换，但是要考虑增加的设备材料国际运输费用及安装指导相关费用。 3. 如果当地无法满足本项目的设备材料，需要考虑进口。经过对比后部分主要设备材料需要从第三国采购，那设备材料价格就应该为采购价格加上国际运输费用及相关安装费用	
三	机械		
	施工机械(主要台班单价)国内台班租赁价格	1. 如果当地有施工机械租赁市场，可以满足本项目施工机械的使用要求，台班单价就按照当地租赁单价考虑。 2. 如果当地无法满足本项目的施工机械要求，没有租赁市场，业主就需要按照自购机械运到项目所在地，进行摊销重新计算新的施工机械台班单价	
四	特殊费用		
	根据现场环境考虑的相关费用	如：1. 现场没有市政水源，需要进行自打井解决施工及生活用水费用、水质处理费用等。 2. 现场没有市政电，需要自备柴油发电机解决施工及生活用电费用，市政电压差异影响设备供应费用。 3. 非洲地区需要考虑的白蚁危害防治费用。 4. 沿海地区的防盐雾费用。 5. 特殊气候条件对建筑材料及设备的影响	
	当地经济水平	当地生活成本是否增加	
	当地政治环境	当地是否战乱，是否需要增加安保反恐费用	
	当地法律法规	法律法规需要征收的各种费用以及各部门特殊要求导致的费用增加	

续表

序号	国内类似项目	国际工程项目	备注
五	其他		
	交通	劳务人员的国际机票费用	
	管理费及利润	按照本项目实际考虑	
	规费税金	按照所在国当地法律法规执行	
	风险费用	1. 汇率风险 2. 外交风险 3. 战争风险 ……	

2）概算深度估算法

概算深度估算法：是可采用计算主体所占金额比例较大的工程量，然后套用相关估算指标或者概算定额进行估算。这种方法需要收集前期工程的详细资料，工作量较大。所以在实际工作中，需要根据具体条件和要求选用。其主要方法介绍如下。

（1）基础资料准备阶段。熟悉所在国现场情况，计算人工综合单价、换算地材价格、海运费、机械台班单价，熟悉现行概算定额。

（2）与设计的沟通及深化。本方法需要详细的前期工程资料，需要设计提供较为详细的方案设计或说明。但是往往在前期估算阶段无法提供更加详细的资料。需要编制人员根据现有资料进行设计沟通，对部分内容进行深化。根据设计方案计算建筑工程量、深化安装工程并计算工程量阶段。

① 建筑结构工程采用建设模型计算建筑结构工程量。
② 根据提供装饰做法表录入模型计算装饰工程量。
③ 安装专业根据设计提供的各单体说明及材料设备表，自行深化工程量录入定额。
④ 需要提供深化说明及主要工程量计算底稿。

（3）项目询价、组价及费用汇总阶段。

以下用实际案例进行说明，主要说明的是工程量测算阶段。

【案例】

某国际工程项目背景如表6-5所示。

具体工程量测算方案的编制依据如下。

1. 适用法律、法规和定额标准文件

（1）本项目建筑工程采用北京2012预算定额编制，安装工程采用北京2004概算定额编制，其中场道工程及助航灯光工程采用民用机场2012预算定额编制。

（2）材料设备价格依据北京2015第7期造价信息及市场询价编制。

表 6-5 某国际工程项目背景

项目名称	亚洲XX机场项目
合作方式	国外基础设施建设BOT项目
项目地点	距离×景区40公里
设计标准	4E型国际机场
设计深度	方案设计30%以内
预计工期	暂按36个月考虑
项目内容	1. 航站区：5万平方米的航站楼及相关设施。 2. 飞行区：3600m×45m的跑道一条、平行滑行道一条、停机坪。 3. 航管工程：塔台、通信导航设施。 4. 供油、发电供电、供水、消防、排水排洪、环保、道路、绿化等设施。 5. 生产生活辅助设备设施。 6. 其他包含24.5公里收费公路的投资、自备电站、700公顷机场用地及1000公顷项目配套用地赔偿费用等

2. 工程量说明

(1) 建筑专业。

① 建筑工程根据设计方案建模计算工程量。

广联达建筑模型：根据CAD图纸建立墙体、门窗模型，主要计算砌块工程量、装饰工程量等。

PKPM结构模型：根据PKPM结构设计数据(如有)导入梁、板、柱模型，主要计算混凝土工程量、模板工程量、钢筋工程量等。

② 图纸中未列明房间名称或房间做法表中做法未明确标注的，按照房间大小及周边房间功能参考装饰做法表综合考虑。

③ 所有建筑门窗宽度按图纸平面图示意尺寸考虑，高度普通房间门按2.1m考虑，材质考虑木门(特殊功能房间除外)，窗高度按1.8m考虑，材料按断桥铝合金考虑。

④ 内外墙砌体采用加气混凝土砌块(特殊标注除外)。

⑤ 航站楼屋面做法：采用铝镁锰板屋面，屋架采用门式钢屋架。

⑥ 台阶的装饰做法：航站楼为石材台阶，航管楼、联检用房、航食、急救中心、警察局、消防站、员工宿舍、航空办公楼、航管楼、机场办公楼为铺砖的台阶，其他为水泥台阶。

⑦ 平屋面的做法(除雨棚为屋5)均为屋1。

⑧ 航站楼及航管楼的外墙装饰做法为外墙3铝扣板外墙。

⑨ 楼梯、坡道、阳台栏杆、扶手的材质均为不锈钢。

⑩ 场区特殊基础处理暂按1000万元考虑。

(2) 通风空调专业。通风空调专业造价深化数据根据设计方提供的设计说明及设备表对单体系统配置要求和房间布局功能的需求，结合单体及房间特点，自行进行深化。具体的编制原则如下：

① 除航站楼及航食楼以外其他单体。

编制依据：根据设计提供的设备工程量及相关设计说明深化末端风口、风管、风阀工程量。

布置原则：分区域设置分体空调对于有功能需求的部位配置机械排风、排烟系统。卫生间设置换气扇。

② 航站楼及航食楼。

编制依据：据设计提供的设备工程量及相关设计说明深化末端风口、风管、风阀工程量。

布置原则：采用中央空调系统，分区域设置风机盘管，对于有功能需求的部位配置机械排风、排烟、新风系统及回风系统。卫生间设置换气扇。

特别说明：

① 经与设计确认全向信标台、中心变电站、供水站和污水处理站不配置通风空调系统。

② 由于设计所提空管工程报价中已包含气象雷达、二次雷达、航向台及下滑台、全向信标台及测绘仪台中的通风空调设备及安装费，故本次估算中未计取此费用。

(3) 电气专业。电气专业造价深化数据根据设计方提供的设计说明及材料设备表入量，并根据本专业对单体系统配置要求和房间布局功能的需求，结合单体及房间特点，对于工程量大小与设计有出入的地方，有针对性地向设计者提出意见，并根据设计反馈调整工程量。

特别说明：

① 本项目电力供电方式为分区域设置变配电装置，供本区域负荷用电。其中在全向信标台、航向台、下滑台、二次雷达及气象雷达、机场办公楼、航食、急救中心、货库室外设置变配电装置；供水站、制冷站单独配置变配电装置。

② 市政强弱电引入及配套设施各考虑1000万元的资金空间，并计入总造价。

③ 货库及卡口机械及安检设备由委托方提供并计入相应单体强电造价。

④ 空管工程报价中已综合相关各类取费。

某机场项目总投资估算汇总如表6-6所示。

(4) 给排水及消防专业。给排水及消防专业造价深化数据根据设计提供的设计说明及材料设备表入量，并根据本专业对单体系统配置要求和房间布局功能的需求，结合单体及房间特点，对于工程量大小与设计有出入的地方，有针对性地向设计者提出意见，并根据设计反馈调整工程量。

特别说明：

① 制冷站、中心变电站、卡口及全向信标台不配置给排水及消防系统。

② 场区绿化采用人工浇灌，不配置自动喷灌系统。

③ 污水处理站设计提供指标有限，我方咨询市政污水处理方面相关专家意见，结合处理方式为MBR膜处理，单价按污水处理量4000元/m^3计价。

④ 由于供水供电方式考虑自打井自供电，结合以往项目经验，考虑打井深度，每口井按100万元计价。

表6-6 某机场项目总投资估算汇总

序号	工程和费用名称	估算价值/万元				技术经济指标			
		建筑工程费	设备及工器具购置费	安装工程费	工程建设及其他费用	合计	单位	数量	单位价值	比例/%
	估算合计					4 210 791 984				
一	工程费用					2 560 741 442				
1	飞行区					649 442 582				
1.1	跑道	107 474 757			27 578 023	135 052 780	m²	211 748	638	
1.2	滑行道	116 678 182			29 939 621	146 617 803	m²	270 880	541	
1.3	防吹坪道面及基础	2 220 544			569 792	2 790 336	m²	7 200	388	
1.4	通航停机坪道面及基础	76 688 706			19 678 322	96 367 028	m²	152 724	631	
1.5	场道排水工程	27 745 293			7 119 442	34 864 736	m	13 348	2 612	
1.6	场道附属工程	3 230 089			828 841	4 058 930	项	1	4 058 930	
1.7	土石方工程	107 843 096			27 672 538	135 515 635	m³	4 128 500	33	
1.8	服务道路	13 026 054			3 342 485	16 368 539	m²	40 232	407	
1.9	巡场路	8 092 060			2 076 423	10 168 483	m²	38 804	262	
1.10	助航灯光工艺		8 180 000	16 781 246	5 573 104	30 534 351	项	1	30 534 351	
1.11	飞行区消防			21 282 671	5 821 291	27 103 961	项	1	27 103 961	
1.12	特殊基础处理				10 000 000	10 000 000	项	1	10 000 000	
2	空管工程					150 769 526				
2.1	航管楼及塔台	5 188 800	995 831	2 301 188	2 269 569	10 755 388	m²	1 470	7 317	
2.2	气象雷达	1 849 604	376 480	600 106	759 663	3 585 853	m²	725	4 946	
2.3	二次雷达	1 470 969	410 330	735 245	716 303	3 332 847	m²	558	5 973	
2.4	航向台及下滑台	434 442	975 000	1 331 279	662 519	3 403 240	m²	128	26 588	
2.5	全向信标台及测距仪台	242 512	283 330	346 360	231 996	1 104 198	m²	74	14 922	

第6章 项目投资者各阶段成本管理

续表

序号	工程和费用名称	估算价值/万元				技术经济指标			
		建筑工程费	设备及工器具购置费	安装工程费	工程建设及其他费用	合计	单位	数量	单位价值	比例/%
2.6	空管工艺设备		128 588 000			128 588 000	项	1	128 588 000	
3	航站楼工程	256 600 574	37 639 114	104 357 151	102 507 243	568 312 582				
3.1	航站楼					501 104 082	m²	53 431	9 379	
3.2	工艺设备及其他旅客服务设施					67 208 500				
3.2.1	电梯、扶梯		9 750 000			9 750 000	部	13	750 000	
3.2.2	安检设备		13 300 000			13 300 000	套	19	700 000	
3.2.3	行李处理系统		11 868 000			11 868 000	套	10	1 186 800	
3.2.4	登机桥		24 900 000			24 900 000	套	7	3 557 143	
3.2.5	其他旅客服务设施		3 000 000			3 000 000	项	1	3 000 000	
3.2.6	各类柜台		3 545 000			3 545 000	个	137	25 876	
3.2.7	旅客座椅		845 500			845 500	个	1 199	705	
4	货运区工程					19 757 928				
4.1	货运仓库	3 585 938	8 693 295	2 641 823	3 619 322	18 540 378	m²	1 147	16 171	
4.2	危险品库	756 015	37 740	162 967	260 829	1 217 551	m²	201	6 065	
5	航食工程					106 274 327				
5.1	航食	25 289 947	6 551 978	16 573 868	13 134 384	61 550 176	m²	10 029	6 137	
5.2	航食工艺设备		44 724 151			44 724 151	m²	10 029	4 459	
6	航站区工程					123 415 353				
6.1	机场办公楼	12 243 160	2 818 783	4 673 527	5 229 161	24 964 631	m²	5 166	4 832	
6.2	航空办公楼	11 026 537	1 328 458	3 328 909	4 226 448	19 910 352	m²	2 901	6 863	
6.3	特殊车辆车库	13 721 838	923 643	4 311 439	5 162 228	24 119 147	m²	4 676	5 158	

续表

序号	工程和费用名称	估算价值/万元					技术经济指标			
		建筑工程费	设备及工器具购置费	安装工程费	工程建设及其他费用	合计	单位	数量	单位价值	比例/%
6.4	急救中心	5 909 769	2 052 647	2 938 611	2 863 902	13 764 929	m²	2 239	6 148	
6.5	员工宿舍及食堂	9 067 957	1 343 313	4 467 611	3 969 908	18 848 789	m²	2 992	6 300	
6.6	灯光站	2 742 604	410 844	810 253	1 256 264	5 219 965	m²	874	5 973	
6.7	联检用房	4 632 022	817 746	2 581 881	2 155 463	10 187 112	m²	1 570	6 489	
6.8	警察局	1 059 331	175 066	606 121	502 852	2 343 369	m²	294	7 971	
6.9	卡口	587 524	2 229 919	493 917	745 698	4 057 058	m²	264	15 368	
7	机场基础设施及配套管网					88 348 782				
7.1	中心站	1 125 778	4 410 200	1 366 022	1 552 431	8 454 430	m²	490	17 241	
7.2	供水站	3 276 135	1 693 225	9 198 231	3 380 624	17 548 214	m²	1 249	14 048	
7.3	制冷站	1 353 249	8 227 536	3 449 404	2 890 970	15 921 159	m²	479	33 242	
7.4	消防救援站	9 368 039	1 098 911	2 642 612	3 521 643	16 631 205	m²	3 588	4 635	
7.5	污水处理站	2 659 758	3 609 680	6 579 582	3 558 186	16 407 206	m²	792	20 716	
7.6	场内供电电网络			2 268 214	622 778	2 890 992	项	1	2 890 992	
7.7	雨水工程		0	4 459 648	1 583 446	6 043 094	项	1	6 043 094	
7.8	污物处理工程		62 000	45 404	30 602	138 006	项	1	138 006	
7.9	航站区有线通信线路			3 327 819	986 657	4 314 476	项	1	4 314 476	
8	总图工程					29 748 158				
8.1	道路工程	7 552 805			2 106 164	9 658 969	m²	24 560	393	
8.2	停车场工程	6 307 540	986 800	1 172 703	2 223 133	10 690 176	m²	31 640	338	
8.3	绿化工程	5 623 815			1 568 249	7 192 064	m²	68 800	105	
8.4	消防训练场	1 725 718			481 231	2 206 949	m²	3 000	736	

第6章 项目投资者各阶段成本管理

续表

序号	工程和费用名称	估算价值/万元					技术经济指标			
		建筑工程费	设备及工器具购置费	安装工程费	工程建设及其他费用	合计	单位	数量	单位价值	比例/%
9	旅客航站楼前高架桥					44 444 963				
9.1	旅客航站楼前高架桥					44 444 963	项	1	44 444 963	
10	供油工程					63 325 240				
10.1	航油油库					63 325 240	项	1	63 325 240	
10.2	航油供油管线及附属设施					0	项	1	0	
10.3	地面汽车加油站					0	项	1	0	
11	高速公路					452 736 000				
11.1	高速公路					452 736 000	项	1	452 736 000	
12	自配电站					140 048 000				
12.1	自配电站					140 048 000	项	1	140 048 000	
13	专用设备及特种车辆购置					104 118 000				
13.1	专用设备及特种车辆购置					104 118 000	项	1	104 118 000	
14	强弱电市政配套费					20 000 000				
二	工程建设其他费用					335 026 768				
三	预备费				7%	202 703 775	项	1		
四	700公顷机场用地及1000公顷项目配套用地赔偿(含机场特许权费)					915 200 000	项	1		暂按估算计入
五	其他二类费用(老机场航站区赔偿费)					197 120 000				暂按估算计入

6.1.3　成本估算的确定
6.1.3　Determination of Cost Estimates

业主应对不同的成本估算方法，编制统一的测算表格以及过程文件表格。同时成本估算的项目分类应与业主总的成本科目统一。这样有利于公司的数据分析、对比、采集，为后续项目以及所在国当地项目的数据积累提供依据。

在多方案出现时，需要进行多方案比选工作。成本测算人员应对各方案进行成本测算，供方案比选决策。

最终的成本估算需要按照业主公司流程进行审批，一般申报项目公司总经理、造价咨询公司总部(如有)、公司财务部、产品中心(如有)、公司采购部审核，其中各专业公司审核相关的建造标准与目标成本。

审批通过后的成本估算即为本项目的目标成本，由公司下发执行，作为限额设计及产品配置的依据，指导招标、设计、采购工作的开展。

6.2　设计阶段的成本管理
6.2　Cost Management in the Design Stage

作出正确的投资决策后，业主应该把设计阶段的投资控制作为重点，主动控制将是最有效的手段。前期的策划阶段，决定了项目投资额的95%以上；其中设计阶段这种影响则达到75%～95%，设计阶段控制工程造价的效果最显著，在初步设计阶段影响约为20%，技术设计阶段影响约为30%，施工图设计阶段影响约为25%。对此，应将控制投资的思想根植于设计人员头脑，进行多方案比较和优化，在设计时考虑项目全寿命周期总费用，实施限额设计，在技术先进性与经济合理性之间协调平衡处理，达到最佳性价比的设计效果。

此外，业主在合同条款中应详细约定对设计单位的考核目标即对完成设计成果后的最终造价进行成本考核，形成相对应的经济责任制，即考核指标与设计费用挂钩，业主通过合同、经济手段实现设计阶段对建设项目投资的控制，减少由于设计不完善造成不必要的投资失控。

6.2.1　设计标准及技术环境的不同解决办法
6.2.1　Different Solutions on Design Standards and Technical Environment

目前的国际工程中，中国业主或工程参与者从事海外工程面临的主要技术难题就是设计规范和技术标准。目前在海外工程体系应用中，英国和美国规范体系的使用最广泛。国内与国外的设计标准及技术规范差异较大，同时对欧美的技术标准规范缺乏了解和应用能力。

海外工程的设计阶段划分、设计深度、审计报批等均与国内不同。

（1）国内设计划分为方案设计、初步设计、施工设计阶段，海外工程不同的要求具体内容不同。在以英美设计管理体系为主的国家和项目上一般划分为：方案设计、扩充设计、施工图设计、深化设计。

（2）海外工程的设计深度：不同的设计阶段及设计深度的界定与国内也不相同。国内项目在设计单位提供施工图后，承包商与设计单位沟通确定图纸会审、洽商等，承包商按图施工即可。而海外工程即使是业主负责设计的施工项目，一般设计单位提供的施工图，远远达不到国内的施工图深度，无法指导现场施工，承包商必须配备比较完整的有技术能力的设计部门进行深化设计。

（3）海外工程设计的报批是设计工作中的一个难点，在不同的国家和地区有不同的设计报批流程、惯例。比如有的地方必须由在当地有资质的建筑师和工程师签字盖章，才能报到建设主管部门审批。有的地方制图、排版、行文都有一套体系和惯例，必须完全按照当地的做法和惯例进行报批。

针对上述海外工程设计标准及技术环境与国内存在较大不同情况，中国业主的解决办法建议如下。

（1）在海外项目实施中，在项目设计阶段，业主需要仔细分析项目所处的设计环境，选择合适的设计采购和管理模式，确定合适的设计资源。

（2）中国的设计单位便于沟通、易于管理、设计费低，但不熟悉当地规范，缺乏报批经验，所在国设计单位，虽然熟悉当地规范，熟悉行政报批流程，但沟通困难，效率不高等。所以应在海外项目中积累不同国家比较知名或者技术能力较强的设计公司、咨询公司，熟悉其优势劣势、管理理念、履约能力等，通过项目合作建立长期合作关系，实现顺畅和高效沟通，降低成本。

（3）业主可以自己组建设计管理部，引进具有海外经验和管理经验的设计人才，来负责对接和管理设计单位。

6.2.2　强化设计阶段投资控制和成本管理的力度
6.2.2　Enhance the Investment Control and Cost Management in the Design Stage

设计成本管理，在掌握了海外设计标准和技术环境条件下，应强化设计阶段的投资控制和管理。

1. 主要成本控制内容

分别在项目的初步设计阶段、施工图设计阶段编制相应深度的工程直接成本测算(包括主体建安、市政基础设施、环境及景观工程、公共配套工程等费用)，成果文件应符合业主的要求。在单位工程或单项工程施工图完成后，按时细化和修订相应的成本测算。

根据业主的要求提供技术经济论证意见和材料设备选型的意见。

通过对不同设计方案编制经济分析报价，满足业主使用要求，为业主选择具有最优性价比的设计方案提供基础数据，提前做好工程造价控制工作。其具体工作重点如下。

初步设计阶段：根据初步设计的深度，进行初步的造价测算。对比目标成本，根据造价估算，优化指导后续施工图设计的深化进行。本阶段估算的依据是初步设计图纸，造价明细是源于图纸的实际估算工程量和市场价格形成的。

施工图设计阶段：经过造价指标指导下形成初步设计，在造价估算指导下形成施工图设计，对应于施工图的造价应该基本在目标成本的控制范围内。基于施工图纸，结合目标成本，编制或修正成本明细。目标成本明细是后续各个阶段成本控制和造价管理的指导框架，是成本动态监控管理的基础。

总之，设计阶段的工作直接影响工程的总造价，在此阶段应首先进行工程造价的计价分析，这样可以使工程造价的构成更加合理，可以最大限度地提高资金利用的效果。利用价值工程理论分析项目各个组成部分功能与成本的匹配程度，调整设计，优化设计、使项目上最大限度地满足投资的效果。这是本阶段也是全过程造价控制的重点，可采用以下方式加以控制。

(1) 采用限额设计。在设计阶段因为设计标准、施工工艺和材料的品质不同，工程造价也就随之产生较大的变化。采用限额设计可使对工程造价的控制完全掌握在投资人手里。为了使投资效益最大化，建议委托方采用限额设计。依托从设计到管理"一条龙"的丰富经验，给委托方提出优选方案，以兼顾质量标准和造价标准。

(2) 设计阶段优化。在设计阶段，从成本角度考虑进行设计优化的方面很多。值得重点关注并从成本方面进行优化的要点有钢筋含量、外立面装饰方案、机电设备选型、机电材料选用、内装档次/标准等。

结构设计控制方面主要包括结构形式(地上地下和钢筋含量)：设计阶段，在满足项目结构安全的前提下，对于钢筋含量进行有效的指标控制、实行限额设计是十分必要的。结合以往积累的大量数据，可针对性地分析出项目地上结构部分和地下结构部分的合理钢筋含量，作为结构设计中的指导性要求。

外立面装饰要求的指标控制：外立面的装饰形式在满足使用、当地报批或营销要求的前提下，有必要结合造价指标进行细化控制。外立面装饰包括墙体的外装饰和窗户的材质形式两部分。墙体外装饰部分，可以结合造价因素考虑裙房部分、中高层部分进行差异化设计，如裙房采用较高档的石材外装，中高层采用中低档的涂料外装或外墙砖形式等；窗户部分可考虑在塑钢或铝合金窗或断桥铝合金窗形式中选择。

机电设备品牌档次要求的指标控制：结合项目的使用要求、气候对设备影响因素、市政和报批条件以及产品营销等方面要求，考虑造价因素，对机电设备部分的品牌档次进行合理的控制十分必要。尤其对于公建项目，这部分的品牌和档次对造价的影响更加明显。设计阶段往往是依据相关产品的参数或指标进行考虑的，如业主未及时介入，设计者自行根据相关厂家的参数进行设计，实际上已经制约了后续设备招标工作和造价控制的主动性。

机电材料选型的控制：在满足使用要求的前提下，结合造价因素控制机电系统材料的选择十分必要。这方面主要是结合造价因素核实诸如管材的材质、管件的材质等确定是否经济合理，避免无谓的浪费。

内装档次/标准的控制：设计方案对内装的造价影响非常大。内装设计方面造价控制的重点是设计方案、材料材质的选择、材料档次要求等。

(3) 设计阶段成本测算的审核。投入最有经验的造价人员对设计阶段成本测算进行审核，尽最大可能发现施工图纸中的问题，在过程中及时与设计、委托人或业主进行沟通，以书面形式提出设计疑问及建议，同时与设计及委托人或业主交流后建议主要材料设备的标准，在施工前把可预测的风险降到最低限度。

采用对比分析、查询核实与联合会审相结合的方法进行，具体按以下步骤审核。

(1) 充分了解建设工程的作用、目的，了解建设标准。

(2) 进行常用指标分析(单方造价指标、分部工程比例、各种结构比例、专业投资比例、工料消耗指标等)。

(3) 对一些关键设备和设施、重要设备等较大投资进行多方查询核对，进口价格及有关税费向进出口公司落实。

(4) 重点加强价值较高或占投资比例较大的分项工程量进行审核。

(5) 市场价格根据最新造价信息及市场询价审核。

(6) 与设计单位、业主联合开会讨论，然后分析设计并审核成本测算的问题。

(7) 综合取费参照相关文件规定审核。

根据以上步骤，建议按需调整成本测算。

2. 技术建议

从观念上重视设计阶段的造价控制。虽然理论上大家公认设计阶段造价控制的重要性，但在实际实施中很多业主往往忽略这个问题，而自觉或不自觉地把关注的重点放在设计效果上。如何强化成本控制在设计阶段的落实，很大程度上取决于业主观念上的重视程度，尤其是决策层的重视程度。确保目标成本的落实，关键看在成本控制过程中，设计环节在多大程度上服从于成本控制的力度和要求。

在设计任务书中列明各项限额设计的指标，并将各项指标的落实程度和设计费奖罚挂钩。明确各种造价指标，如钢筋含量、单方造价等指标要求，并要求设计单位随设计深度出具相应的设计概算和设计估算。

目标成本的制定是一个复杂的系统工程。在项目实施过程中，结合项目的实际情况对预先设定的目标成本进行合理的核实或修正是必要的，有利于目标成本的可控与落实。

6.2.3 设计变更的管理
6.2.3 Management on Design Alteration

设计变更也是成本控制的重点，在国际项目中设计变更屡见不鲜。设计变更的管控重点是前期设计的完善，只有在此基础上才能做好后期的设计变更管理。如果的确出现了边设计边施工的情况，也需要重点抓好事前控制，做到设计方案变更先行，避免出现被迫变更的情况。如果前期设计不稳定，变化因素较多，将导致招标采购工作无法进行。但是最严重的情况是设计变更发生在实施采购后，这样重新订货不仅给采购方带来了经济损失，还会造成延误工期等其他影响。

设计管理能力高低是导致设计变更数量多少的根本原因。如果业主在不恰当的时机或者前期工作还未准备好的状态下就启动项目，对未来极大可能会造成设计变更产生，甚至会发生边设计、边采购、边施工的状况，往往会带来管理资源和生产要素的不合理配置，导致项目成本增加。强有力的设计管理能力是解决设计变更风险的关键，即在项目设计前期就需明确设计管理原则。

1. 减少设计文件中的"错、漏、碰、缺"所引起的设计变更

设计文件中的"错、漏、碰、缺"现象，主要是因为设计人员技术能力及管理欠缺所造成的，设计人员为了追求任务目标，忽视工程整体设计质量把控，在设计过程中各专业之间缺乏必要的联系和沟通，造成实施设计文件中各专业"打架"现象严重，从而产生大量的设计变更。常见的如管道安装过程中，在原设计标高处有其他专业管道产生冲突，需改变原设计管道的走向或标高，此类变更，设计单位只要认真做好图纸的审查工作，是可以减少和避免图纸中的"错、漏、碰"等情况的出现，使设计阶段的施工图预算更准确，施工企业在施工管理中，尽可能做到提前审查各专业图纸也可避免一些原设计未预料到的"碰、撞、错、漏"等具体情况。

2. 业主对拟建项目使用功能调整所引起的设计变更

业主应该记住"变更早损失小"的原则，对拟建项目使用功能必要的调整越早对后续工作影响越小；反之就越大。如在设计阶段变更，只需修改图纸，损失有限；如果在采购阶段变更，不仅修改图纸，已采购的设备、材料都须重新采购；若在施工阶段变更势必造成重大变更损失，除上述费用外，还要将已施工程拆除和二次建设费用及对工期影响产生的系列经济损失。所以前期加强设计变更管理，控制设计变更数量，控制设计变更发生的时间，特别是对工程造价影响较大的设计变更，要先算账后变更。严禁通过设计变更来扩大建设规模、增加建设内容、提高建设标准的做法，使工程费用得到有效控制。

6.2.4 多部门协作管控
6.2.4 Multi-Department Collaboration Control

合同约定限额设计中的成本控制，单靠设计团队是无法独立完成的，业主应设置

设计管理部门统一协调设计与施工、成本、采购的关系。例如：限额设计指标制定由成本管理部门牵头主办，设计管理部门协办，合同管理部门配合，像医院各科室会诊一样得出过程中的成本数据指标，等指标经过批准后再由设计管理部门下达给设计分包商。再如：成本超支或超过限额设计指标时必须进行修正设计，由成本管理部门提出设计优化要求。设计管理部门会同设计分包拿出方案，一般需要施工技术部门评估可施工性，主要材料设备需采购部门询价，由成本管理部门进行工料分析，对成本进行估算。由项目经理或公司层决策，设计分包商按既定方案进行施工图设计，最后对设计预算成本进行检查。整个过程可以按照PDCA(指PDCA循环，又叫戴明环，Plan-Do-Check-Act)的循环管理原理进行，各部门任务及职责也需要在项目部的工作任务分工表及管理职能分工表中明确。

6.2.5 绩效评价及奖惩
6.2.5 Performance Evaluation, Rewards and Punishments

本着合同各方权利与义务对等的原则，业主一方面要明确设计分包成本管理责任，另一方面也应在合同中约定绩效评价方法和奖惩措施。绩效评价宜以设计预算成本降低额(限额设计指标-设计预算成本)为主要指标，兼顾其他部门对设计的评价，给予设计分包预算成本降低额一定百分比的奖励，若因设计原因导致成本超支，则处以一定比例的惩罚。考虑到设计费用在总成本中比重较小，奖惩金额宜设置一定上限。

6.3 招标及实施阶段的成本管理
6.3 Cost Management during the Bidding Stage and the Implementation Stage

招投标和施工阶段是建设项目全过程投资控制和成本管理的重要组成部分。

招标阶段通过招投标程序设定，协助业主选择能够圆满完本工程施工任务的优秀的施工单位，招标及答疑文件的编制中充分考虑各种风险因素，减少合同执行中的造价控制风险及业主风险。确定合同文本内容，合同条款尽量完善，明确工程承包范围，合同价款变更的程序，变更的计价原则及办法，减少合同价款变更因素，减少委托方风险。

6.3.1 招标阶段的成本管理
6.3.1 Cost management during the Bidding Stage

根据项目的总体施工进度计划安排，确定适合的招标方式，编制详细的招标计划,明确各项招标的时间节点。招标计划的时间节点按照施工进度计划的控制节点倒推确定,并尽可能向前延伸。

1. 招标方式

招标方式主要分为两种:公开招标(即国际竞争性招标)和邀请招标(国际有限招标)。在成本控制方面,两种招标方式有不同的优势以及适用条件。

(1) 国际竞争性招标是指在国际范围内,采用公平竞争方式,评标按照招标文件评审办法进行。在满足工期、质量等要求的情况下,对投标人的报价,投入的人力、财力、工程机械设备以及当地优势等进行评比。采用这种方式公开招标,投标人较多、竞争充分,且不容易串标、围标,有利于招标人从广泛的竞争者中选择合适的中标人并获得最佳的竞争效益,取得最有力的成交条件。

国际竞争性招标的适用范围如下。

① 由世界银行及其附属组织国际开发协会和国际金融公司提供优惠贷款的工程项目。

② 由联合国多边援助机构如国际工发组织和地区性金融机构如亚洲开发银行提供援助性贷款的工程项目。

③ 由国际财团或多家金融机构投资的工程项目。

④ 两国或两国以上合资的工程项目。

⑤ 以实物偿付(如石油、矿产或其他实物)的工程项目。

⑥ 其他适用的项目。

(2) 邀请招标即国际有限招标,采用这种方式时,是根据招标人自己过往经验和资料(比如长期的合作单位)或由咨询公司推荐的承包商名单,由招标人在征得世界银行或其他项目出资机构的同意后对某些承包商发出邀请。经过对应邀人进行资格预审后,再行通知其提出报价,递交投标书。通过这种招标方式选择的投标商均能够在经验、技术和信誉方面有可靠性,能够确保招标的质量和进度。

邀请招标可以控制投标人数量和质量。当投标人众多时,采用公开招标方式成本太大,另外投标人层次参差不齐,也无法保证评标正常进行。为了避免不必要的无效劳动,定向邀请相关投标人是既可提高效率,又能降低成本的好办法。

邀请招标(国际有限招标)试用范围如下。

① 工程规模不大,投标商数目有限或有其他不宜进行国际竞争性招标(如特殊工艺等)的项目。

② 复杂且专业性很强的工程项目,如石油化工项目,参与的投标企业不是很多,但是准备招标的成本又很高。

③ 由于保密要求或其他原因不宜公开招标的项目。

④ 工程项目招标通知发出后无人投标,或投标商数目不足的项目。

2. 编制招标文件

招标文件中确定合理的工程计量方法和投标报价方法，确定招标工程标底或最高限价。招标文件应结合合同的条款进行编制，包括投标须知、投标书、合同条件、合同协议条款、履约保函、技术规范、工程量计算规则及单价说明、工程量清单、招标图纸目录及图纸等。招标文件要针对项目的特殊性编制，如：

(1) 当地开工手续的办理部门及办理周期，及需要业主方提供资料的准备。

(2) 当地的外籍工人准入制度及准入手续的办理情况。

(3) 货物到港后的手续办理及办理周期，滞港情况，当地免税手续的办理。

(4) 项目的场地情况，土方的余亏情况，需业主提供的现场的施工用水(电、路)的接通状况，及水、电的供应是否能满足项目的使用情况。

3. 工程量单的编制

(1) 工程量单(QS)决定着整个工程造价的准确性，应派有经验的工程师负责，确保工程量计算的准确性；或者聘用专业的咨询机构编制。

(2) 编制工程量单之前先熟悉施工图纸并与委托方进行沟通确定施工范围。

(3) 编制工程量单应按照相关的计量规则进行编制(比如SMM7等)并根据工程的实际情况及结算的可操作性进行相应的改进。

(4) 在编制工程量单的同时，针对本工程的情况给出主要材料设备的暂估价清单。暂估价力求与工程的档次标准相统一，与施工图阶段材料设备的选型和技术标准要求相近，避免由于暂估价与实际施工中选用的材料设备档次相差悬殊而造成结算时增加工程造价。

4. 评标

在开标后应进行清标，目的在于审查投标报价是否均衡，是否完全响应招标文件，是否有计算性的错误，是否有低于成本价的报价，为避免施工阶段发生索赔和大的调整给评标专家提供评审依据。评标内容主要包括以下几方面。

(1) 经济标的评审：按照《招标文件》中规定的经济标的评分办法，进行评审。

(2) 技术、商务标评审：按照《招标文件》中规定的评分办法，对投标单位的施工组织设计进行评审，评审内容包括但不限于：施工进度计划、质量保证体系、安全防护、文明施工方案、劳动力计划、材料设备采购计划、施工机械采用、施工技术措施、施工现场安全管理、分包计划、成品保护等方面。同时，对于投标方的资质、信誉、实力、履约能力、经营状况、业绩；对于授权的项目经理及其成员主要业绩、协调能力，工作经验等方面进行评审。

(3) 在定标前，如投标企业在其他海外项目或者国内项目履约过程中出现重大问题，业主应当向评标委员会提供相应的证明材料，由评标委员会审定该企业是否具备投标项目的履约能力；已出具评标报告的，应当由评标委员会对评标报告作出补正。

(4) 在定标前发生下列情况之一的可以中止或者终止招标，并将有关情况通知各投标企业。

① 项目所在国局势突变，如发生战争、政变、恐怖袭击、经济崩溃、严重自然灾害等。

② 所在国有关政府部门、组织或者人员干涉等导致项目无法按计划实施。

③ 招标范围、招标文件或者建设内容、规模、标准等出现重大变化。

④ 因部分投标企业资质、股权结构、主要负责人及经营状况等发生重大变化而不再具备投标资格的，使得投标人数不满足招标文件要求的。

⑤ 发现串通投标行为。

⑥ 出现其他影响项目实施的重大或者突发事件。

5. 合同签订

在招标工作完成后，将协助委托方和中标方依据招标文件的合同条款协商一致签订承包合同。

在正式签订合同之前，有必要就投标单位的报价书进行二次复核，将需要投标方进一步澄清的问题和需进一步明确的内容提交委托方，并建议在合同条款中加以界定，尽最大努力以减少委托方的风险。

在各种合同关系中，必须明确总包和各项分包的合同关系，以及各项分包之间的合同关系，包括相关方的权利、责任、义务、纠纷解决等。理顺各合同之间的关系，不仅有利于成本的控制管理，也有利于工程施工管理。

在选用合同体系中，建议采用FIDIC合同。每一种FIDIC合同条件文本主要包括两个部分，即通用条件和专用条件，在使用中可利用专用条件对通用条件的内容进行修改和补充，以满足各类项目和不同需要。FIDIC系列合同条件的特点是：具有国际性、通用性、公正性和严密性；合同各方职责分明，各方的合法权益可以得到保障；处理与解决问题程序严谨，易于操作。FIDIC合同条件把与工程管理相关的技术、经济、法律三者有机地结合在一起，构成了一个较为完善的合同体系。大部分条款的意图和含义已为国际承包商和咨询工程师所熟悉。因此，许多合同索赔根本用不着律师就可以解决。

FIDIC合同条件有以下优点。

(1) 脉络清楚，逻辑性强，承包商和业主之间风险分担公平合理，不留模棱两可之词。

(2) 对业主和承包商的责任、工程师的权利作了明确规定，避免合同执行过程中过多的纠纷和索赔事件的发生。

① 对于每一种可能发生的不测事件，明确定义了业主和承包各自的风险，以及其中一方向另一方提出合理索赔的条件。

② 按照详细具体的索赔条款，每一工程项目的进度、经测算已完工程的工程量要支付的工程款都有明确的规定。

③ 除非合同中明文规定，承包商对永久工程设计不负责任，只限于按图施工。

④ 专有一条规定工程的施工由工程师监督，工程师有广泛的权利，向承包商发出指示，对工程作出变更。作为回报，根据合同规定，承包商有权就超出其责任范围而完成的工作量要求增加报酬。

⑤ 说明了承包商发出索赔通知，保存现场记录并为其索赔提供证据的程序，并规定索赔应在提供的证据使工程师感到满意的范围内支付。

⑥ 有一对一解决业主与承包商争议的具体规定。

(3) 普遍适用性。由于FIDIC合同条件来源于英国ICE合同条件，所以它同原来属于英联邦的国家或地区使用的标准合同条件有很大的相似性。在掌握了FIDIC合同条件之后，就很容易掌握上述国家或地区使用的标准合同条件。世界银行是国际土木工程项目最大的投资金融机构。世界银行代表明确表示，世界银行极力主张在其参与的项目中使用FIDIC合同条件。实际上，世界银行在其"工程采购招标文件样本"中就使用了FIDIC合同条件。

FIDIC合同业主应注意风险如下。

① 战争、敌对行动、入侵、外敌行动。

② 叛乱、革命、暴动或军事政变、篡夺政权和内战。

③ 核爆炸、核废料、有毒气体的污染等。

④ 超声速或亚声速飞行物产生的冲击波。

⑤ 暴乱、骚乱和混乱，但不包括承包商的雇员因执行合同而引起的。

⑥ 因业主在合同规定外使用或占用永久工程的某一区段或某一部分而造成的损失或损害。

⑦ 业主提供的设备不当而造成的损失。

⑧ 有经验的承包方通常无法预见和防范的任何自然力量。

⑨ 其他不能合理预见的风险。

⑩ 法令、政策变化引起的对工程成本的影响。

⑪ 汇率变化对支付外币的影响。

其他有关FIDIC的知识点详见本书第4章的内容。

6.3.2 实施阶段的成本管理

6.3.2 Cost management during the Implementation Stage

项目投资成本管理贯穿于整个项目生命周期中，可以说每一个阶段、每一个环节都离不开项目成本的控制。

通过招标方式选中中标人后的重要工作是合同商谈，在发出中标通知后商定一个时间，与中标人就合同文本中更为具体的条件进行沟通和确认，协商一致后才会签订正式合同。

前期经过对投资控制影响力在75%~90%的设计阶段的严格管理，在实施阶段投资人在建设项目成本管理的侧重点主要是落实实施内容，由成本控制主体在其职权范围内对不合理项目进行酌情修正，在平衡投资金额和使用功能中完善落实设计理念和保证产品功能，保证项目达到预计效果及保证后期顺利运营。

实施阶段应具体抓好以下几个方面工作。

(1) 项目实施落地过程，前期的限额设计保证了在项目设计阶段对功能与产品的校验及修正，在实施阶段最该做的事情就是监督各方严格按照计划的时间、设计内容完成各个分项内容，实现落地，同时尽量控制和减少设计变更的发生，多考虑替代方案解决问题，最大限度地平衡成本付出与功能实现的关系。

(2) 后期运营维护与建设阶段的平衡统一，有些项目在建设投入时规格标准选用较高水平，但后期维护保养成本低廉，在此时决策时少不了建立数据模型，通过数据、地域化产品信息等辅助项目选型和标准，在项目实施阶段最好不改变上述选项，保证项目工期及顺利投用或达产，另一方面也保证项目成本可控的落实。

(3) 对项目成本的影响要素，重在事前分析，对工程成本实施过程加强控制及强化管理措施，事后也要进行总结分析，降低项目经营风险，提高项目的经济效益和社会影响。

第 7 章　项目实施者的成本管理

Chapter Seven　Cost Management of the projects Implementer

【本章导读】本章着重介绍了投标阶段和项目实施阶段成本管理方法和程序以及风险控制的具体措施,介绍了投标报价的策略和商务谈判的多种技巧建议,对项目实施有一定的指导意义。

【关键词】国际投标估算;信息收集;考察搜资;投标策略;商务谈判

中国自20世纪50年代以来对外提供经济援助起步,至2020年已有70年的历史,特别是20世纪70年代改革开放初期开始至90年代,国际项目实施者以承建中国政府的对外援建项目为主,同时依托劳务输出的形式,参与国际承包商的分包工程。该阶段驻外机构零散,对于承包企业属于机会经营期,属地化管理①程度低。

20世纪90年代后期至2000年中国进入施工总承包阶段,但仍以劳动密集型业务为主,以中国劳务成本的优势参与到与国际施工企业竞争中。该阶段虽然进入了施工总承包阶段,但经济附加值仍然比较低,还谈不上同期国际施工企业的金融资本与产业资本结合的理念。

2001年3月《中华人民共和国国民经济和社会发展第十个五年计划纲要》提出,对中国进行经济结构战略性调整,同时完善社会主义市场经济体制和扩大对外开放。该纲要正式提出启动"走出去"发展战略,对中国中资总承包企业"走出去"加大了支持力度。中国对外承包工程业务经历了国际市场格局的调整以及多年来国际项目的沉淀,正式进入设计施工总承包(EPC)阶段。该阶段驻外机构网络化扩张较快,属地化程度提升,开始培育战略经营模式,金融资本与产业资本结合度一般。

2015年3月28日,国家发展改革委、外交部、商务部联合发布了《推动共建丝绸之路经济带和21世纪海上丝绸之路的愿景与行动》。为了推进实施"一带一路"倡议提供了政策方面的支持,目的是让古丝绸之路焕发新的生机与活力,以新的形式使亚欧非各国联系更加紧密,互利合作迈向新的历史高度。

2010年至今,中国对外承包工程业务模式在DB(Design and Build)、EPC(Engineering,Procurement and Construction)、BT(Build-Transfer)、EPC+BOT(Build-Operate-Transfer)、PPP(Public-Private Partnership)的基础上,开始尝试跨国并购。对全球市场进行主动的战略布局,由最初只做工程承包商,到后期逐步发展向能够输出标准、资本、管理提供综合服务的商企转变,金融资本与产业资本结合度逐步提高。承揽的项目规模不断增大,承揽的项目类型由专业承包向系统集成发展,提供咨询、设计、建设、运营一体化解决方案,需要承包商参与投资类项目增多,项目资金来源多元化;工程承包业界竞争激烈,趋于白热化。

纵观以上中国对外承包工程行业的发展,中国的国际工程承包是随着国家改革开放和现代化建设不断发展起来的新兴事业,经历了从无到有、从小到大的发展过程。到2000年全国人大九届三次会议正式提出"走出去"国家发展战略,极大地带动了中国工程相关领域国产设备的出口,中国在电力、水利、石化、通信等行业更是取得了令人瞩目的成就。中国企业在"走出去"参与国际工程项目竞争中,经历了不少曲折,走了不少弯路,为了占领市场在成本利润上作出牺牲。经过20多年的"出海"锻炼,中国企业越来越成熟,在成本控制方面也是理论运用到实战,总结提炼出适用国际项目的新方法。

---

① 对海外项目的属地化管理主要包括:经营属地化、员工属地化、采购属地化和市场属地化。各方面属地化内容相辅相成、密切联系,共同构成了项目属地化发展的模式。

第 7 章 项目实施者的成本管理

7.1 投标阶段成本控制
7.1 Cost Control in the Bidding Stage

投标报价是国际工程承包过程中一个关键性环节，报价高低直接关系到企业经营实施国际工程项目的成败与盈亏。

为了提高承包商的认识以及规避国际项目投标过程中的风险，我们将投标阶段主要分为投标前期准备、投标实施两大阶段。

通过这两个阶段对项目的把控，从前期项目信息的重视筛选、精心策划；投标过程中的团队管理、睿智决策，并时刻关注和躲避风险与陷阱；中标后的澄清与谈判至合同签订完毕，最终要对整个投标阶段进行复盘与总结，为下一次决胜千里做准备。投标主要阶段的内容如图7-1所示。

图 7-1 投标主要阶段的内容

7.1.1 投标前的准备阶段
7.1.1 Pre-bidding Preparation Stage

国际项目投标，前期准备工作必不可少，主要有：招标信息跟踪筛选、资格审查报名、组织投标团队(经济管理、工程技术、商务金融、合同管理)、研究招标文件、调查投标环境(含勘察施工现场、调查环境、调查发包人与竞争对手三个环节)。

招标信息跟踪工作主要分为项目信息收集阶段、项目信息分析和评价阶段。

1) 项目信息收集阶段

项目前期要把控项目信息收集途径以及信息准确性。要求总承包企业的国际事业工作人员或团队具有很强的专业技术能力以商务沟通能力，对外需要面对当地政府各类机构、使馆、经参处、中介、国内外交部、商务部、银行等机构；对内需要面对系统内各单位、公司总部各部门、项目部等机构，应对、掌控和利用复杂而庞大的关系网络。这个国际事业工作人员或团队是开拓市场、推动项目、有效运营必不可缺的支柱。

(1) 项目信息来源途径维护。项目信息的来源途径主要有当地政府部门、中国驻项目所在国的政府机构、金融机构、代理或中介机构、咨询公司/会计师事务所/律师事务所、国际合作伙伴、国际竞争对手、国内其他企业和当地分包商、供货商等主要机

149

构，不同机构的主要维护方式，如表7-1所示。

表 7-1 公共关系维护指南

序号	外部公共关系	重点机构、部门、人员	主要关系维护方式
1	当地政府	交通运输部、建设部、能源部、水利水电部、计划部、港口航运部、国家公路局、港务局、民航局、市政规划局、市政府等，这些部门可能直接是业主，或者是业主的上级主管部门，或者是项目的审批部门	对各个部门进行高层互访；使领馆引荐或介绍，政府部门之间介绍当地代理；积极参与项目竞标，增强熟络程度；经常沟通拜访，建立友谊
2	当地政府	工商局、税务局、移民局、警察局、卫生局及各种公用设施服务管理部门等	属地化员工的聘用与相关部门的沟通；维护公关工具；赞助、媒体、广告等
3	使领馆	中国驻项目所在国的大使馆、领事馆、经参处	对各个部门进行高访；响应政府相关号召、积极配合参与组织活动；汇报工作、寻求帮助；保持沟通互动
4	金融机构	当地银行机构、多边金融机构(一般作为所在国的主要借债人，其提供的信息往往是前期获得招标信息的渠道)	成为高级客户；有公关能力的财务；经常性的高层互访；参与项目架构策划
5	代理或中介	代理或中介公司	前期以信息可靠度来判断；中期以合约为纽带(签约)；成功后严格履约；建立感情纽带
6	咨询公司/会计师事务所/律师事务所	国际和当地知名咨询公司；国际和当地知名律所	工作关系；商务合同；经常性的互访
7	国际合作伙伴	当地著名企业	高层互访；参与项目；建立合约
8	国际竞争对手	国际总承包工程公司	有合作意识，没有永远的朋友和敌人沟通，知己知彼；合作或竞争；注意保护核心机密
9	国内其他企业	各大央企、各大民营企业	高层互访；沟通；确保集团利益下的合作；建立互信

续表

序号	外部公共关系	重点机构、部门、人员	主要关系维护方式
10	当地分包商、供货商	优质的当地分包商、供货商是投标企业的资源，可以降低成本，促进当地就业，提高投标企业声誉	合约管理； 筛选后长期合作； 沟通讲技巧

(2) 项目信息搜集渠道。通过维护与上述重要机构间关系的方式方法，打好国际市场营销的基础。只有通过各种渠道搜集项目信息，才会有增加国际市场开发和开拓的机会。项目信息的搜集渠道按照类型主要分为现汇项目、框架项目、投资项目，不同的项目类型搜集主要渠道，如表7-2所示。

表7-2 项目信息搜集渠道

序号	项目类型	信息搜集主要渠道
1	现汇项目	从已开展项目的合作伙伴、业主处获得项目信息； 通过公开或邀请招标方式获得的项目信息，尤其侧重于发标之前获得招标信息； 拟参与项目设计、施工单位或设备者处获得项目信息； 项目所在国代理机构提供的项目信息； 融资机构或咨询机构提供的项目信息； 第三国代理咨询机构提供的项目信息； 当地媒体或公开招标网站
2	框架项目	从驻外机构所在国基础设施规划中搜集信息，包括国别财政计划，基建开发计划、预算使用计划、国别优先开发项目清单、拟对外借贷项目清单等； 从两国政府签订的合作意向中获取的项目信息； 中国商务部或其他政府机构提供的项目信息； 融资机构或咨询机构提供的项目信息； 对方政府或驻华机构提供的项目信息
3	投资项目	从驻外机构所在国基础设施规划中搜集信息； 从两国政府签订的合作意向中获取的项目信息； 中国商务部或其他政府机构提供的项目信息； 融资机构或咨询机构提供的项目信息； 对方政府或驻华机构提供的项目信息； 项目拟投资者提供的项目信息； 融资机构或咨询机构提供的项目信息； 从框架项目或现汇项目跟踪过程中转变而来

(3) 项目所在地国别市场信息。通过前期大量的市场信息的收集与分析工作，掌握国别的市场情况，从而进行客观的外部环境分析、项目情况分析、竞争对手分析等，才能把握经营机会，管理项目风险，成功地进行市场营销。详细国别市场信息搜资内容，如表7-3所示。

表 7-3 详细国别市场信息搜资内容

搜资项目	搜资类别	国别市场信息
国别外部宏观环境	经济环境	GDP、经济增长率、债务情况、主要经济收入来源、货币、经济状况的稳定性、自然资源及基础设施开发情况、汇率及外汇管制情况
	政治环境	(1)政体(共和国、君主立宪、政教合一、军人政权等); (2)与哪些国家友好和哪些国家有冲突,是否在战争或濒临战争状态
	法律环境	何种法律体系(英美、大陆),法律(历史)渊源,历史上有无政府与投资商间的重大法律纠纷案例等
	社会环境(党派、宗教、文化、治安)	(1)语言:官方、当地、部落; (2)宗教:单一宗教、多宗教并存、多宗教的冲突或相互包容性; (3)治安:失业率,是否存在极端宗教势力、恐怖活动、偷盗抢劫; (4)地理:国家所在位置(哪个洲、哪个地区、接壤国家等),气象、地质因素
	税收体系	中央政府、地方政府征收及税收情况,税率及税收优惠政策
	与中国政治经济关系	两国外交关系,两国经济合作关系,双边贸易情况,中国政府的影响力,获取双方政府在政治上的支持
国别行业市场情况	公司传统行业环境	了解所在国与公司相关产业的市场规模、发展趋势、竞争对手情况
	新型市场行业环境	了解所在国港口、公路、桥梁、轨道交通、房地产、新能源、电力等基础设施的市场规模、发展趋势、饱和程度、竞争对手情况
竞争对手	市场情况	竞争对手在该国的人脉资源、投入的经济实力,以及技术和人、材、机、设的优势分析

进入项目驻在国,针对不同的搜资内容,找到相应的管理部门,也会起到事半功倍的作用。如:获取国别的经济、政治环境情况,可到驻在国总统府、议会等渠道;经济、债务等宏观情况,在世界银行、非洲发展银行、国际货币基金组织(IMF)等机构获取;工程领域发标情况,在所在国招标主管部委、DG Market 网站等机构获取;获取税收相关政策,在所在国财政部部门获取;该国调研报告和对外投资合作国别(地区)指南以及获取国别外部宏观环境、对外投资国别产业导向目录相关信息,可在中国驻该国使馆经济商务参赞处以及商务部、外交部网站获取;国别法律情况介绍以及国家风险分析报告,可在当地金融机构和出口信用保险公司获取;各行业竞争对手相关信息,可在当地咨询机构当地、承包商、当地媒体等渠道获取;信用评级报告、国际资信评估报告,可在标准普尔、大公国际等权威金融分析机构获取。

2) 项目信息分析和评价阶段

国际项目信息收集以后,就要对项目信息的真实性、适用性进行核实,一般筛选原则有以下几方面。

(1) 调查项目真实度以及项目主要干系人的尽职调查,如履约能力、资信情况以及经济实力。

(2) 要符合投标人的经营目标和战略。

(3) 投标人自身条件是否适应该项目。

(4) 竞争是否激烈。

(5) 投标人在该工程中可能获得的利润空间。

按以上筛选原则分析后，选出兴趣投标项目进行准备，主要准备工作如图7-2所示。

图 7-2 投标准备工作

7.1.2　投标实施阶段
7.1.2　Bidding Implementation Stage

1. 项目经营策划与投标准备

投标项目经过筛选确定以后，项目进入投标阶段，国际投标项目工作主要分为：投标团队的组建、制订投标工作计划、项目投标策划大纲、工程量表复核、项目实地考察、生产要素询价、分包工程询价、工程进度计划及其他准备工作八个部分。

1) 投标团队的组建

投标团队的成员应由经济管理类人才、专业技术类人才、商务金融类人才、合同管理类人才、税务法务类人才组成。投标团队的领导者最好是懂技术、懂经济、懂商务、懂法律和会外语的复合型、外向型、开拓型人才。

作为承包商来说，组建投标团队并保持项目班子人员的相对稳定是投标成功的基本保证，相对稳定的团队有成功的经验积累和默契的分工合作，形成一个高效率的有投标报价竞争力的工作集体。投标团队组织机构，如图7-3所示。

2) 制订投标工作计划

根据项目信息以及类型制订工作计划，详细分析项目情况，为投标决策的确定制订工作计划，如表7-4所示。

3) 项目投标策划大纲

根据项目基本情况、项目资金保函开具情况、项目推动阶段以及项目竞争对手情况对整个项目投标阶段进行投标策划，具体实施内容如表7-5所示。

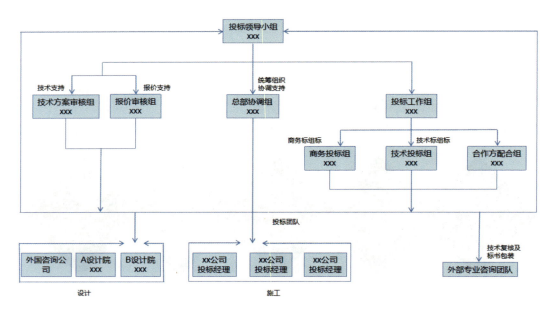

图 7-3 投标团队组织机构

表 7-4 某国 EPC 项目投标工作计划表

序号	工作事项	工作内容描述	分工责任单位	开始日期	完成日期
第一部分	标书研读工作			*/*/*	*/*/*
1	获取标书	购买招标文件，如需要，统一组织专业翻译	×××驻外机构	*/*/*	*/*/*
2	研读标书	组织设计、主要分包，对标书整体梳理后，各自按侧重点来消化梳理，确定项目工作范围和边界条件	投标工作组	*/*/*	*/*/*
3	分解投标文件清单	根据招标文件要求，编制最终投标文件目录，尽量细化到每一个单体文件清单	投标工作组	*/*/*	*/*/*
4	标书消化情况检查	投标工作组组织	投标工作组	*/*/*	*/*/*
5	标书编制任务分配	按资源优势原则对标书编制工作进行分配，如各公司资源不足支撑的，寻找第三方专业资源	投标工作组	*/*/*	*/*/*
6	项目开发策划工作	编制项目开发总体策划报告和投标策划书，拟定投标计划、推荐项目合作单位及合作方式、推荐项目投标工作小组及主要负责，报总部批准	投标工作组	*/*/*	*/*/*

第 7 章 项目实施者的成本管理

续表

序号	工作事项	工作内容描述	分工责任单位	开始日期	完成日期
7	参加标前澄清会议	业主主持召开项目标前澄清和答疑会议	投标工作组	*/*/*	*/*/*
8	要求业主澄清工作	各分包单位汇总澄清问题，统一由×××向业主书面澄清，澄清回复专人发布共享及汇总	投标工作组	*/*/*	*/*/*
第二部分	技术方案工作			*/*/*	*/*/*
1	掌握标书设计要求	设计院消化标书后，需作相应的汇报，确保按照业主设计要求	投标工作组	*/*/*	*/*/*
2	设计思路沟通	在初步设计工作开展过程中，组织设计院、各分包单位间充分交流，确保设计施工一体化，设计方案充分考虑施工可行性及经济性	投标工作组	*/*/*	*/*/*
3	初步设计方案编制	设计院与配合施工单位充分提前交流，确定最优初步设计方案，并提交初步设计方案、图纸BOQ	投标工作组	*/*/*	*/*/*
4	初步设计方案审核	审核初步设计成果，并开会讨论确定修改方案	投标工作组	*/*/*	*/*/*
5	最终设计方案编制	设计院提交最终BOQ清单和设计图纸并进行设计交底	投标工作组	*/*/*	*/*/*
6	最终设计方案审核	技术评审会审核初步设计图纸、工程量，编制BOQ清单，并引入第三方专业审核	投标工作组	*/*/*	*/*/*
7	施工方案编制	×××负责完整的施工方案，×××负责准备土石方施工方案；×××负责结构物及附属工程施工方案	投标工作组	*/*/*	*/*/*
8	施工方案审核	召开施工方案评审会审核比选确定最优方案	投标工作组	*/*/*	*/*/*
第三部分	市场调研工作			*/*/*	*/*/*
1	现场考察	场地现场及周边情况重点查看与招标文件有出入的地方	投标工作组与设计、主要分包	*/*/*	*/*/*

155

续表

序号	工作事项	工作内容描述	分工责任单位	开始日期	完成日期
2	询价比价	汇总材料/设备/分包询价清单，统一由×××对外询价。项目所在国当地询价由×驻外机构×××负责进行，国际询价由总部联合×驻外机构一同进行	投标工作组	*/*/*	*/*/*
3	施工条件及资源调查	组成联合工作组，对现场施工条件、资源情况、大宗材料和设备价格集中调查，信息共享	投标工作组与设计、主要分包	*/*/*	*/*/*
4	其他信息调研	当地税务、劳工政策、法律等信息，提前搜集调研	投标工作组与设计、主要分包	*/*/*	*/*/*
第四部分	文件编制			*/*/*	*/*/*
1	技术标编制	按工作分工，细化要求，紧密结合评标打分要求	投标工作组、设计院	*/*/*	*/*/*
2	商务标编制	按工作分工，细化要求，紧密结合评标打分要求	投标工作组与设计、主要分包	*/*/*	*/*/*
3	资质文件编制	按招标要求提前准备	投标工作组与设计、主要分包	*/*/*	*/*/*
4	其他文件编制	标书各种专业方案的单独编制，部分需要第三方专业机构来编制	投标工作组与设计、主要分包	*/*/*	*/*/*
5	标书文件整合、校核	汇总技术文件文字部分(包括管理类文件)，提升文件的中文质量(易翻性)，并完成招标文件要求语言的投标文件集成。图/表为主，文字为辅助	投标工作组	*/*/*	*/*/*
第五部分	投标评审			*/*/*	*/*/*
1	招标文件合同评审	投标工作组发起各部门评审，商法、科技、投标、工程、财务会审，揭示项目风险，并反馈给投标工作小组	投标工作组、总部协调组	*/*/*	*/*/*
2	技术方案及风险评审	按照管控权限，组织各部门确定技术方案、业主要求及规范标准匹配度、各分段部分的工作交接面问题，进行优化完善建议，评议风险、对策及风险费，形成会议纪要	投标工作组、总部审核组	*/*/*	*/*/*

第 7 章 项目实施者的成本管理

续表

序号	工作事项	工作内容描述	分工责任单位	开始日期	完成日期
3	报价评审	投标工作小组按照各相关投标项目成本测算编制管理办法编制项目成本，由相关主管领导和主责部门进行会审	投标工作组、总部审核组	*/*/*	*/*/*
第六部分	商务工作			*/*/*	*/*/*
1	标前动员会	由投标工作组的上级领导组织	投标工作组	*/*/*	*/*/*
2	投标启动会	明确项目重要性、初步分工、投标计划及合作投标原则	投标工作组、总部协调组	*/*/*	*/*/*
3	投议标许可办理	提前组织办理投标许可证	投标工作组、总部协调组	*/*/*	*/*/*
4	投标保函办理	提前明确投标保函要求，并及时询价和确定保函开具路径	投标工作组、总部协调组	*/*/*	*/*/*
第七部分	交标			*/*/*	*/*/*
1	标书翻译、校核	根据招标文件要求，将所有拟上报文件翻译成招标文件要求语言，并核对标书目录	投标工作组	*/*/*	*/*/*
		核心评分文件直接用招标文件要求语言撰写		*/*/*	*/*/*
2	标书打印、装订	在规定时间内完成	投标工作组	*/*/*	*/*/*
3	交标	指定投标代表，做好交标前的准备工作	投标工作组	*/*/*	*/*/*
第八部分	标后工作			*/*/*	*/*/*
1	标后澄清	配合业主要求组织好相应的工作	投标工作组	*/*/*	*/*/*
2	开标结果	实时跟踪及向总部进行汇报	投标工作组	*/*/*	*/*/*
3	标后总结	编写投标总结报告	投标工作组	*/*/*	*/*/*

4) 工程量表复核

招标文件中通常情况下均附有工程量表，投标人应根据图纸，认真核对工程量清单中的各个分项，特别是工程量大的子目需重点核查，保证这些分项中的工程量与实际工程中的施工部位能一一对应且数量平衡。

如果招标的工程是一个大型项目，而且投标时间又比较短，不能在较短的时间内核算全部工程量时，至少也应对那些工程量大和影响较大的子投标人进行重点核算。当发现遗漏或相差较大时，投标人不能随便改动工程量，仍应按招标文件的要求填报自己的报价，但是可以在投标函中适当地予以说明。

表 7-5　项目投标策划大纲

一、项目基本情况	
项目名称	中文：
	英文：
项目规模(万美元)	
项目所在地	
业主名称	
设计单位	(如有)
投标日期	／项目工期
项目性质	□现汇项目　□框架项目　□投资项目
项目类型	□房屋建筑□航空枢纽□轨道交通□成套设备□海事工程□道路工程□桥梁工程 □市政公用□水利水电□通信工程□产业园区□其他
合同类型	□C □EPC □EPC+F □DB □PPP □BOT □BT □BOO □其他
资金来源	□业主自筹　□优买　□优贷　□商贷　　□亚行　　□非洲银行□世行　□其他
项目内容	项目的主要工作内容描述：
二、项目资金保函	
投标保函比例(或金额)	
预付款比例(或金额)	
履约保函比例	
投标有效期	
三、项目推动情况	
项目阶段	□项目准备(□选址规划　□可行性研究　□项目立项) □项目设计(□勘察　□初步设计　□方案设计) □立项审批(□报项审批　□项目许可) □实施准备(□招标准备　□资格预审　□工程投标)
四、竞争对手情况	
竞争对手公司	
竞争对手公司	
竞争对手公司	
五、项目实施策划	
目前进展	
下一步计划	
各公司参与的优势分析	
合作方类型	□施工类　　　□勘察设计类　　　□工程咨询类　　□其他
合作方前期选择	选择方式　□比选　□议标　□招标
意向合作方	施工/设计咨询/其他
选择理由	合作单位选择理由：

在核算完全部工程量表中的细目后,投标人团队应组织交底讨论会,通过大项工程总量的分类汇总,使整个团队对投标工程项目的施工规模有一个全面和清楚的概念,并共同研究采用合适的施工方法和经济适用的施工机具设备。

5) 项目实地考察

根据招标文件要求以及项目了解情况,为了让投标技术方案有针对性,为了降低投标报价以及控制相关风险性,需要对项目进行实地考察,主要考察内容如表7-6所示。

表7-6 ×××项目投标考察报告

一、考察安排			
1.时间	2.地点	3.成员	4.日程
二、项目现场情况			
5.现场自然条件: (1)水文资料;(2)地质资料;(3)地形地貌;(4)气象资料;(5)潮汐资料;(6)排水条件;(7)弃土条件; (8)其他相关			
6.现场环境: (1)现有设施情况和照片;(2)交通条件;(3)通信条件;(4)水源及供水条件;(5)供电条件;(6)最近的搅拌站、供水站、输电线、通信网络、医院、加油站等设施			
7.现场验证初步拟定施工方案的可行性		8.现场验证初步拟定施工总体布置方案	
三、竞争对手情况分析			
四、风险预测与初步分析			

6) 生产要素询价

在项目所在咨询关于总承包的生产要素询价主要包括以下四个方面。

(1) 主要建筑材料的质量、价格、供应方式及采购渠道。

(2) 施工机械的采购与租赁的型号、性能、价格、渠道以及零配件的供应情况。

(3) 当地劳务的雇佣价格及技术水平、工作态度与工作效率、雇佣总量限制及手续办理。

(4) 当地的食品及生活用品的价格、供应情况,近3年生活费用指数。

严格控制以上四个方面内容是保证和分析生产成本的重要因素,是总承包单位报价决策的重要控制点。

7) 分包工程询价

国际惯用的分包形式分为业主指定分包和总承包商确定分包两种形式。在确定了分包工作内容后,承包商发出多项分包询价单,分包询价单实际上与工程招标文件基本一致,一般包括以下内容。

(1) 分包工程施工图及技术说明。

(2) 详细说明分包工程在总包工程中的进度安排。

(3) 提出需要分包商提供服务的时间,以及分包商允诺的时间的弹性调整范围,以便据此编制的总包进度计划尽可能减小这种变动的影响。

(4) 详细说明分包商对分包工程顺利进行应负的责任和应提供的技术措施。

(5) 说明总包商提供的服务设施及分包商得到总包现场认可的日期。

(6) 要求分包商需要提供的材料合格证明、施工方法及验收标准、验收方式。

(7) 分包商必须遵守的现场安全和劳资关系条例。

(8) 工程报价及报价日期、报价货币。

8) 工程进度计划及其他准备工作

项目编制工程进度计划要考虑和满足以下条件。

(1) 总工期应符合招标文件的要求，如果合同条件要求分期、分批竣工交付使用，应标明分期、分批交付的时间和数量。

(2) 表示各项主要工程(例如土方工程、基础工程、混凝土结构工程、屋面工程、装修工程和水电安装工程等)的开始和结束时间。

(3) 体现主要工序相互衔接的合理安排。

一份合格的工程进度计划表有利于均衡安排劳动力，尽可能避免现场劳动力数量忽高忽低，这样可以提高功效和临时设施的利用，同时充分有效地利用机械设备，减少机械设备占用周期，便于相应地编制资金流动计划，同时降低流动资金占用数量，节省(资金)利息。还应充分考虑当地气候因素，如尽量避免大雨季开挖基坑，以免产生不必要的工程措施费用。

施工方案的选择，要相对合理。

9) 主要施工方案

根据招标文件的技术要求，根据核算的分类汇总工程数量和工程进度计划中该类工程的施工周期，同时应充分考虑当地的资源环境和供应情况及气候因素影响，最终综合选择和确定各项工程的主要施工方法。

施工机械设备的选择，应根据拟订的施工方法，计算所需数量和使用周期，另外就是研究确定设备来源方式，主要有三种方法采购新设备，或调进现有设备，或在当地租赁设备，或根据询价对比选择性价比高的设备。

根据分项施工方案的内容，研究确定投标人施工项目及分包项目，提出专业分包的条件要求，以便询价和确定。

10) 临时设施

根据项目所在地的搜资结果以及具体分析，进行临时设施成本分析，具体的分析内容如下。

(1) 估算直接生产劳务人员、间接劳务和管理人员数量，考虑其来源及进场时间安排，估算生活临时设施的数量和标准等。

(2) 估算主要的建筑材料的需用量，考虑其来源和分批进场的时间安排，从而可以估算现场用于存储、加工的临时设施。

(3) 根据现场设备、高峰人数和一切生产和生活方面的需要，估算现场用水、用电量，确定临时供电和供排水设施。

(4) 考虑外部和内部材料供应的运输方式，估计运输和交通车辆的需要和来源。

(5) 考虑其他临时工程的需要和建设方案，例如进场道路、停车场地等。

(6) 提出某些特殊条件下保证正常施工的措施。

(7) 其他必须的临时设施安排。

11) 银行保函的准备

(1) 一定选择业主能够接受的银行办理保函。

(2) 如果投标人的开户行不被业主接受，可以采用反担保方式转由业主接受的银行开具保函。

(3) 假如投标人的开户银行与该当地银行无业务往来，或许需要另找同开户行有往来关系的当地或国际银行，进行多次反担保进行办理。

(4) 参与银行越多，保函手续费越高。

2. 成本估算与投标决策

影响投标成功的关键因素有：成本估算的准确性，期望利润，市场条件，竞争程度，投标人的实力与规模，投标报价决策风险偏好。

1) 成本估算的准确性

为了保证成本估算的准确性，估价师要做好两阶段的工作，即估价阶段与报价阶段。在估价阶段中估价师以招标文件中的合同条件、投标者须知、技术规程、设计图纸或工程数量表等为依据，以有关价格条件说明为基础，结合调研和现场考察获得的情况，根据各投标人的工料消耗标准和水平、价格资料和费用指标，对各公司完成招标工程所需要支出的全部费用进行估算。估价的原则是根据各公司的实际情况合理补偿成本，不考虑其他因素，不涉及投标决策问题。

报价阶段是在估价的基础上，考虑各投标人在该招标工程上的竞争地位、估价准确程度、风险偏好等因素，从各投标人对于该工程的投标策略出发，确定在该工程上的预期利润水平。

报价实质上是投标决策问题，准确估价是报价的前提，合理报价是估价的目标。

2) 投标阶段成本估算编制依据

投标成本的编制准确，首先要确保成本估算的编制依据合理，国际投标报价项目编制依据的主要内容如下。

(1) 招标文件与业主需求分析报告。

(2) 项目投标策划大纲。

(3) 现场考察报告与询价报价资料。

(4) 投标设计与投标期间项目施工组织设计。

(5) 项目所在国及相关区域与项目执行相关法律、规定、习惯做法。

(6) 投标人内部人员、材料、设备成本计费标准、方法、规则。

3) 项目投标测算总成本构成

投标测算总成本构成包括：工程施工基本直接费、工程施工其他直接费、工程实施直接费、工程间接费。相关费用明细如图7-4所示。

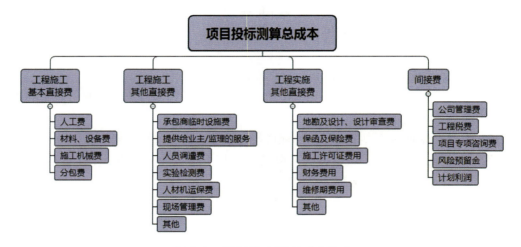

图 7-4　项目投标测算总成本构成

(1) 工程施工基本直接费。工程施工基本直接费由人工费、材料设备费、施工机械费、分包费组成(参考表7-7)，依据企业定额，根据项目实际情况进行编制。各费用报价原则如下。

① 人工费。国际报价的人工费跟国内区别较大，国际报价要根据项目特点、工程项目所在国家的经济发展水平、劳动法的规定，重新测算出人工单价后计算人工费用。人工费主要考虑以下元素。

a. 用工比、功效比的确定：比如一个建设项目室内精装需要的工人技术含量高，室外工程、搬运工程、临时工程等需要的技术要求低，那就在报价的时候综合考虑组合报价，这种组合方式既能降低人工成本，又能保证工程的进度和质量。

b. 定额工作日的确定：人工单价的计算国内的一般做法是按照定额工作日进行计算，也就是一个月工人工作的天数。正常考虑是根据当地的法律规定执行，也要考虑施工单位实际情况；如果该国家没有明确规定的，要综合考虑当地的公众假期及周末总天数进行计算。

c. 不同国别还要考虑不同的差旅费的摊销，一般情况下采用国际旅费摊销到每个月或人工单价中的方式，也可以根据项目拟派人数单独计算一笔国际旅费再摊销到综合单价中。

② 材料设备费。国际工程报价中的设备材料供货渠道通常分为当地采购、国内采购和第三国采购，一般会根据国别及项目情况对当地采购、国内采购和第三国采购方案进行比较，选择合理的设备材料的采购方式。不同途径采购价格介绍如下。

a. 当地采购。通常为大宗材料或体积重量较大的设备材料(水泥、砂、石、沥青等），对于运输中属于危险品的，质保期短容易过期变质的材料一般采用当地采购。经过符合价格条件的市场询价后，需要考虑采购物资的供货能力和生产周期是否能够满足项目需要。同时搜集渠道也直接影响项目成本的测算和报价的可信度。最终满足以上条件选定与供应商谈定的材料设备单价。

表 7-7 　工程施工基本直接费计算

序号	项目名称	估算价值(货币单位)				技术经济指标				备注
		建筑工程费	设备及工器具购置费	安装工程费	合计	单位	数量	单位价值	比例(%)	
一	工程施工基本直接费									
1	人工费									
1.1	中国工人人工费									
1.2	外籍工人人工费									
2	材料、设备费									
3	主材费									
4	设备费									
5	周转材料费									
6	辅助材料费									
7	机械费									
7.1	自有机械费									
7.2	当地租赁机械费									
7.3	机操工费用									
7.4	能耗(油、电)									
8	小型机具使用费									
9	分包费									
9.1	工程分包费									
9.2	技术服务分包费									
9.3	劳务分包费									

b. 国内采购。国内采购设备材料价格依据基本与国内项目采购相同。通过国内采购人员市场询价后使用。需要注意的是：第一，是否有符合出口的包装和检验；第二，询价的单位与清单使用的单位标准是否一致，组价时的选用标准是否一致；第三，考虑所选最终的国内供货采购价格还需测算抵达项目所在地的费用，以及国内设备材料是否可以退税和增值税专用发票对材料价格的影响。供货的设备材料价格=国内采购价+国内运杂费+国内港杂费+国际海运及保险+国外港杂费+当地进口关税+当地运费。值得注意的是，如遇特殊设备需厂家专业人员安装的，要将安装人员的差旅费用和安装费用考虑在投标报价中。

c. 一般国内采购与第三国采购进行工地价对比，一是要对比材料设备规格参数是否满足本项目要求；二是工地价的费用对比。第三国采购需要处理更多的关系，存在的风险也较大。包括语言的沟通、第三国市场的熟悉程度和询价、重量体积的计算、出厂地至港口运杂费、包装装卸费、海洋段运杂费及当地运杂费、各种杂费税费等，需要考虑全面才能选用一个合适的价格使用。

③ 施工机械费。在国际工程项目投标报价组成中，施工机械使用费占总报价比例也很大，房建项目一般在5%～10%之间，公路以及基础设施建设等项目有的超过20%，所以此部分费用的计算非常重要。影响机械费用高低的因素主要分为国内采购折旧使用、当地租赁、第三国采购直接运输至项目所在国。同时施工机械费也可以分为自有机械和租赁机械两种方式考虑。

a. 自有机械。具体台班的计算办法同国内台班计算办法(如施工机械费有基本折旧费、场外运输费、安装拆卸费、燃料动力费、机上人工费、维修保养费以及保险费等)。将自有机械运到项目所在地，即将国内采购原价＋国内外运杂费＋国际运保费以计算台班单价。折旧的分摊需根据不同招标模式及报价策略选用。

b. 当地租赁机械。通常使用台班量较少，添置费用非常高的机械种类需要选用当地租赁方式。根据项目情况要综合考虑是否包含机上人工费、燃油等费用以及当地台班报价的每天工作时间，超时的计算方法。以上两大因素都直接影响租赁台班单价的水平。

④ 分包费。主要有工程分包费、技术服务分包费、劳务分包费三类，根据分包商询价对比，综合对比分包商的履约能力、报价优势等，综合能力择优选出分包商。

(2) 工程施工其他直接费。工程施工其他直接费包括：承包商临时设施费、提供给业主/监理的服务、调遣费、实验检测费、人材机运保费、现场管理费、其他。此类一般按照项目以往类似工程经验数据乘系数的形式体现在单价中，如表7-8所示。

表7-8 工程施工其他直接费计算

序号	项目名称	估算价值(货币单位)				技术经济指标				备注
		建筑工程费	设备及工器具购置费	安装工程费	合计	单位	数量	单位价值	比例(%)	
二	工程施工其他直接费									
1	承包商临时设施费									
2	提供给业主/监理的服务									
3	调遣费									
4	实验检测费									
5	人材机运保费									
6	现场管理人员费用									
7	现场管理费									
8	其他									

(3) 工程实施其他直接费。工程实施其他直接费包括：地勘及设计、设计审查费、

保函及保险费、施工许可证费用、财务费用、维修期费用、其他,如表7-9所示。

表7-9 工程实施其他直接费计算

序号	项目名称	估算价值(货币单位)				技术经济指标				备注
		建筑工程费	设备及工器具购置费	安装工程费	合计	单位	数量	单位价值	比例(%)	
三	工程实施其他直接费									
1	地勘及设计、设计审查费									
2	保函及保险费									
3	施工许可证费用									
4	财务费用									
5	维修期费用									
6	其他									

(4) 间接费。间接费包括:公司管理费、工程税费、项目专项咨询费、风险预留金、计划利润。间接费一般根据各投标人战略和市场定位,按比例或固定金额计算,如表7-10所示。

表7-10 间接费计算

序号	项目名称	估算价值(货币单位)				技术经济指标				备注
		建筑工程费	设备及工器具购置费	安装工程费	合计	单位	数量	单位价值	比例(%)	
四	间接费									
1	公司管理费									
2	工程税费									
3	项目专项咨询费									
4	风险预留金									
5	计划利润									

4) 对标价的风险评估

依据在长期的工程实践中积累的大量经验数据,采用类比的方法,先从宏观上对初步计算标价的合理性进行判断,并在微观层面上对每一个风险点做具体的分析。一般需要评估以下内容。

(1) 外部环境风险(社会、自然)。

(2) 项目本身风险。

(3) 主要干系人风险(投资人、业主、发起人)。

(4) 资金与收付款风险。

(5) 汇率风险。

(6) 实施过程中的风险。

除了以上风险外,还需要注意投标中的风险,如串标,围标,文件的真实性、准确性、完整性，以及项目代理人的风险，可通过尽职调查进行分析确定，避免与高风险代理人合作。

5) 投标报价策略

投标人在投标过程中从企业整体和长远利益出发，结合企业经营目标，并充分考虑企业自身具备的可用资源和所处外部环境因素而进行的一系列谋划和策略。投标人在激烈的投标过程中，如何制定并适当地运用投标报价策略是决定其投标成功的关键。以下是常见的五种投标策略。

(1) 生存策略：当以克服企业生存危机为主要目标时，为争取中标可以不考虑投标报价种种利益的原则。

(2) 补偿策略：当投标报价只是以补偿企业任务不足，以追求边际效益为目标，积极参与类似工程设备标这样周期短效益回收快的项目，以不亏损为限的低报价，具有很强的竞争力。特别适宜在企业较擅长的专业领域的招标项目上考虑。

(3) 开发策略：投标报价是以开拓市场、积累经验、发展后续投标项目为目标。投标本身带有开发性，如以技术投入手段，进行技术经验储备；以资金投入为抓手、抢占先机，以便争得后续投标的机会效益。其特点是不着眼一次投标效益，用资金技术优势吸引招标人。

(4) 竞争策略：投标报价是以竞争为手段，以低盈利为目标。在精确计算报价成本基础上，经过评估分析各个竞争对手的目标报价，以最有竞争力的低盈利报价达到中标的目的。

(5) 盈利策略：投标报价充分发挥自身优势，以实现最佳盈利为目标，为节约投标成本，筛选标的较大、测算盈利空间大的项目参与投标，注重分析竞争对手的动机制定自身投标对策，保持中标并盈利的优势。

6) 最终投标报价的步骤

最终投标报价的确定分为四个步骤。

(1) 对投标总价的整体水平，包括准确度、可靠性和完整性进行全面评估和确定。

(2) 对整个工程项目可能存在的风险和机会进行详细的分析并作出决策。

(3) 对标书中的特别条款和要求进行评估，对投标文件中有关内容和措辞进行分析、斟酌和确定。

(4) 总投标价的最终确定。

7) 除投标报价外的其他投标文件

编制时以符合招标文件要求为原则。如技术标、商务标编制需按工作分工，细化要求，紧密结合评标打分要求；资质文件编制按招标要求提前准备；其他文件编制，标书各种专业方案的单独编制，部分需要第三方专业机构来编制；最终进行标书文件整合、校核汇总技术文件文字部分(包括管理类文件)，提升文件中文质量(方便外文翻译)，并完成外文投标文件的集成，整体要求以图、表为主，以文字为辅助。

3. 商务谈判

商务谈判是国际投标项目以及项目实施前的必经阶段，商务谈判是业主与承包方之间为了促成双方交易而进行的活动，也是落实交易前减少买卖双方的争端，并满足各自的经济利益而达成一致的方法和手段。商务谈判已经成为国际招投标项目必不可少的组成部分。商务谈判的依据是：设置自己的底线，收集业主和对手的信息，确定谈判思路和方案。目前，国际投标项目的谈判技巧如下。

1) 谈判技巧一：将高压政策转变为谈判

在项目经营过程中，经常会遇到业主或业主代理人(有权势的干系人)在项目投标以后正式授标之前把自己的意愿强加给承包商，因为有是否能够中标的风险，承包商几乎只是接收方，不能控制、无法讨论，遇到了高压政策。在高压政策下，承包商处于弱势，此时直接去对抗高压政策，承包商基本没有胜算。承包商应该做的，是将高压政策转变为谈判。要把高压政策转变为谈判，通常有三种方法。

(1) 帮助干系人分析清楚那样做的后果。投标负责人应该借助开放式问题与干系人拉近距离，引导干系人就有争议的问题做更深层次的思考，让他们自己去发现错误。

(2) 借助"第三方"的力量。借助支撑我方的同样具有权势的人员与对方接洽，打破高压政策，让对方与我们谈判。

(3) 做问题解决者。投标负责人向对方提出可供选择的方案，把自己转变成问题的解决者，让对方也成为解决问题的参与者。

2) 谈判技巧二：做足谈判前的"功课"

所谓"胜兵先胜而后求战，败兵先战而后求胜"。一定要做好谈判前、中、后三阶段的工作，主要内容如下。

(1) 谈判前的功课一定要做足，谈判前一定要针对以下问题做好准备。

① 谈判对象是谁，有什么特点？

② 谈判对象群体中谁最有可能影响谈判结果？

③ 对方谈判的目的是什么？

④ 对方谈判的风格是什么样的？合作型还是回避型，会大方分享信息还是会把信息留到最后？

⑤ 要经过谁的批准，才能正式签订协议？

⑥ 哪些主题对项目最重要，哪些是最重要的？哪些是必须确保的？

⑦ 有多少谈判时间和机会？

⑧ 有什么可用资源能够帮助我方谈判？有什么资源能够帮助对手谈判？

⑨ 是否有数据支持我方立场，怎样才能获得这些数据？

⑩ 是否有数据支持对方立场，如果他们在谈判中使用该数据，我方该如何应付？

⑪ 哪些全局性的重大事件可能影响谈判？是宏观经济形势，还是谈判任一方会发生影响谈判的组织变革？

(2) 谈判中的功课：首先要预测对方会抛出什么样的问题，提前做好预案；对于谈判中对方抛出的新情况，谈判者要避免在仔细研究这些情况前匆忙作出反应。要创造谈判的间歇，在间歇期仔细研究这些新信息。不能只看新情况的表象，而是要挖掘其内涵，获得深层次的理解。

(3) 谈判后的功课：将谈判成果立即变成书面成果。正式谈判结束后，有经验的谈判者会继续做功课。例如双方是否建立持续性的伙伴合作关系，每年是否要做一次类似的谈判等。

3) 谈判技巧三：留意别人

如谈判对象或其他干系人是否出现言行不一致等情况。投标人要具备全方位的雷达系统，能够在谈判场合搜索到任何与谈判相关的信息，帮助自己作出决策和调整谈判的战略战术。

学会就事论事，不要拖泥带水，不要把自己的私人感情渗透到谈判过程中，从而影响自己的判断和决断。

此技巧对于谈判双方有一部分共同目标和愿望时更有效。可以通过不同的沟通方式，把项目的需求清晰地表达出来，以得到业主的理解与支持。

考虑不同的预案，不能一条道跑到黑。即使不能达到最好，也有可以解决问题的方案。

4) 谈判技巧四：在多边谈判中协调利益

多边谈判可能涉及更广泛的利益，其中很多利益并不一致。在多边谈判中，应寻找那些与自己有共同利益点的个人或团队，基于共同利益，形成一个联盟。建立起自己的联盟来加强自己的地位。要借用联盟这个强有力的工具来推动谈判的成功，并推动项目按自己的目标前进。当然，对方也会使用这个工具来进行挑战，要在建立自己联盟的同时，注意观察谈判环境，识别那些可能对自己不利的其他联盟。

不能完全依靠逻辑来赢得谈判，无论多么严谨的逻辑分析，都不能确保谈判一定成功，往往只有利益才是谈判双方追逐的目标。所以，谈判中要考虑如何控制情绪、感性、政治、理想等向谈判的成功方向提供助力。

必要时终止谈判，走为上计。

4．合约签订

通过谈判后进入合约签订阶段，注意事项如下。

(1) 一定要仔细核对需要签署的所有文件。重点检查文件内容是否与谈判确定的内容一致。

(2) 如果需要高级别领导在签约仪式上或媒体面前签约，一定是在双方核对过的经过我方授权代表已签过的原始文件上签署。

(3) 注重细节，通过签约活动，夯实客户关系，把本次经营活动阶段性的成功当作下一个项目经营工作的起点。

5. 项目总结

投标、开标、评审、中标公示后，无论中标与否，都要及时总结分析项目投标报价资料，形成投标人不断积累的工程造价资料，其内容除了包括"量"和"价"，还要包括对造价确定有重要影响的时间、地域及技术经济等条件。

1) 建设项目和单项工程造价资料

(1) 对造价有主要影响的技术经济条件。

(2) 主要的工程量、主要的材料量和主要设备的名称、型号、规格、数量等。

(3) 投资估算、概算、预算及造价指数等。

2) 单位工程造价资料

单位工程造价资料包括：工程的内容、建筑结构特征、主要工程量、主要材料的用量和单价、人工工日和人工费以及相应的造价指标。

3) 其他

其他需要总结归档的内容包括：有关新材料、新工艺、新设备、新技术分部分项工程的人工工日，主要材料用量，机械台班用量。

通过一个完整的投标报价流程进行总结，分析投标过程中的利弊以及工作失误。根据项目投标背景，总结开标及授标情况及分析总结；并总结本项目针对下一步开拓本地区市场的启示。

7.2 实施阶段成本控制措施
7.2 Cost Control Measures in the Implementation Stage

作为施工项目实施主体的施工企业，其盈利的主要来源是施工利润，所以降低施工项目成本，加强施工过程中的成本管控，即为施工企业盈利的关键。

施工企业为完成施工项目所耗费的各项生产资料的费用总和称为施工项目成本。成本费用按用途可分为直接成本和间接成本。直接成本是构成施工工程上的实体费用，包括材料费、人工费、机械费、其他直接费；间接成本是企业为组织和管理施工工程项目而分摊到该项目上的经营管理性费用。施工企业通过有效的控制和降低施工项目成本的方法来增加企业利润，提高企业市场竞争力。项目经理在管好项目、抓好生产的同时，还应控制人、材、机的投入，降低生产消耗，提高工作效率，将质量、工期和成本三大相关目标结合起来进行综合管控。工程进度控制、洽商变更控制、索赔管理都是重点控制工作。

7.2.1 开工前的成本管理工作
7.2.1　Cost Management before the Construction

在施工开工前，应根据施工现场实地勘察情况结合签约合同预算和施工预算进行对比，作出盈亏预测和成本估算，在事前制定出相应的成本控制计划和措施。成本控制计划和措施应从以下几个方面着手。

（1）在施工组织设计和专项施工方案中须明确降低成本的具体措施，经济、合理地布置施工总平面图，保证工期任务完成的情况下，应做到优化工期与成本费相结合。

（2）从技术方面和组织方面着手降低成本的措施，技术上以降低生产消耗为引领，组织方面通过提高生产效率和管理措施达到预想效果。

（3）降低材料费用直接达到减低成本目的。因为工程成本中材料费用所占比例可达70%左右，对降低成本的贡献度潜力最大，最有效的做法是改善设计或采用材料替代，改进施工工艺等。

（4）降低机械使用费。在施工中结合施工方案，科学、合理地选用机械，安排紧凑的机械操作时间，提高机械利用率和机械效率，充分发挥机械的生产能力，从而节省和减低机械使用费。

（5）人工费用的控制，需加强员工教育和技能培训，提高劳动生产率，从而达到降低人工费的目的。

（6）从管理入手，确保重要工种人员的工作能力，提高施工质量，避免发生返工和修补。

（7）其他方面，提出各业务部门节约管理费用和缩短工期的奖惩办法。

7.2.2 施工过程中的成本管理工作
7.2.2　Cost Management during the Construction

成本控制计划和措施制定后，在工程施工中，应按计划要求实施。在工程施工中，工程项目组管理班子应推行项目经理负责制，各职能人员分工明确、责任明确，实行技术和经济相结合的归口控制，放弃传统的只抓技术不顾经济效益的惯例做法，主要应做好下列工作。

（1）工程技术人员应抓好技术措施的实施过程，控制节约工程的材料使用；按施工方案合理地进行施工，充分利用机械现场工作时间；把好每一道工序的质量关，避免返工。

（2）根据施工进度合理地组织施工生产，增加产值，保证工期，以降低间接成本。

（3）现场管理人员合理地控制劳动力分配，非生产用工和无产值用工尽量减少，提高工人劳动生产率；尽最大可能提高机械的利用率和机械工作效率。

（4）要求材料员特别要重视材料设备按时进场，做好进场的验收和保管，抓好材料的节约工作，不论是收料还是发料，在施工中应对材料的吨位、数量、规格、质量进行严格的计量和把验，平时施工中应杜绝材料浪费现象，另一方面还要做好合格供应商评定，加强采购、验收、保管和领退料管理工作。

(5) 国际项目中熟知并利用驻在国的资源，也是成本管控的重要方面。尽可能利用现场资源，沟通设计及业主，就地选材采购，减少国内采购和第三国采购造成的材料设备运保费的投入。

(6) 做好施工过程中的技术、质量、安全操作交底工作，避免质量、安全事故，也算是另类的节约成本费用。

(7) 施工过程中，工程成本控制情况定期由核算人员对比施工预算成本进行检查，搞好成本核算和成本分析，发现偏差及时提出修正办法。

(8) 工程签认及变更管理工作，由工程预算人员牵头管理，对设计变更涉及影响成本变化等经济问题加强管理，及时同施工及设计人员沟通情况并办理好变更签证手续，做好原始记录、照片资料等的收集，及时备份，避免丢失。应尽早完成竣工结算和尾款回收。在必要时要提出工程索赔。

7.2.3 施工结束后的成本管理工作
7.2.3 Cost Management after the Construction

工程施工结束后，项目班子一方面应抓好施工竣工总结，另一方面还要做好成本竣工结算、成本分析的工作。总结项目管理经验，分析查找出成本降低和提高的不同因素，制定今后的改进措施，不断提高成本管控能力。

综上所述，在施工过程中的成本控制涉及各职能部门，关系到每一个项目部员工，所有项目参与者都要提高成本控制的意识，加强成本管控，严格控制好施工全过程即开工前、施工中和竣工结算各阶段的成本管控工作。

总之，施工企业两大生命线——质量和成本，在企业管理中坚持两手都要抓，在保证工程质量的前提下，不断开拓创新，加强施工过程中的科学管理，在成本控制管理中力求以最低的消耗，完成出更多更好的工程，使企业获得更大的利润和市场竞争力。

7.2.4 国际项目实施过程中风险对成本的影响
7.2.4 The Impact on Cost of the Risks during the Implement of the International Projects

国际项目实施中主要风险如下。

(1) 工资：如当地雇工与我方发生劳资纠纷，要求提高工资、增加津贴、消极怠工、工效低下等，造成工资亏损。

(2) 材料、设备价格：遇到所定货品不能按时到货，影响后续施工，不得已采购价格较贵的材料、设备。

(3) 工程延期罚款和保修期出现质量问题增加维修费用。
(4) 估价失误：如进(转)口材料、设备漏算关税，低估开办费等。
(5) 业主或业主聘请的工程师刁难而增加的损失，不按时付款而增加贷款利息等。
(6) 因不熟悉当地法规、手续所发生的罚款、赔偿等。
(7) 气候或地质特殊而可能发生的损失。
(8) 丢失材料、零件或材料管理不善造成的材料锈蚀、变质损失等。
(9) 管理费控制不严造成超支等。

附件　东南亚某国公路项目投标成本控制分析案例
A Case Study on Bidding Cost Control of A Highway projects in Southeast Asia

项目背景：

东南亚某国家市级公路建设项目，国际公开招标，有项目所在国、中国、中东地区及印度等五家承包单位参与投标竞标。

项目总长度20公里，招标内容包含整条道路的土方、基层、面层的施工，沿线立交桥、箱涵、管涵及相关防护设施、排水结构、人行道、照明、绿化、交通标志标识等全部工作。

项目概况图纸如图7-5所示。

图7-5　项目概况图纸

投标工作及流程：

组建投标团队，建立临时组织架构，指定各部门负责人及联络人，按照投标工作计划表执行投标文件的编制工作。

本案例着重介绍经营部配合项目经理，协调各职能部门完成多方案投标报价估算及成本测算，为最终决策项目投标成本、后期商务谈判及实施中成本控制打下坚实的基础。

第7章 项目实施者的成本管理

成本部工作:

在经过投标准备工作、项目实地考察后,对项目所在国的政治环境、市场环境、招标人的经济实力、项目竞争程度及投标人的战略发展分析等全方位评估后,投标人决策参与此次投标活动。成本部五位专业造价人员根据提供的招标文件资料、图纸及工程量清单对项目的造价成本进行分析、测算工作如下。

1. 成本估算工作

首先分析工程量清单并根据图纸进行工程量的复核及计算(对可深化设计部分测算出工程量差及成本节约提交设计部门交流),同步了解技术方案的编制和价格信息的收集工作,据此进行详细成本测算。

(1) 工程量的复核。根据图纸对主要工程量进行复核并确认基本无误,但由于工程量清单中对桥涵部分的工程量均以长度计量,且缺少桥的桩长、箱涵的配筋、管涵的布置配筋等计算所需的参数,后又组织有经验的技术人员依照专业资料及同类项目的经验进行了细化及完善测算。

(2) 人工费用计算。施工人员配置以技术方案中的人员配置为前提,以项目实施过程中的平均人数为计算依据,将公路定额中的人工进行了提效,提效约25%。综合人工单价的计算见表7-11。

表7-11 东南亚某国公路项目综合人工单价

工种	技能等级	基本月工资	施工组平均人数	配置权重	综合人工单价	备注
中国工长	工长	10000	16	6%		
当地工长	技工	3200	76	3.6%	175.77	
当地熟练工		2600		10.8%		
当地半熟练工		2200		21.6%		
当地普工	普工	1800	155	58%		
当地司机	机上操作手	2400		100%	157.14	不参与综合人工单价计量

(3) 材料组价。材料用量根据公路消耗参数确定,价格主要根据考察组报告载明的项目当地地材价格考虑,其他未提供的材料价格以国内运输至现场考虑。

(4) 机械价格对比。机械台班单价基于以往资料考虑了以下三种形式。

① 国内采购运至工地。
② 当地国采购运至工地。
③ 当地工地租赁价格。

按照施工方案及有关消耗指标测算的消耗量,结合这几种形式的机械台班单价,选取其中最合理的价格计入总机械费用中。

(5) 总价构成。费用及报价总价表见表7-12。

表 7-12 东南亚某国公路项目费用及报价总价表（估算测算）

序号	项 目	单 位	金额(RMB)	比例(%)
A	直接费(土建直接工程费)		****	61.59
1	人工费		****	8.15
2	材料费		****	24.29
3	机械费		****	9.10
4	专业分包(沥青混凝土)		****	20.06
B	其他工程费		****	1.46
4	机械设备进退场费		****	0.00
5	临时设施费		****	1.46
C	现场管理费		****	5.36
6	管理人员工资		****	3.96
7	人员进退场及探亲工资		****	0.36
8	现场办公费用		****	1.04
D	上述项目合计		****	68.42
E	比例费用汇总		****	5.95
9	设计费		****	0.37
10	财务及保险保函		****	1.12
11	工程风险		****	0.74
12	汇率风险		****	0.37
13	涨价风险		****	0.37
14	利润		****	2.97
F	其他项目			0.00
				0.00
G	标价		****	74.37
	增值税		****	
H	总报价		349 415 323.27	100.00

2. 成本控制优化分析

经过第一阶段成本估算，对比考察收集该国及周边国家近期类似项目的造价数据，扣除通货膨胀和汇率变动的因素，测算比对第一阶段估算价格，存在高出10%左右的差异，分析主要原因如下。

(1) 当地材料价格选用及调整。对项目中的主要材料，特别是使用量单的材料价格进行预算价格的复核。本项目所在国市场具有其特殊性，主要表现为通过不同渠道、不同合同和付款形式获取的材料供货价格往往差距很大。单一渠道现场考察所反馈回的供货价格水平与实际有偏差，如当地国首都一般水泥供货价格在300元/吨，石子供货价格为90~120元/立方米,沥青(罐装)供货价格约4150元/吨。

经过反复核实及综合对比,确认当地采用的价格如下。

水泥330元/吨。

石子100元/立方米。

(2) 分包选用,施工方案的选择及调整。该项目在沥青混凝土路面工程价格测算中,如果采取前方考察中的分包价格,虽然会在一定程度上减少人员、机械设备和临时设施的投入,但由于分包的价格过高,该项工程数量大,会大幅度提升项目的整体价格水平。

根据对沥青混凝土的用量进行盈亏分析,建议沥青混凝土部分可不采用分包价格,按自行拌合摊铺考虑,虽然有人员和设备以及临时设施的投入增加,但由于整体地材价格不高,可使此部分费用大幅度降低。即沥青材料由当地供货,价格约4150元/吨调低为2500元/吨。

(3) 人员资源配备调整(综合考虑了效率、用工比问题)。在第一阶段报价中考虑的管理人员年薪根据岗位不同从35万~15万元/年不等,当地管理人员工资根据工作内容不同从30000~18000当地币/月不等,中国技术人员基本工资为1万元/月。

根据项目情况和所在国以往的施工经验,国内外派的项目管理人员及技术人员工资可根据实际情况调整,管理人员的数量和工作时间也可根据实际施工安排进行相应的缩减,可相应地降低部分项目实施成本。综合人工单价调整表见表7-13。

表7-13 东南亚某国公路项目综合人工单价调整表

工 种	技能等级	基本月工资	施工组平均人数	配置权重	综合人工单价	备 注
中国工长	工长	9000	14	5%		
当地工长	技工	3200	96	3.6%	170.69	
当地熟练工		2600		10.9%		
当地半熟练工		2200		21.8%		
当地普工	普工	1800	155	58%		
当地司机	机上操作手	2400		100%	157.14	不参与综合人工单价计量

(4) 设计优化过程及成本控制。根据招标方提供的资料判断,图纸深度远远达不到施工所需水平,项目实施时必然会涉及具体的施工图方案细化,参考专家分析,设计部门提出本项目还有可以优化设计的空间(桥涵的设计优化、管线埋设做法及埋设深度等),在项目实施过程中可通过有效的优化设计和管理,对应项目的成本在投标报价时进行一定程度的降低。

根据上述的调整情况,结合对当地类似项目调研的报价水平,调整了本项目人工综合单价、部分地材及适当调低有把握的设计优化子目单价,调低期望利润,测算出项目的优化成本费用总价2.5亿元。报总部进行方案及报价的审核。费用构成表如表7-14所示。

表 7-14 费用构成表

序号	项目	单位	金额(RMB)	比例(%)
A	直接费(土建直接工程费)		****	75.33
1	人工费		****	14.53
2	材料费		****	44.66
3	机械费		****	16.13
B	其他工程费		****	26.90
4	机械设备进退场费		****	0.00
5	临时设施费		****	2.69
C	现场管理费		****	7.53
6	管理人员工资		****	5.61
7	人员进退场及探亲工资		****	0.44
8	现场办公费用		****	1.49
D	上述项目合计		****	85.56
E	比例费用汇总		****	7.44
9	设计费		****	0.47
10	财务及保险保函		****	1.40
11	工程风险		****	0.93
12	汇率风险		****	0.47
13	涨价风险		****	0.47
14	利润		****	3.72
F	其他项目			0.00
				0.00
G	标价		****	93.00
	增值税		****	
H	总报价		251 205 536.41	100.00

在项目决策阶段，根据总部审核意见，结合项目风险控制的开发策略(投标报价是以开拓市场、积累经验、向后续该国其他投标项目发展为目标，并不是着眼一次投标效益)，最终采用低报价争取中标的策略，目的是开拓该国市场。

表 7-15 东南亚某国公路项目工程量单报价表

NO.	ITEM	项目名称	单位	工程量	金额(人民币元)	
					综合单价	总价
1	REMOVAL OF EXISTING STRUCTURES	现有结构拆除				
1.1	MILLING OF EXISTING ASPHALT CONCRETE SURFACE	现有沥青混凝土表面的铣削	SQ.M.	8 200.00	1.27	10 414.00

续表

NO.	ITEM	项目名称	单位	工程量	金额(人民币元)	
					综合单价	总价
1.4	REMOVAL OF EXISTING BOX CULVERTS	现有箱型涵洞拆除				
1.4(1)	AT STA.4+096.116	在站点.4+096.116	L.S.	1.00	21 092.34	21 092.34
1.5	REMOVAL OF EXISTING PIPE CULVERTS	现有管涵拆除				
1.5(1)	DIA. 0.60 M.	直径 0.60米.	M.	42.00	34.62	1 454.04
1.5(2)	DIA. 0.80 M.	直径 0.80米	M.	18.00	53.85	969.30
2	EARTHWORK	土方工程				
2.1	CLEARING AND GRUBBING	清理和除根	SQ.M.	888 100.00	1.09	968 029.00
2.2	ROADWAY EXCAVATION	路基开挖				
2.2(1)	EARTH EXCAVATION	土方开挖	CU.M.	890 000.00	10.54	9 380 600.00
2.2(2)	SOFT ROCK EXCAVATION	软石开挖	CU.M.	45 000.00	11.10	499 500.00
2.2(3)	HARD ROCK EXCAVATION	硬石开挖	CU.M.	18 000.00	67.47	1 214 460.00
2.2(4)	UNSUITABLE MATERIAL EXCAVATION	不适宜的材料挖掘	CU.M.	1 000.00	12.26	12 260.00
2.2(5)	SOFT MATERIAL EXCAVATION (EXCAVATION ONLY)	软材料挖掘(仅挖掘)	CU.M.	500.00	10.58	5 290.00
2.2(6)	CHANNEL EXCAVATION	沟槽开挖	CU.M.	6 000.00	11.14	66 840.00
2.3	EMBANKMENT	路堤				
2.3(1)	EARTH EMBANKMENT	土堤	CU.M.	1 085 000.00	6.79	7 367 150.00
2.3(4)	EARTH FILL IN MEDIAN & ISLAND	在中央分车岛填土	CU.M.	18 000.00	12.22	219 960.00
2.3(5)	EARTH FILL UNDER SIDEWALK	人行道下方填土	CU.M.	12 000.00	12.22	146 640.00
2.3(6)	POROUS BACKFILL	空隙回填	CU.M.	2 000.00	36.63	73 260.00
3	SUBBASE AND BASE COURSES	底基层和基层				
3.1	SUBBASES	底基层				
3.1(1)	SOIL AGGREGATE SUBBASE	碎石土底基层	CU.M.	113 500.00	79.07	8 974 445.00
3.2	BASE COURSES	基层				
3.2(1)	CRUSHED ROCK SOIL AGGREGATE TYPE BASE OR SOIL CEMENT BASE	碎土聚合性地基和土壤水泥基	CU.M.	100 400.00	78.46	7 877 384.00
3.4	MATERIALS TO CONTROL PUMPING UNDER CONCRETE PAVEMENT	控制混凝土路面泵送的材料				
3.4(1)	SAND CUSHION UNDER CONCRETE PAVEMENT	混凝土施工中的砂垫层	CU.M.	5 100.00	46.89	239 139.00

续表

NO.	ITEM	项目名称	单位	工程量	金额(人民币元)	
					综合单价	总价
3.5	SCARIFICATION & RECONSTRUCTION OF EXISTING BASE 10 CM.(MIN.) THICK	现有10厘米厚地基（最小）的松土和重建	SQ.M.	8 000.00	3.35	26 800.00
3.6	SOIL AGGREGATE TEMPORARY SURFACE (CONNECTION ROAD ONLY)	集料土临时表面（仅连接道路）	CU.M.	2 200.00	26.05	57 310.00
4	SURFACE COURSES	表面层				
4.1	PRIME COAT & TACK COAT	底涂层和黏结层				
4.1(1)	PRIME COAT (MC70)	底涂层 (MC70)	SQ.M.	471 000.00	5.84	2 750 640.00
4.1(2)	TACK COAT	黏结层	SQ.M.	491 500.00	1.73	850 295.00
4.4	ASPHALT CONCRETE	沥青混凝土				
4.4(3)	ASPHALT CONCRETE BINDER COURSE	沥青混凝土联结层				
4.4(3.2)	ASPHALT CONCRETE BINDER COURSE 5 CM. THICK	沥青混凝土联结层5厘米厚	SQ.M.	469 400.00	71.31	33 472 914.00
4.4(4)	ASPHALT CONCRETE WEARING COURSE	沥青混凝土磨损层				
4.4(4.2)	ASPHALT CONCRETE WEARING COURSE 5 CM. THICK	沥青混凝土磨损层5厘米厚	SQ.M.	513 500.00	71.31	36 617 685.00

第8章 国际工程项目风险管理

Chapter Eight　Risk Management in International Engineering Projects

【本章导读】本章介绍国际工程风险的特点及发生概率的高低，从风险的识别与评估开始，到国际工程实施中的风险应对及响应措施和预案，再到风险后评价的总结，提示风险控制对成本影响的重要程度，以促进国际工程项目的风险管理，为国际工程项目的开展提供借鉴。

【关键词】国际工程项目风险定义；风险管理；风险类型；风险识别；风险评估；风险应对

8.1 国际工程项目风险概述
8.1 General Introduction on International Engineering Projects Risk

国际工程项目因其建设周期长、投资规模大、涉及范围广，进而不可避免地存在各类风险因素，所以对国际工程项目进行风险的管理十分必要。

目前国际工程项目风险管理存在的常见问题主要体现在以下几方面：风险意识比较薄弱，风险管理效率低，风险识别不够全面，风险评价不精确，风险应对措施单一，因此，有必要对国际工程风险进行全面的梳理，以便提高应对风险的能力，减低风险的影响，进而提升国际工程项目的整体利益。

8.1.1 国际工程项目风险的定义和特点
8.1.1 The Definition and Features of International Engineering Projects Risk

工程风险是指项目从立项、咨询、融资、招投标、施工到运营的过程中存在的不能预先确定的干扰因素，因而具有随机性及不确定性，同时其持续的时间也是随机的。但可以明确的是风险的发生及影响不断扩大必将给工程项目的实施带来威胁，甚至造成工程项目的意外终止。国际工程项目自带高且强的风险性，所以说风险管理在国际工程管理中算得上是综合性较强的高层次管理工作，在整个风险管理工作中，风险的识别与评估、风险的应对与控制管理是最主要的工作内容。

国际工程项目风险具有鲜明的特点，主要表现为以下几点。

1. 客观性

在国际工程项目建设中，无论是自然界风险还是在项目实施过程中，或因设计失误、施工技术或施工方案不当等造成风险损失的存在与发生，都是不以人们的意志为转移的客观现实。

2. 动态性

国际工程项目风险的性质和数量都会因复杂多变的外部环境而变化，随着项目建设进程的发展，各类项目风险依次相继出现；风险分析与管理具有较为明显的阶段性，一般来说，项目风险分析可以分为明确风险问题与辨识风险阶段和制定风险对策与决策阶段等。在项目建设的全过程中，风险分析与风险管理贯穿于从项目建设开始到项目竣工为止的全过程中。有效的项目管理和积极的风险规避措施能降低和控制风险发生的概率，所以，国际工程项目风险呈现动态变化的特征。

3. 关联性

由于国际工程涉及面较广，整个实施过程中会涉及政治、技术、法律、经贸、金融、税收、保险等各个领域中的专业事项，其风险并不是单一性的。例如，政局的不稳定可能造成经济的通货膨胀，从而影响工程项目正常进行。再如，异常的气候变化甚至可能造成工程的停滞，造成后期整个工程项目的计划拖延，影响后期所有参与者的工作，不仅会造成对工程质量的危害、工期延长，而且会造成费用的增加。所以，项目的风险因素是相互影响、相互关联的。

4. 多样性

在工程项目中，尤其是规模较大的国际项目，风险具有多层次、多样性的特点。国际工程项目在实施及开展过程中，涉及企业及人员关系复杂，涉及的风险种类复杂，影响因素众多，致使国际工程项目风险种类多样。同时，由于项目中复杂的结构及错综的关系，使得项目内在及外部风险交错出现，显示其综合性和复杂性。

8.1.2 国际工程项目风险分类
8.1.2 International Engineering Projects Risk Classification

国际工程项目管理是一项综合性、系统性的工作，实施周期长，容易受到项目各类动态变化及外部环境等因素的影响，从而产生不同的风险类型。风险研究之初，可以通过借鉴过往项目风险类型加以整理和辨别，总结各类风险类型之间的差异及相应的解决措施。

1. 国际工程风险影响因素

国际工程风险按照影响因素，可分为以下类别：政治风险、经济风险、自然风险、管理风险、合同风险、技术风险、法律风险、其他风险等。

（1）政治风险。政治风险是由于项目所在国政局不稳定等因素变化给项目可能带来的经济损失风险，具体可解释为因种族、宗教、利益集团和国家之间的冲突引发，或因政府政策、制度的变革，与国家权力的交替导致政策不连续而造成损失的可能性。政治风险一般分为：战争和内乱风险，政策风险等。良好的政治环境是国际工程顺利实施的必要条件。

（2）经济风险。经济风险包括通货膨胀、市场波动、外汇管制、政府财政不稳、汇率风险等多种因素。通货膨胀及市场波动必然导致人工材料及设备价格的上涨；外汇管制则会导致项目竣工后的资金转移困难；如承接的是政府项目，政府的财政状况将直接影响项目的收款。国际工程实施中，合同约定币种与实际支出成本币种不一致，如遇汇率大幅波动，则将会产生提高成本和减低效益的风险。

（3）自然风险。恶劣的地理环境、严峻的施工条件等不利的自然环境因素，包括洪水、地震、台风等自然灾害会对项目的实施造成严重的损害，甚至毁灭整个工程项目。由于国际工程项目建设周期较长，遇到各种复杂的自然情况往往是难以预料和防范的。

（4）管理风险。国际工程项目包括其前期规划、方案选择、可行性分析及环境影响评价分析、设计、采购、施工、运营等工作，工作内容复杂烦琐，管理难度极大，承建国际工程项目对于任何一家大型企业来说都是对管理水平的巨大挑战。

(5) 合同风险。国际工程项目合同一般以英文或当地国家官方语言为准，合同的翻译工作必须由专业机构进行，避免由于双方理解不一致而导致纠纷。同时，对于业主提供合同的情况，承包商必须严格审阅合同条款，避免因合同理解有误或理解不到位导致的风险。

(6) 技术风险。对于由承包商完成设计工作的总承包项目，设计过程中应与业主代表进行充分沟通，在获得业主认可后再开展项目实施的准备工作。施工过程中，施工方案及施工技术标准应严格按照合同签订内容或后期双方达成一致认可的方案和标准去执行，切忌投机取巧，为了节省开支或推进工期而不执行双方认可的方案。

(7) 法律风险。出现法律风险最大的可能性，是因为不熟悉项目所在国法律法规，发生违反所在国法律规定，或由于项目实施期间法律环境发生变化给企业带来的风险。国际工程承包业务中最常见的法律风险有：仲裁诉讼风险、违规用工风险、税收风险等。如发达国家为保护本国公民的就业率，法律规定雇用当地工人的最低比例、硬性规定，检查出不符合比例的，须缴补偿金。

(8) 其他风险。国际工程涉及的其他风险还有工期延误风险、窝工风险、境外人身安全风险、业主违约风险、咨询代理风险、采购储运延迟等，因涉及环境复杂，很难逐一列举。

2. 国际工程风险按照所处角色分类

国际工程风险按照所处角色不同又可分为项目外部风险和内部风险。外部风险主要包括政治、社会治安风险；政策、法规风险；自然环境、人文环境风险；经济和市场风险，这些在上述风险中已经介绍了，这里不做赘述。内部风险主要包括设计风险、人员管理风险、垫资风险、分包风险、采购储运风险、施工过程中的安全风险等。

(1) 设计风险。设计风险在每个项目中都是存在的，招标文件中的设计文件本身会存在一些诸如设计不完整，导致项目报价计算不准确抑或是招标文件要求实施单位遵守项目所在国家的法律、法规、习惯做法，但是又未能在招标文件中一一列举所导致的风险等。

(2) 人员管理风险。项目管理人员风险及现场人员风险。项目经营管理者的素质和能力直接关系到项目的成败，国际项目中管理团队的建设，劳务队伍规范管理都对项目的顺利运转有很大影响。如果管理团队涣散、徇私舞弊、沟通不畅，必然造成经济损失风险。在劳务管理方面行为疏忽造成极坏影响的劳务事件近年来层出不穷，直接造成项目经营风险。

(3) 垫资风险。鉴于目前国际经济的局势，垫资施工已经越来越受到业主的青睐，随之而来的风险也逐步加大。如合同预付款比例偏低，承包商在项目所在国拥有的资源受到限制，为启动项目发生的前期设备投入和动员等前期费用较高，可能导致垫资超出预算的风险。

(4) 分包风险。分包商的资质能力、类似工程经验、项目管理人员水平、资源、投入以及价格等因素对分包部分的进度和质量影响很大。所有的分包商不能如约完成的工作任务，最终造成的损失都将由总承包商来承担。

(5) 采购储运风险。采购计划制订得再完美，也无法保证采购储运风险的发生。货物在仓储或运输过程中如果发生损坏或灭失，必定会对承包商造成较大的风险和损失。如果所采购的设备和材料不能及时到位必定对项目进度控制产生负面影响。控制采购运输的风险是保证项目质量和进度重要控制措施之一。

(6) 施工过程中的安全风险。国际工程项目施工过程是一个高风险的作业过程，因施工环境复杂，施工风险主要包含工程质量风险、延期赔偿风险等。项目施工过程相关方，如果未能进行正确的经营决策和有效管理，风险发生的概率将会明显增大。

8.1.3 国际工程项目风险管理的流程
8.1.3 The Procedure of International Engineering Projects Risk Management

风险的特性决定了我们要对其进行深入的研究和管控。国际工程项目风险管理是指通过对项目风险发生规律的研究，从识别到分析乃至采取应对措施等一系列过程来控制风险发生的频率和幅度，它包括两方面内容，即将积极因素所产生项目风险管理流程的影响最大化和使消极因素产生的影响最小化。其实质就是把工程技术与经济管理分析结合起来，进行费用控制、进度控制、质量控制、安全控制，进而最终实现项目的费用、进度、质量、安全目标。实施这一过程需要建立风险管理规划。按步骤具体包括风险识别、风险评估、风险响应、风险控制、风险监控，如图8-1所示。

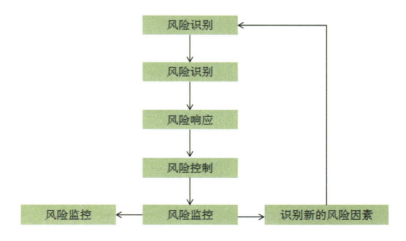

图 8-1　风险管理规划流程

一般项目风险管理理论中涉及的概念如下。

(1) 工程项目风险识别，是指按照项目的实施程序和风险的分类方法，找出可能对项目造成影响的风险和已经存在的风险，分析风险产生的原因及造成的影响，并将风险归类建档的过程。

(2) 风险评估，就是衡量风险对项目的影响和程度，一方面分析风险发生的概率，另一方面评估风险可能造成的损失，制定合理的风险防范措施，实现风险化解并减少损失。

(3) 风险响应，是指在对项目风险事件经过识别、估计、评价的基础上，风险管理者合理制定一系列切实可行的应对策略和响应措施或方案，用以消除、减小、转移或接受风险，力图使项目风险转化成机会或使风险所造成的负面影响降到最低限度。

(4) 风险控制，就是指当风险事件发生时，启动预先制定好的应对计划。在项目实施前制定风险应对预案或计划，在项目实施过程中，根据未曾预料到的新情况，反复不断地进行风险识别、风险评估，及时制定新的应对措施并修改应对计划。

风险监控是必不可少的。随着工程项目的实施过程，项目的风险也在不断变化，原有风险可能发生变化，也有可能出现新的风险，任何变化都可能产生不利的影响甚至一系列连锁反应。因此，风险的监控应贯穿于工程项目的整个生命周期。

8.2 国际工程项目风险识别
8.2 Risk Identification of International Engineering Projects

尽管国际工程项目相比较一般工程项目存在更多的风险，但只要能正确地对待，认真地做好全面调查研究、合理预测风险、根据风险评估性质采取有针对性的防范措施化解或分散风险、减少风险带来的负面影响，最终会实现驾驭风险、利用风险，提升国际工程项目的整体利益。

8.2.1 国际工程项目风险识别概述
8.2.1 General Introduction on Risk Identification of International Engineering Projects

国际工程项目风险识别是风险管理的第一步，也是风险管理的基础。先有能够正确识别出自身所面临的负面风险的能力，才能够主动选择规避的方法进行风险化解的处理。

1. 国际工程风险识别的概念

国际工程风险识别是指工程项目团队根据一定的资料方法，对整个工程项目进行全面、系统地分析，找出项目实施过程中可能存在的各类风险，根据来源特征，对其进行分类评估。

2. 国际工程项目风险识别的原则

国际工程项目风险识别要遵守以下原则。

(1) 先调查后识别的原则。在风险识别之前,首先要对整个项目的外部环境及内部环境进行深入调查,收集相关资料,这是整个风险分析的基础,要做到尽可能全面,否则会影响到整个风险识别分析的过程。

(2) 整体局部相结合的原则。即先对项目风险因素进行由整体到局部的全面分析,并通过多种途径对建筑工程项目风险进行分解,逐一细化,进而获得对建筑工程项目全部风险的认识,从而得到初始风险清单。从局部再到整体是指从工程项目初始风险清单的众多风险中,根据同类工程项目的经验,类比对应到拟建建筑工程项目中,分析和调查风险发生的概率,确定有较大影响的工程风险事件作为主要风险,即作为风险评价以及风险决策的主控对象。

(3) 先怀疑,后排除的原则。国际工程项目风险的种类较为全面和复杂,进行风险识别时应对了解不全面的风险进行初步的存疑,考虑其是否存在不确定性,不要轻易否定或排除某些风险,对于所遇到的问题都要通过认真地分析进行确认或排除,防止风险识别的漏洞造成项目的损失。

(4) 严格界定风险并考虑风险因素之间的相关性。对各种风险的内涵要事先加以界定,不可出现重复和交叉的混乱现象。另外,要区分风险因素之间的相关性识别和处理,如主次关系、因果关系、互斥关系等。

(5) 必要时,可佐以方法论证。对于某些按常理难以判定其是否会发生或难以判定其影响程度的风险,尤其属于技术方面的风险,必要时可通过实验论证,如抗震实验、风洞实验等。实验得出的结论可靠、可信。

(6) 持续性。在项目开始到结束的全过程中,需持续关注风险发生的概率,及时作出反应和调整。

3. 国际工程风险识别的程序

国际工程项目风险识别的过程主要包括调查研究和资料收集、风险确认、风险分类和编制风险信息表。

4. 国际工程项目风险识别的方法

国际工程项目风险识别的方法种类繁多,在这里将对较为常用的两种方法进行简单介绍。

(1) 实地考察法。实地考察法是最直接的了解国际工程项目风险的方法。风险管理人员可以直接实地调查工程项目的宏观微观、内在外在等方面的情况,初步掌握工程项目风险的相关内容,获取调研的提纲,对于项目风险进行直接接触,初步了解潜在的风险及基本的解决方式,然后将调研结果进行整理分析,得出风险列表。实地考察法较为简单,能够反映一些表面化的风险,但是该方法需要风险管理者实地进行调研,或者在当地有可以委托调研的人员,并且调研的范围和信息具有一定的局限性,具体见表8-1。

表 8-1 实地考察法信息分类示例

类别	调查重点事项	高概率风险事项
政治外交	政治制度、政权更迭频次、政局稳定性、外交政策、友好国家、与中国关系、国家信誉、国际地位等	近期政变、战乱、与周边国家战争、参与国际组织及地区事件发生概率
经济环境	主要经济产业、GDP、财政收支、经济增长率、通货膨胀、失业率	财政赤字、通胀、汇率风险
法律环境	法律及司法体系、招投标相关的法律、保险情况、地方保护、外国人居留工作限制等	仲裁体系、入境及工作签证发放及拒签概率
气候交通	气候情况，海陆空交通，货物进出口及运输能力，有没有专业清关公司	极端气候发生概率，运期及运价稳定概率
建筑市场	当地建筑公司数量及水平，采用技术规范、标准；设计公司能力水平等	当地公司参与竞争的能力及概率，当地技术规范对我影响程度
资源物质	建材机械供应情况；劳动力水平、数量及效率；材料加工能力及效率；周边国家材料进口能力及规模	各种资源供应保障能力满足我要求概率
其他情况	是否需要注册公司、业主投融资能力、竞争对手情况分析……	

注：表格内容根据国际项目情况自行设计调研内容及风险事件的判定。

(2) 专家打分法。在国际工程项目风险识别中，专家打分法是一种比较常用的方法，一般是通过调查问卷的方式，邀请具有国际工程项目实施经验的专家，向他们提供事先调研的风险调查表和背景材料，请专家对风险项目进行判断和打分，或提出不同的意见，然后对这些意见进行统计、分析和整理，最终为风险管理者的判断提供参考依据，进而实现对风险进行有效识别的目的。邀请专家的人数越多，结果越客观。表8-2所示为某项目专家打分示例。

表 8-2 国际工程项目风险专家打分示例

事件	政局影响 权重(15%)			融资及支付 权重(15%)			技术难度 权重(20%)			工期紧迫 权重(30%)			物资设备供应 权重(20%)		
分值	严重(20分)	中等(15分)	微小(10分)	严重(20分)	中等(15分)	微小(10分)	严重(20分)	中等(15分)	微小(10分)	严重(20分)	中等(15分)	微小(10分)	严重(20分)	中等(15分)	微小(10分)
专家一															
专家二															
专家三															
专家四															

续表

事件	政局影响 权重(15%)			融资及支付 权重(15%)			技术难度 权重(20%)			工期紧迫 权重(30%)			物资设备供应 权重(20%)		
分值	严重 (20 分)	中等 (15 分)	微小 (10 分)	严重 (20 分)	中等 (15 分)	微小 (10 分)	严重 (20 分)	中等 (15 分)	微小 (10 分)	严重 (20 分)	中等 (15 分)	微小 (10 分)	严重 (20 分)	中等 (15 分)	微小 (10 分)
专家五															
汇总分															
加权平均															

8.2.2 宏观环境及微观环境的风险识别
8.2.2 Risk Identification of Both Macro Environment and Micro Environment

风险识别的起始在于数据的收集，数据收集关系到风险分析的全面性，此步骤是整个风险管理的基础。在项目所在国开展工程项目，首先要进行项目环境调研工作，先了解外部宏观环境的风险，再掌握项目本身微观因素的风险，最后结合自身的风险进行整体判断，寻求合理的风险管控途径。同时，对项目所在国进行调查研究要注意国与国之间的差异、国内外之间的差异，防止出现风险识别盲区。

1. 宏观环境风险识别

调研的内容应尽量全面，主要涉及以下部分。

(1) 项目所在国总体政治环境，包括：政治历史背景、基本政治、政党制度、政治局势、国与国战争、有无发生政变、内战的风险、外交关系及外交政策，与中国关系情况，与周边邻国关系等；项目所在国司法体系、合法没收、征用政策、与项目相关的建筑法、招标投标法、劳动法、金融法、合同法、保险法等法律法规政策；行业限制、审批困难、政府贪污腐败、歧视对待等。

(2) 项目所在国总体社会环境，包括：民族冲突、种族及宗教关系；恐怖主义、各类社会组织的抗议及阻挠；公众反对、反华活动等。

(3) 项目所在国自然环境风险，包括：地理位置；气候条件；水文、地址条件。

(4) 项目所在国的经济风险，包括：近几年经济增长情况、对外贸易；换汇控制、税收歧视；通货膨胀、失业率、保护主义；资金风险、延时付款、保函风险。

(5) 其他宏观风险，包括：主要节假日、医疗情况、主要疾病情况；网络连接、移动或固定电话情况。

2. 微观环境部分风险

(1) 项目管理风险，包括：组织机构；管理方法。
(2) 项目技术风险，包括：技术标准；技术水平。

(3) 市场风险，包括：当地建筑材料厂家及市场情况、分布地点、生产能力、产品名称、规格、性能、出厂价格；哪些建筑材料需要从国外进口，从哪个国家进口，材料的品种、规格、性能、价格市场、可能供应的数量；当地材料品质及供应能力；近年来材料价格的波动；当地能提供的施工机械种类、规格、性能、市场价格、租金、台班费；当地机械维修能力、配件供应情况。

(4) 人员风险，包括：国外人员的准入政策；当地建筑工人的工种、技术水平、劳动工效、劳动组织、工资情况、劳保和福利待遇；当地建筑工人的招工来源，管理办法和具体手续。

(5) 交通运输风险，包括：当地运输企业的组织机构、承包范围、运输能力、运输价格；港口吞吐能力、装卸能力、收费情况、办理各类手续的时间；各种主要建筑材料货源至工地的运距。

(6) 临时设施及生活风险，包括：施工用水、用电。当地能否保证供应、电源等级、水电收费标准和办法。临时工棚的结构形式、标准、造价。生活情况、每月生活费多少、各种食品价格等。

微观环境了解的渠道主要包含走访当地中国施工企业、当地建筑材料市场、当地的运输公司、当地水泥场和砂石场、当地超市、当地政府劳动部门、当地机械租赁公司、当地建筑材料的实验机构等。

3. 风险列表

在初步的调查收集工作完成后，风险管理人员应当对初步整理的数据进行风险预判。建立风险列表并对确认的风险进行排序。

风险列表是将调研的资料进行初步的筛选整理，首先粗略地从整体进行划分，区分客观风险和潜在风险；然后对所有的风险进行排序，排序要按照综合的排序方法，不能仅仅按照风险随项目进行出现的时间顺序，或者按照风险后果的严重程度，抑或是风险出现的概率大小，应是这几种方式综合考虑。这样可以利用国际工程项目风险之间的逻辑关系识别和预测风险。最后将已确认的风险列表整理汇总。

8.3 国际工程项目风险评估

8.3　Risk Assessment of International Engineering Projects

国际工程项目风险评估，就是对收集到的风险进行深入分析和评价，在风险识别的基础上，把项目风险的不可控性进行定性量化，采用概率论来评估项目风险潜在影响的过程。

8.3.1 国际工程项目评估的主要内容
8.3.1 The Main Content of International Engineering projects Evaluation

(1) 确定风险事件发生的概率。

(2) 确定风险事件的发生对国际工程项目目标的影响程度,如经济损失的大小占工程投资比例、工期延误的长短及后续影响等。

(3) 确定国际工程项目建设期内对风险事件实际发生的预测能力和发生后的处理能力。

(4) 将每一种风险定量化,将项目风险清单中的风险进行排序,确定最严重、最难以控制的风险,将这部分列为最需要关注的项目风险。

(5) 将国际工程项目的所有风险视为一项整体项目进行管理,对它们的潜在影响汇总评估,从而得到国际工程项目的风险影响变量值,作为项目决策的重要依据。

8.3.2 风险评估的步骤
8.3.2 Risk Assessment Procedure

(1) 收集数据资料。

(2) 建立风险模型,包括风险概率模型和损失模型,以对风险事件发生的可能性和可能造成的后果给出明确的量化表述。

(3) 风险发生的概率与影响评估,其中风险发生的概率一般可采用相对比较法和概率分布法来确定,风险损失影响表现为费用超支、进度延期、质量事故或健康、环保、安全事故等。

(4) 确定项目风险评价标准,即确定项目管理主体对不同的项目风险可以接受的程度,包括单个风险事件的评价标准和项目整体风险评价标准。

(5) 确定项目当下面临的风险水平,包括单个项目风险水平与整体风险水平。

(6) 综合比较,即把工程项目的单个风险水平与单个评价标准、整体风险水平与整体评价标准分别进行类比,判定风险是否在可以接受的范围之内,或应采取何种应对措施风险。

项目风险分析评价的结果是对项目风险登记册的排序进行更新。其中,那些发生概率很高且对项目造成的威胁大、导致重大费用支出、最有可能影响项目进度的关键线路或对项目的社会信誉造成严重损毁的风险作为优先级风险,应受到重点关注。

国际工程项目成本管理及控制

8.4 国际工程项目风险响应及对策
8.4 Risk Response and Countermeasures of International Engineering Projects

风险响应指的是针对风险而采取的对策。国际工程项目风险响应是在综合考虑项目风险来源、项目风险事件和风险影响程度、项目风险发生的可能性及其危害程度、项目风险等级等因素的基础上，确定采取何种风险应对措施及其实施方式的过程，包括项目风险应对方案的制定、决策和实施。

根据项目风险分析评价结果的不同，可以采取不同的应对措施，在实施工程项目中，在完成风险识别、分析工作后，应该制定风险应对计划及预案，在风险发生时，缓解、接受风险并采取措施使风险转化为机会或使风险造成的影响最小化。归纳起来就是风险的被动应对和风险的主动应对两大类。

8.4.1 风险的被动应对
8.4.1 Passive Response to Risk

1. 风险应急应对

提前针对某种特定的风险制定应急计划，以便项目实施期间该风险真的发生时，按部就班地依据应急预案，成立临时指挥机构，按照预定方法处置风险，减低风险带来的影响。

2. 风险减轻

当项目风险无法回避时，在风险发生之初尽早采取行动以降低风险损害程度也不失为一种有效的风险应对措施，比在风险发生后进行补救更好。比如，承包商可以通过压缩关键线路活动时间和各种赶工措施，来减轻因项目进度滞后而导致最终的误期罚款风险或误期罚款的额度。

3. 风险利用

尽管说风险一旦发生，往往会造成项目相关方的损失或对项目目标的偏离，但在有些情况下也会起到积极有利的作用。换句话说，有些风险是有利用价值的。比如，由于非承包商的原因导致工期以外延误发生后，承包商可以利用这种风险事件向业主提出索赔，获得工期或经济补偿。

风险利用包括：①对已发生的风险事件的利用；②通过"风险共担，利益共享"的合作方式实现风险的利用；③通过提高具有潜在利用价值的风险概率和积极影响来利用风险。

4. 非计划性风险自留

在没有充分识别风险及其损失的最坏后果、没有考虑到其他风险处理措施的条件下，不得不自己承担损失后果的风险处理方式，这种情况的出现可能是由于项目风险管理工作失误或恰恰是风险的不可预见性造成的。

8.4.2 风险的主动应对
8.4.2 Proactive Response to Risk

任何项目的风险都不可能通过有限的应对措施而实现彻底消除。可以采用风险转移、风险规避和风险自留等方法来实现对发生概率高的风险事件的主动应对。

1. 风险转移

风险转移亦称风险分担，就是在不降低风险发生概率的前提下，设法将风险造成的不利后果部分或全部地转移给第三方，包括非保险转移和保险转移。非保险转移包括分包转移、联营转移、工程担保及合同转移等方式。而保险转移通过购买保险的方式规避和减小风险损失，与工程项目相关的常见保险险种有：工程一切险、雇主责任险、职业责任险，与施工机械设备、机动车辆、货物运输相关的各类保险，以及涉及员工的人身意外伤害、医疗、社会保障方面的保险等，且多为强制性保险。

在选择风险转移时应注意以下几点：①转移的范围并不能覆盖项目的所有风险；②一些风险并非能真正转移出去，可能最终还是得由乙方承担；③转移的同时需要支付一定的费用或牺牲一部分经济利益。

2. 风险回避

风险回避即通过放弃或改变项目计划，以避免风险及其产生的条件，使项目目标不受影响，包括：①终止法，即通过终止或放弃项目或项目计划的实施；②工程法，即采取工程技术手段来抵消物质性风险的影响；③程序法，即采取标准化、制度化、规范化的方式从事项目活动，避免行为活动的随意性可能引发的风险或损失；④教育法，即对项目员工进行教育培训，提高全员风险防范意识。

风险回避是相对消极的风险应对措施，在选择采取这种措施时，可能会遇到一些问题，比如，一个承包商在项目实施到一定阶段时预见到项目存在遭遇重大经济损失的风险，损失额甚至可能远远超出履约担保的额度，因此有意通过提出终止项目合同来回避这一极大的潜在风险。可能会出现以下几种情况：①业主不同意终止项目，承包商不得不继续履行承担风险，这说明回避风险有时是不可能的；②即便业主同意，终止项目对承包商就意味着彻底丧失了从中获益的机会，因为一个工程项目往往是风险与机遇并存；③承包商强行终止，可能为此要承担违约的法律责任风险，也就是说，在回避一种风险的同时，可能会产生一个新的项目风险。

3. 风险自留

风险自留也叫风险接受，或称计划性风险自留，是指对风险经过合理的分析评价，并权衡其他风险处理措施后，主动将风险留给己方，即由项目主体自行承担风险后果。

上述措施是面对国际工程项目风险时一些常用的措施，在实际实施的过程中，风险管理者可以从中选择一种或者多种措施结合起来使用，最终确定风险的应对方案。

8.5 国际工程项目风险控制
8.5 Risk Control of International Engineering Projects

国际工程风险管理，首先要进行的是事前的计划，提前预见风险，进而达到降低风险或者消除风险的目的。不可否认的是，由于风险的不确定性的特点，无法完全避免项目风险的发生。风险控制是指风险管理者采取各种措施和方法，消灭或减少风险事件发生的各种可能性，或风险控制者减少风险事件发生时造成的损失。

风险管理者须建立风险管理组织体系，明确对风险管理计划进行动态管控的责任人，制定内部风险控制方案，研究提出跨部门重大风险解决方案，提示相关责任人采取相应的措施规避或应对风险事件的发生。

国际工程风险管理中，以各国政策和国别为导向，在项目初期阶段就对国际工程项目进行风险筛选，针对没有任何把握的项目、风险太大且无法控制的项目、必然亏损的标的合同、资金落实情况较差的项目、合同条件苛刻的项目的选择要慎之又慎，尽量规避此类项目。

针对不同的风险，需要采取的控制措施也不同，通常采用以下几方面措施，或将其相结合。

(1) 对无法阻止的风险进行持续跟踪关注，想办法延缓或控制风险事件进一步发生、蔓延、恶化或扩大。

(2) 发生风险时，隔离切断风险源，开展紧急救援，如撤离现场人员、转移设备财产，实施医疗救治等。

(3) 分析风险的原因、性质，评估风险的损失和影响，尽快组织恢复项目的实施。

8.6 国际工程项目风险监控
8.6 Risk Supervision and Control of International Engineering Projects

国际工程项目风险监控是指在项目整个生命周期内，根据项目风险管理计划，对项目实施过程中的风险事件进行检测控制的过程，包括对已经存在并识别出的风险进行持续跟踪，核对风险清单中的风险内容，重新分析现有的风险，监测应急计划的实施条件，对已经处置的风险进行后续观察，审查风险应对措施的实施情况并评估其有效性等。

通常可以采取以下几种方法来监控国际工程项目风险。

8.6.1 风险再评估
8.6.1 Risk Reassessment

在项目风险监控过程中，风险发生的概率及其影响程度会随着项目的进展而发生变化，项目风险评级及其紧迫程度也会随之发生变化，原有的项目风险会随客观环境的变化减轻或消失，当然有可能随之产生新的风险，所以需要定期对项目的风险进行一个循环再识别的过程，在此基础上重新进行风险的分析，以实现对项目风险的动态监督和管理。

8.6.2 风险偏差分析
8.6.2 Risk Variance Analysis

将项目实际已完成的工作与项目计划完成的工作进行比较，包括费用和工程量的比较，找出差异点，进而根据其差异预测偏差的发展趋势。若分析过程中发现偏差较大，则表明项目原有风险有严重化的倾向，需要分析其原因是有新的风险出现抑或原有的风险应对措施不得力，需要进一步制定或修正风险管理措施。

8.6.3 风险准备金
8.6.3 Risk Reserves

目前，项目在估概算阶段，都会预留一定比例的风险准备金作为项目的不时之需。在项目的进展过程中，风险准备金的使用应该进行恰当严谨的论证，从而确定风险最合理的应对方式，进而确认风险准备金是否需要继续保留或是足以应对项目全过程的风险。

8.7 国际工程项目风险后评价
8.7 Post-evaluation of International Engineering Projects Risk

风险管理后评价是分析比较已实施的项目风险管理计划和方法的成果与原来预期目标的契合程度，以此来评判管理计划的科学性，是对此前国际工程项目风险管理工作的阶段性总结和综合评定。对其中未取得良好效果的实施举措提出计划的改进意见，完善项目风险管理的内容，从而更好地应用到新的风险管理当中去。

附件1　美洲某国加工厂项目之风险分析案例
Appendix I: A Risk Analysis Case of A Processing Factory Projects in A Country of America

项目背景：

海外工程项目的实施，需要投资方委托有实力的咨询企业进行可行性考察工作。北美某国加工厂项目，由中国某设计院组建考察团，实地考察30天，主要目的是对项目的可行性进行论证。

项目概况：

建设钢结构主厂房、综合服务中心以及职工食堂等配套设施，总建筑面积8000平方米。本项目可行性考察后直接采用EPC模式实施，由此可见项目可行性考察的重要性。

风险识别及风险分析：

本项目可行性研究考察的重要工作内容之一就是在可行性研究阶段对于项目面临的各类风险进行提示，以便合理预测投标及实施风险，有效地控制项目造价，实现成本管理。

风险因素的确认要通过风险识别、风险评估与分析及风险响应与控制。

以本项目风险因素为例：

1. 宏观因素

（1）国家政治、经济、自然条件等都是影响项目的宏观风险。本项目国家体制具有非常鲜明的特点，为社会主义国家，施行计划经济体制，物资十分匮乏，且实施两种货币制度。

① 因当地实施计划经济体制，项目总体材料用量要提前向经济计划部进行申请报备，计划供应配给。大宗材料如水泥、砂子、石子在当地采购，当地材料加工厂可以满足供应项目，但是需要预先做好材料设备供应计划，防止出现实际施工阶段材料供应不足而引起的缓建或停工。

② 当地实施货币双轨制，即采用两种货币制度，同样的物资本国人购买价格便宜，对于国外人员购买则相对昂贵，这种情况对于在当地长期驻守的施工单位来说，项目措施费投入较大，同时面临汇率的风险。

(2) 政府行政管理风险。风险主要表现在实施项目需要多部门审批协作交叉管理，比如，外交和外贸部负责项目的立项审核，经济计划部负责材料设备供应配额审批，食品工业部负责加工厂方案洽谈及后续的图纸审核协调等。项目的推动涉及多个政府部门，如无有力的人员主导推动，容易造成进程的停滞及工期延迟。

(3) 地勘及设计风险。已收集到地勘报告资料，为4年前勘察的，且地勘报告的场地标高与场地测绘标高不符，另所提供的报告为不完整的复印件，该报告的准确性有待商榷。该报告的勘察内容与中国的标准存在差异。根据地勘报告表述，该场地地质比较简单，各钻孔土质变化不大，地表为约500毫米厚的灰色砂土，其下为全风化砂岩，全风化砂岩承载力为23t/m^2，各钻探孔深仅为3米。考察期间在场地内挖了3个探坑，均挖了1米深左右，表层500毫米厚灰色砂土下均为全风化砂岩，可用铁锹挖动，但比较吃力。

目前该国建设标准不太完善，部分工程建设参照国际通行技术标准执行。比如当地无建筑防火、照明、食品卫生等方面的标准，所以基本确定该工程采用中国现行设计规范，同时考虑当地实际情况进行本项目的设计。本项目采用EPC招标，图纸深度仅为方案设计阶段，该项目的项、量方面不够精准，风险较大。

(4) 中外分工风险。本项目厂址位于市郊，距离市区约4公里，紧邻铁路线，距离现有公路虽不足2公里，但目前未有硬化道路，该项目中外分工约定，外方承诺项目实施后立即修建一条至加工厂的公路，完成场地平整、"三通一平"，并将电源、水源接入场区，用于满足施工的基本条件。根据考察期间了解的情况，由外方完成上述工作有一定风险，在风险评估与分析及风险响应及控制方面很大程度上增加了前期风险。

2. 微观风险

(1) 当地人员雇佣的问题。当地市场调查人工雇佣情况较为困难，原则上不允许私自雇佣当地工人。外国公司雇佣当地人员需要经过该国国有的中介公司，自行雇佣当地工人会比通过中介公司雇佣价格高很多。人工费询价见表8-3。

表8-3 建筑工人价格

序号	工种	单位	不含税险价格/小时	含税险价格/小时
1	普工	当地币	2.29	4.23
2	瓦工	当地币	2.27	5.03
3	油漆工	当地币	2.72	5.03
4	公路工人	当地币	2.12	3.92
5	工程师	当地币	3.85	7.11

注：1美元=0.87当地可兑换货币，1可兑换货币=24当地人使用货币。

此价格是中介公司按照当地工资水平付给工人的工资，但中介公司向外国公司收取的介绍费用是按照可兑换货币收取的，数额很高，每笔500～1000可兑换货币。1可兑换货币=24当地币。

(2) 人员准入问题。当地少有中资企业，对引进外籍劳务的态度比较谨慎，鼓励使用更多的当地劳务人员，对外籍劳务的审批很严格。相关手续通常由当地邀请单位办理，需办理有效期为一年的临时居住证和工作许可证，由邀请单位出具邀请函申请工作签证，并经内务部移民局和驻外使馆核准。目前虽未设立外籍劳务配额，但对入境的外籍劳务人员管理严格，工作许可证逾期将被处以高额罚款。本项目主厂房为轻钢结构，主要由中国工人进行安装，如果后续组织实施，人员准入问题是需要考虑的一个主要问题。

(3) 当地运输费用问题。当地砂石厂距离工地约20公里。项目所在省有商品混凝土场距项目工地超过25公里，每天的产量是$40m^3$，基本不能满足本工程的需要。距项目所在地工地最近的水泥厂距离为100公里左右。

汽车运输费用如表8-4所示。

表8-4 汽车运输费用

序号	起点	终点	单位	单价(20吨)
1	某港口	项目工地	可兑换货币	440
2	砂石场所在地	项目工地	可兑换货币	53.76

(4) 人员差旅问题。项目所在地距离首都较远，所有人员往返需要搭乘飞机或者长途客车，人员的差旅费用需充分考虑。

本项目各种风险识别、分析及控制汇总见表8-5。

表8-5 风险分析表

风险类别	风险识别	风险评估与分析	风险响应控制	风险评判	备注
宏观风险	政治风险	计划体制		小	
	行政管理风险	多头管理	需投入推进，效果不可控	大	
	货币政策风险	币制双规制	不可控，投入成本会加大	大	
	市场体制风险	供给制	需提前计划和安排	较大	
	行业规范管理	未成熟统一	采用中国规范	小	
微观风险	雇工管理风险	严格	不可私下交易，管理费高，人工成本增加	较大	
	人员入境风险	限制较多	人员入境困难	较大	
	本地运输风险	项目偏远	人员、物资成本增加	较大	

3. 风险响应与控制

(1) 风险的主动应对可以通过制定预案来实现。人工费是海外项目要考虑的一个重要因素，常规的方法是到当地的劳动力市场，调研各类工种工人的工资情况。但是当地的现实情况是，市场调查人工费调查较为困难，原则上不允许私自雇佣当地工人，所以走访当地的劳动保障部门，分析当地雇佣工人的工资水平，充分了解当地中介服务费用水平区间尤为重要；同时本项目主厂房为轻钢结构，需由中国工人进行安装，在确定中外用工比时应考虑提高中方用工比。

(2) 针对材料采购风险，可以通过以下方案控制。充分考虑当地材料的供给量问题，实施单位应准确地测算材料用量，预先做好材料设备以及施工机械的供应计划，提请当地经济计划部安排，在工程进行中提早预定或协调，以免造成工程因建材间断供应，无法满足施工而影响工期。

充分考虑材料设备的采购、运输费用问题，当地材料费用中一定要包含材料的运输费用，对当地材料的几个主要供应地点的运输费用都进行询价，减少可能出现的漏项风险。国内运输的钢构件需选择合理的运输时间及运输线路，达到节约运输费用及满足施工进度的要求。

风险的主动应对可以通过风险回避来实现，例如本项目中外分工风险，后期项目确认中标单位后，中标单位积极促进各方面的工作，但外方迟迟不启动项目立项及审批工作，造成外方建筑公司、电力、供水、通信部门无法进场开展工作。为了减少损失，中标单位建议将"三通一平"工作收回由中方实施，详细制定了涵盖各项工作方案及报价明细的方案，积极促进项目实施。

本项目考察、设计、招标等前期工作进展顺利，中标单位实施过程中通过分析风险原因性质，评估风险损失和影响，组织项目实施。但是本项目实施的中后期出现非中方所能控制的情况，主要是外方原因，如：项目的审批立项工作一直没有结论，中方的人员工作签证邀请迟迟不予办理，致使中标单位无法实现人员的派遣；中方办理当地公司注册及当地收款银行账户等工作一直未有进展。中标3年，后续80%的项目依旧未能实施。可见，海外项目存在各类风险，通过对风险的识别分析，制定风险响应及控制措施，可以有效地降低风险或者及时止损。

附件2 风险控制中的索赔与反索赔案例分析

Appendix II: A Case Analysis of Claim and Counterclaim in Risk Control

提示说明：

项目管理中的业主与承包方在同一项目中的风险管控各有侧重，作为业主侧重：①提供资料的及时、准确；②设计深度满足施工及订货要求；③协调总包分包的工作衔接等。作为承包方侧重：①现场证据详细留存特别是与合同不相符的事项；②往来文件、函件归类整理；③本着节省工期或减低造价的方向进行图纸深化和施工组织优化。工程持续过程中的不可控事件一般具有双面性，双方需站在各自的立场判断和处理，双方都有权根据事项情况进行工期及费用的索赔或反索赔。下面介绍一个成功的索赔案例。

东非地区X大厦目承包商索赔成功案例分析

项目介绍：

本项目坐落于东非首都核心地区，业主为当地×商业银行组织，建设该大厦是作为其总部办公使用。项目总建筑面积约1.6万平方米，地上21层，地下3层，项目总承包商为中国某大型国企公司，中标价总额18.82亿肯尼亚先令，约合人民币1.56亿元，资金为业主自筹。当时汇率约为1元人民币=12.06当地币。

索赔工作内容、过程、组织及要点如下。

1. 熟悉当地规范及项目施工合同规定

由于该国属于英联邦国家，其施工规范及计量规范均沿用英国标准体系(该国根据自有情况稍作修改编制了该国计量规则)，新接触此体系的单位或个人，往往容易忽视对规范体系的了解，盲目展开工作，导致后期产生不利的结果。该国的施工合同根据项目类型、项目内容以及业主等条件的不同，合同形式和内容差别还是比较大的，本项目合同在1987年版FIDIC施工合同的基础上进行了当地化的调整，合同总价在某些条件下可调，相对比较有利于项目成本费用的控制。(可参看施工合同)

2. 施工过程中的方案管控

协助委托方对项目过程中的资料进行收集分析，对项目的后续工作提供策划，包括以何种优化的设计方案或者实施方案更有利于项目实施，最大程度地增加后期可产生的利润以弥补前期损失并保证尽可能地压缩后续所需工期。

根据合同规定在每个月的进度结算中考虑如何有效地依据合同中的相关可调价规定，有效地根据市场实际情况调整单价，最大限度地在每期工程款上为委托方争取更大收益。

3. 索赔资料的搜集及工期索赔

本项目的工期延期索赔主要有三个部分。

(1) 基础石方开挖对工程进度造成的影响。

(2) 幕墙部分招标时间过晚对工程进度造成的影响。

(3) 施工过程中雨季大暴雨对工程施工进度造成的影响。(该国大雨季从每年的3月底到6月初，小雨季在10月、11月间)

石方开挖投标报价时考虑的机械配合人工开挖的施工方案，由于地质情况与资料不符，在工期上无法保证项目按原计划实施，于是改用爆破施工。但是没开始多久就由于对附近其他公司的影响而终止了爆破施工，虽然施工方迅速地调整了施工方式，大幅度增加人工及机械投入，但仍然造成了较严重的施工延误。由于造成此情况是由于业主的地勘不足，导致项目石方量远超原计划，在收集相关详细准确的资料后，协助委托方据合同条款规定，向业主索赔到了4个月的工期。

幕墙部分是由于业主幕墙分包的招标工作时间延后近半年才完成了分包商确定，导致与幕墙配合的相关工作无法按时进行，致使工期延误。根据收集到的相关证据，

第8章 国际工程项目风险管理

向业主索赔到了2个月的工期。

大暴雨对工期的影响,在大量烦琐未整理的资料中首先收集了项目实验室在雨季期间的对于项目所在地的降水记录,筛选出其中降雨量远大于以往年份正常雨季降水的12个时间段,并将这些时间段内的施工日志中对施工造成的影响整理出来,形成证据链条,以满足施工合同中对恶劣自然天气造成工期延误可以进行索赔的条件,最终向业主索赔到了1个月的工期。

最终,成功索赔工期共7个月,保证了承包方有了一个较长的时期来组织赶工,最终在约定的时间内完成了项目的施工任务,从另一层面上也避免了业主对于无法按期完工对委托方进行的反索赔,经济效益也十分突出。

附:项目索赔报告节选(中英文)

索 赔 报 告

索赔文件准备资料如下。

1. 恶劣天气

1.1 项目招标文件

1.2 施工总承包合同条款

1.3 施工日志

1.4 现场工程师晴雨表记录

1.5 气象部门雨量记录

1.6 现场情况照片

2. 石方开挖

2.1 项目招标文件

2.2 施工总承包合同条款

2.3 地勘报告

2.4 挖方工程量核对结果

2.5 停止爆破原因及往来信件

2.6 机械进场表

2.7 现场情况照片

3. 幕墙工程

3.1 施工总承包合同条款

3.2 幕墙工程招标文件

3.3 幕墙工程投标文件

尊敬的×养老基金会的领导及先生、女士们,以及××公司的工程师们,×商业银行总部大楼工程,在你们的大力帮助和支持下,以及双方的共同努力下,施工现场的工作正在有条不紊地进行,目前主楼结构已施工至158.7m高程。对此,我方对贵方人员的工作态度和敬业精神表示肯定和感谢。

本次工期延期索赔主要有三个部分：一是基础石方开挖对工程进度造成的影响；二是幕墙部分招标时间过晚对工程进度造成的影响；三是施工过程中4、5月雨季大雨对工程施工进度造成的影响。

一、雨季施工

在4月和5月，本项目所在地经常性地突降大雨，经常性地导致结构部分的模板铺设及混凝土浇筑工作无法进行，且突降的雨水量过大，造成保护墙坍塌、积水情况严重，虽然我方在发生这一情况后，调整了施工部署，增加了抽水设备，采取了相应的赶工措施，但仍然无法避免工期的延误，工程施工进度延误共计27天，详细情况如下：

(1) 4月3日下午大雨，降雨量达到25.6mm，导致本应于当天完成的第五层(134.1)楼板2B-3B/A-D梁板钢筋绑扎无法按计划完成，施工进度延误0.5天。

(2) 4月12日下午中雨，降雨量为11.2mm，导致本应于当天完成的第六层(138.7)2B-3B/A2-C板模板铺设无法按计划完成，施工进度延误0.5天。

(3) 4月13日下午中雨，降雨量为13.8mm，导致本应于当天完成的柱子E/4B-7A、4B/C-D、6/C-D(134.1-138.7)混凝土浇筑无法按计划完成，施工进度延误1天。

(4) 4月20日晚大暴雨，降雨量在不到2小时内就达到了93.6mm，本应于当天完成的第五层楼梯混凝土浇筑无法按计划完成，施工进度延误1天。且当天的大暴雨导致轴线1a防水卷材保护墙倒塌，场地积水严重，包括积水清理、场地清理、保护墙重新砌筑等工作，施工进度共延误8天，以下为4月20日雨后场地情况。(图片为证)

(5) 4月22日下午大雨，降雨量达30.6mm，导致本应于当天完成的第七层2b-4/A2-E板、梁模板施工中密肋板吊装无法按计划完成，延后至24日完成，施工进度延误2天。

(6) 4月23日下午中雨，降雨量为17.8mm，导致本应于当天完成的第六层3B-7A/B-E柱混凝土浇筑无法按计划完成，延后至26日完成，施工进度延误3天。

(7) 4月25日下午大雨，降雨量为38.6mm，导致本应于当天完成的第六层至第七层VIP电梯混凝土浇筑无法按计划完成，施工进度延误1天。

(8) 5月3日中午至下午大雨转中雨，降雨量为44.6mm，导致本应于当天完成的第七层至第八层2b-4/A2-E柱子、主电梯混凝土浇筑无法按计划完成，施工进度延误1天。

(9) 5月4日下午大雨，降雨量为44.6mm，导致本应于当天完成的第七层至第八层VIP电梯部分混凝土浇筑无法按计划完成，施工进度延误1天。

(10) 5月5日早上大雨，降雨量为37mm，导致本应于当天完成的第七层至第八层2b-4/A2-E主电梯部分模板铺设无法按计划完成，施工进度延误1天。

(11) 5月6日下午大雨，降雨量为64.4mm，导致本应于当天完成的第七层3B-7A/B-E柱子、主电梯部分模板铺设无法按计划完成，施工进度延误1天。

(12) 由于5月3日至6日的持续降雨，导致第八层2b-4/A2-E板、模板铺设无法进行，施工进度共计延误3天；且由于连日降水形成积水，导致PL1底板防水卷材施工无

法按计划完成，施工进度延误3天，以下为5月6日场地积水情况。(图片为证)

根据以上情况，以及总包合同第36.1条的内容，雨季对工期的影响符合36.1.2条"By reason of any exceptionally adverse weather conditions"，特提出工期延长申请，共计27个工作日。

雨季部分的施工情况详见后附资料：

1. 施工日志。
2. 晴雨表。
3. 雨量记录。

二、挖方工程

挖方延误：

基础石方进度的滞后主要原因为在基础开挖过程中，地勘报告并未详细说明地下土质情况(见附1)，导致开挖时所遇到的实际坚石方量25167m³远大于BQ清单里给出的坚石方量10154m³。期间我方原本计划采用机械开挖石方，施工进行至2011年6月中旬后由于坚石石方量过大，我方考虑工期原因，决定采用爆破方式对岩石进行开挖，而在随后的施工中，由于业主的原因，导致本项目所在区域内不能采用爆破的方式对岩石进行开挖，于2011年8月中旬终止爆破，改回机械开挖石方。虽然我方在得知不能爆破的情况后及时调整了施工方式，并增加了人工及机械的投入，仍然不能避免坚石开挖对工期的影响。在整个基础挖方施工中，我方于2011年1月24日开始坚石挖方，预计完成时间为2011年4月18日，实际主体部分完成时间为2011年8月20日，在后期的施工中还存在零星的坚石挖方，一共造成128天的施工延误。

后附资料：

1. 地勘报告。
2. 挖方工程量核对结果。
3. (业主)信函。
4. 机械进场表。

三、幕墙工程

幕墙部分对工程进度的影响主要是由于招标、授标时间过晚，对项目的工期产生了影响。

在我方的施工组织计划中，幕墙部分的分包商应于2012年之前确定，在经过充分的时间进行设计、进场准备、材料采购加工等工作后，于2012年6月进场施工，至2012年12月施工完毕。但实际情况是2011年12月进行了招标，2012年5月才确定我公司为幕墙工程的分包商。由于确定时间过晚，延误了预埋件的加工及安装，且幕墙部分的设计和材料采购、加工均需要较长的时间，

鉴于以上情况，我方向贵方提出工程延期索赔申请，申请将工期延迟7个月，望贵方批准。

附 录
Appendix

附录一 美国AIA-A201《工程承包合同通用条款》
Appendix I America's AIA-A201 *General Conditions of the Contract for Construction*

目录如下：

第一章 一般条款

1.1 基本定义

1.2 合同文件的相互关系及其目的

1.3 大写字母的使用

1.4 解释

1.5 合同文件的执行

1.6 图纸、规范与其他文件的所有权及其使用

第二章 业主

2.1 定义

2.2 业主须提供的情况报告及相关服务

2.3 业主行使停工的权利

2.4 业主要求开工的权利

第三章 承包商

3.1 定义

3.2 承包商检查合同文件及工地状况

3.3 监察与施工程序

3.4 人工与材料

3.5 保单

3.6 纳税

3.7 许可证、收费及通告

3.8 限额

3.9 现场监工

3.10 承包商的施工进度表

3.11 工地现场的文件与样品

3.12 施工图、产品资料及样品

3.13 工地现场的使用

3.14 切割与修补

3.15 清理

3.16 工地通道

3.17 版税、专利与版权

3.18 保护

第四章 合同的管理

4.1 建筑师

4.2 建筑师的合同管理

4.3 索赔与争议

4.4 索赔与争议的解决

4.5 调解

4.6 仲裁

第五章 分包商

5.1 定义

5.2 分包合同的授予及其他部分工程的合约

5.3 分包的关系

5.4 意外情况下分包合同的转让。

第六章 业主与独立承包商负责的施工

6.1 业主负责施工的权利及单独另外发标

6.2 相互的责任

6.3 业主要求保持清洁的权利

第七章 工程变更

7.1 总括

7.2 变更单

7.3 工程变更指令

7.4 工程微小变更

第八章 期限

8.1 定义

8.2 工程进度与完工

8.3 误期与工期的延长

第九章 付款与完工

9.1 合同总价

9.2 价格清单

9.3 付款申请

9.4 付款证明

9.5 拒绝证明的决定

9.6 工程进度款

9.7 付款违约

9.8 工程基本竣工

9.9 工程的部分占用或使用

9.10 最后完工与最终付款

第十章　人员与财产的保护

10.1　安全预防与措施

10.2　人员与财产的安全

10.3　危险材料

10.4　承包商按合同要求带到现场的材料

10.5　承包商按合同要求处理有害材料的费用

10.6　紧急情况

第十一章　保险与保函

11.1　承包商职责内的保险

11.2　业主的责任险

11.3　项目管理防护责任险

11.4　财产保险

11.5　履约保函与付款保函

附 录

附录二 1999年版FIDIC(红皮书)目录
Appendix II The Content of FIDIC the Red Book, *Conditions of contract for Construction,1999 Edition*

Conditions of Contract for Construction
施工合同条件

General Conditions
通用条件

Fédération Internationale Des Ingénieurs Conseils
国际咨询工程师联合会

1999年

CONTENTS
目录
1　General Provisions　一般规定
1.1　Definitions　定义
1.2　Interpretation　解释
1.3　Communications　通信交流
1.4　Law and Language　法律和语言
1.5　Priority of Document　文件优先次序

1.6　Contract Agreement　合同协议书

1.7　Assignment　权益转让

1.8　Care and Supply of Document　文件的保管和提供

1.9　Delayed Drawings or Instructions　延迟图纸或指令

1.10　Employers Use of Contractor's Documents　雇主使用承包商文件

1.11　Contractors Use of Employer's Documents　承包商使用雇主文件

1.12　Confidential Details　保密事项

1.13　Compliance with Laws　遵守法律

1.14　Joint and Several Liability　共同的和各自的责任

2　The Employer　雇主

2.1　Right of Access to the Site　现场进入权

2.2　Permits, Licences or Approves　许可、执照或批准

2.3　Employer's Personnel　雇主人员

2.4　Employer's Financial Arrangements　雇主的资金安排

2.5　Employer's Claims　雇主的索赔

3　The Engineer　工程师

3.1　Engineer's Duties and Authority　工程师的职责和权限

3.2　Delegation by the Engineer　工程师委派

3.3　Instruction of the Engineer　工程师指令

3.4　Replacement of the Engineer　工程师的更换

3.5　Determination　确定

4　The Contractor　承包商

4.1　The Contractor's General Obligations　承包商的一般义务

4.2　Performance Security　履约担保

4.3　Contractor's Representative　承包商代表

4.4　Subcontractors　分包商

4.5　Assignment of benefit of Subcontract　分包利益转让

4.6　Co-operation　合作

4.7　Setting out　放线

4.8　Safety procedures　安全程序

4.9　Quality Assurance　质量保证

4.10　Site Data　现场数据

4.11　Sufficiency of the Accepted Contract Amount　中标合同金额的充分性

4.12　Unforeseeable Physical Conditions　不可预见的外界条件

4.13　Rights of Way and Facilities　道路通行权于设施

4.14　Avoidance of Interference　避免干扰

附 录

4.15　Access Route　进场通路

4.16　Transport of Goods　货物运输

4.17　Contractors Equipment　承包商设备

4.18　Protection of the Environment　环境保护

4.19　Electricity, Water and Gas　电、水和燃气

4.20　Employer's Equipment and Free-lssue Material　雇主设备和免费供应的材料

4.21　Progress Reports　进度报告

4.22　Security of the Site　现场安全

4.23　Contractors Operations on Site　承包商的现场作业

4.24　Fossils　化石

5　Nominated Subcontractors　指定分包商

5.1　Definition of "nominated Subcontractor"　"指定分包商"的定义

5.2　Objection to Nomination　对指定的反对

5.3　Payments to nominated Subcontractors　指定分包商的付款

5.4　Evidence of Payments　付款证据

6　Staff and Labour　员工

6.1　Engagement of Staff and Labour　员工的雇用

6.2　Rates of Wages and Conditions of Labour　工资标准和劳动条件

6.3　Persons in the Service of Employer　为雇主服务的人员

6.4　Labour Laws　劳动法

6.5　Working Hours　工作时间

6.6　Facilities for Staff and Labour　为员工提供设施

6.7　Health and Safety　健康和安全

6.8　Contractor's Superintendence　承包商的监督

6.9　Contractor's Personnel　承包商人员

6.10　Records of contractor's Personnel and Equipment　承包商人员和设备的记录

6.11　Disorderly Conduct　无序行为

7　Plant, Materials and Workmanship　生产设备、材料和工艺

7.1　Manner of Execution　实施方法

7.2　Samples　样品

7.3　Inspection　检验

7.4　Testing　试验

7.5　Rejection　拒收

7.6　Remedial Work　修补工作

7.7　Ownership of Plant and Materials　生产设备和材料的所有权

7.8　Royalties　版权(或专利)使用费

8 Commencement, Delays and Suspension　开工、延误和暂停

8.1 Commencement of Works　工程的开工

8.2 Time for Completion　竣工时间

8.3 Programme　进度计划

8.4 Extension of Time for Completion　竣工时间延长

8.5 Delays Caused by Authorities　当局造成的延误

8.6 Rate of Progress　工程进度

8.7 Delay Damages　误期损害赔偿费

8.8 Suspension of Work　暂时停工

8.9 Consequences of Suspension　暂停的后果

8.10 Payment for Plant and Materials in Event of Suspension　暂停时对设备和材料的付款

8.11 Prolonged Suspension　拖长的暂停

8.12 Resumption of Work　复工

9 Tests on Completion　竣工试验

9.1 Contractor's Obligations　承包商的义务

9.2 Delayed Tests　延误的试验

9.3 Retesting　重新试验

9.4 Failure to Pass Tests on Completion　未能通过竣工试验

10 Employer's Taking Over　雇主的接收

10.1 Taking Over of the Works and Sections　工程和分项工程的接收

10.2 Taking Over of Parts of the Works　部分工程的接收

10.3 Interference with Tests on Completion　对竣工试验的干扰

10.4 Surfaces Requiring Reinstatement　地表需要恢复原状

11 Defects Liability　缺陷责任

11.1 Completion of Outstanding Work and Remedying Defects　完成扫尾工作和修补缺陷

11.2 Cost of Remedying Defects　修补缺陷的费用

11.3 Extension of Defects Notification Period　缺陷通知期的延长

11.4 Failure to Remedy Defects　未能修补的缺陷

11.5 Removal of Defective Work　移出有缺陷的工程

11.6 Further Tests　进一步试验

11.7 Right of Access　进入权

11.8 Contractor to Search　承包商调查

11.9 Performance Certificate　履约证书

11.10 Unfulfilled Obligations　未履行的义务

11.11 Clearance of Site 现场清理

12 Measurement and Evaluation 测量和估价

12.1 Works to be Measured 需测量的工程

12.2 Method of Measurement 测量方法

12.3 Evaluation 估价

12.4 Omissions 省略

13 Variations and/Adjustments 变更和调整

13.1 Right to Vary 变更权

13.2 Value Engineering 价值工程

13.3 Variation Procedure 变更程序

13.4 Payment in Applicable Currencies 以适用货币支付

13.5 Provisional Sums 暂列金额

13.6 Daywork 计日工作

13.7 Adjustments for Changes in Legislation 因法律改变的调整

13.8 Adjustments for Changes in Cost 因成本改变的调整

14 Contract price and Payment 合同价格和支付

14.1 The Contract Price 合同价格

14.2 Advance payment 预付款

14.3 Application for Interim Payments 期中付款的申请

14.4 Schedule of Payments 付款价格表

14.5 Plant and Materials intended for the Works 工程专用的生产设备和材料

14.6 Issue of Interim Payment Certificates 期中支付证书的颁发

14.7 Payment 付款

14.8 Delayed Payment 延误的付款

14.9 Payment of Retention Money 保留金支付

14.10 Statement at Completion 施工报表

14.11 Application for Final Payment Certificate 最终付款的申请

14.12 Discharge 结清证明

14.13 Issue of Final Payment Certificate 最终支付证书的颁发

14.14 Cessation of Employer's Liability 雇主责任的终止

14.15 Currencies of Payment 支付的货币

15 Termination by Employer 由雇主终止

15.1 Notice to Correct 通知改正

15.2 Termination by Employer 由雇主终止

15.3 Valuation at Date of Termination 终止日期时的估价

15.4 Payment after Termination 终止后的付款

15.5　Employers Entitlement to Termination　雇主终止的权利

16　Suspension and termination by Contractor　由承包商暂停和终止

16.1　Contractor's Entitlement to Suspend Work　承包商暂停工作的权利

16.2　Termination by Contractor　由承包商终止

16.3　Cessation of Work and Removal of Contractor's Equipment　停止工作和承包商设备的移除

16.4　Payment on Termination　终止时的付款

17　Risk ad Responsibility　风险和责任

17.1　Indemnities　保障

17.2　Contractor's Care of the Works　承包商对工程的照管

17.3　Employer's Risks　雇主的风险

17.4　Consequence of Employers Risks　雇主风险导致的后果

17.5　Intellectual and Industrial Property Rights　知识产权和工业产权

17.6　Limitation of Liability　责任限度

18　Insurance　保险

18.1　General Requirements for Insurances　有关保险的一般要求

18.2　Insurance for Works and Contractor's Equipment　工程和承包商设备的保险

18.3　Insurance against Injury to Persons and Damage to Property　人身伤害和财产损害险

18.4　Insurance for Contractor's Personnel　承包商人员的保险

19　Force Majeure　不可抗力

19.1　Definition of Force Majeure　不可抗力的定义

19.2　Notice of Force Majeure　不可抗力的通知

19.3　Duty to Minimise Delay　将延误减至最小的义务

19.4　Consequences of Force Majeure　不可抗力的后果

19.5　Force Majeure Affecting Subcontractor　不可抗力对分包商的影响

19.6　Optional Termination，Payment and Release　自主选择终止、支付和解除

19.7　Release from Performance under the Law　根据法律解除履约

20　Claims，Disputes and Arbitration　索赔、争端和仲裁

20.1　Contractors Claims　承包商的索赔

20.2　Appointment of the Dispute Adjudication Board　争端裁决委员会的任命

20.3　Failure to Agreement Dispute Adjudication Board　对争端裁决委员会的裁决未能达成一致

20.4　Obtaining Dispute Adjudication Board's Decision　取得争端裁决委员会的决定

20.5　Amicable Settlement　友好解决

20.6　Arbitration　仲裁

20.7 Failure to Comply with Dispute Adjudication Board's Decision　未能遵守争端裁决委员会的决定

20.8 Expiry of Dispute Adjudication Board's Appointment　争端裁决委员会任命期满

20.9 General Conditions of Dispute Adjudication Agreement　争端裁决协议书的通用条款

合同附录

1 Definitions　定义
2 General Provisions　一般规定
3 Warranties　保证
4 General Obligations of the Member　成员的一般义务
5 General Obligations of the Employer and the Contractor　雇主和承包商的一般义务

附录三 本书专业词汇中英对照
Appendix III Professional Vocabulary Used in This Book with Chinese-English Comparison

第1章

1 业主(Owner)

2 业主代表(Owner's Representative)

3 承包商(Contractor)

4 分包商(Subcontractor)

5 供应商(Suppliers)

6 劳务供应商(Labour Supplier)

7 工程师/建筑师(Engineer/Architect)

8 项目融资方(Project Financier)

9 市场研究公司(Statista)

第2章

1 前期工作(Front-end Loading，FEL)

2 基础设计技术文件包(Front-end Engineering Design，FEED，在FEL阶段结束时发布)

3 运营维护阶段(Operation and Maintenance，OAM)

4 项目管理承包商(Projects Management Contractor，PMC)

5 设计—投标—施工(Design-Bid-Build，DBB)

6 建筑工程管理模式(Construction Management，CM模式)

7 阶段发包方式(Phased Construction Method)

8 快速路径法(Fast Track Construction Management)

9 可建造性(Buildability)

10 代理型CM模式("Agency" CM)

11 非代理型("Non-agency" CM)

12 风险型CM模式("At-Risk" CM)

13 保证最大工程费用(Guaranteed Maximum Price，GMP)

14 设计、采购、建设工程总承包(Engineering-Procurement-Construction，EPC)

15 项目管理承包(Projects Management Contractor，PMC)

16 特许经营模式(建造—经营—移交)(Build-Operate-Transfer，BOT)

17 建造—拥有—经营—移交(Build-Own-Operate-Transfer，BOOT)

18 建造—拥有—经营(Build-Own-Operate，BOO)

19 交钥匙模式(Turn Key Method)

第3章

1 皇家测量师协会(Royal Institution of Chartered Surveyor，RICS)

2 (北美的)造价工程体系(Cost Engineering)

3 《建筑工程量标准计量规则》通称SMM系列 Standard Measurement Rules for Construction Quantity(referred as SMM series)

4 英国的原建筑业行业管理部门贸易和工业部(Department of Trade and Industry，DTI)

5 招标项目单(Bid Item List)

6 工程量清单(Bill of Quantities Item，BQ)

7 总价合同(Lump-Sum Contract)

8 工作分解结构(Work Breakdown Structure，WBS)

9 美国建筑标准协会(CSI)

10 标准格式(Master Format)

11 单元单价格式(Unit-In-Place)

12 《建筑工程标准计量方法》(Standard of Measurement of Building Works)

第4章

1 国际工程师联合会(法语Fédération Internationale De Ingénieurs Conseils，FIDIC)

2 《施工合同条件》(Conditions of Contract for Construction)

3 《生产设备和设计—施工合同条件》(Conditions of Contract for Plant and Design-Build)

4 《设计采购施工(EPC)/交钥匙工程合同条件》(Conditions of Contract for FPC/Turnkey Projects)

5 《简明合同格式》(Short Form of Contract)

(1) 一般规定(General Provisions)

(2) 业主(The Employer)

(3) 业主的管理(The Employer's Administration)

(4) 承包商(The Contractor)

(5) 设计(Design)

(6) 员工(Staff and Labour)

(7) 生产设备、材料和工艺(Plant.Materials and Workmanship)

(8) 开工、延误和暂停(Commencement，Delays and Suspension)

(9) 竣工试验(Tests on Completion)

(10) 业主的接收(Employer's Taking Over)

(11) 缺陷责任(Defects Liability)

(12) 竣工后试验(Test after Completion)

(13) 变更和调整(Variations and Adjustments)

(14) 合同价格和付款(Contract Price and Payment)

(15) 由业主终止(Termination by Employer)

(16) 由承包商暂停和终止(Suspension and Termination by Contractor)

(17) 风险和职责(Risk and Responsibility)

(18) 保险(Insurances)

(19) 不可抗力(Force Majeure)

(20) 索赔、争议和仲裁(Claims, Disputes and Arbitration)

6 清晰、透明和确定(Clarity, Transparency and Certainty)

7 业主的管理(The Employer's Administration)

8 争端避免/裁决委员会(Dispute Avoidance/Adjudication Board，DAAB)

9 英国土木工程师协会(Institution of Civil Engineers，ICE)

10 争端审议委员会(Dispute Review Board，DRB)

11 中立(Neutral)

12 无派别(Non-partisan)

13 独立(Independent)

14 公正(Impartial)

15 "视为"规定(Deem/Deemed Provisions)

16 "特殊风险/例外事件"(Exceptional Risks)

17 "不可抗力"(Force Majeure)

18 业主的商业风险(Commercial Risks)

19 业主的损害风险(Risks of Damage)

20 特殊风险(Exceptional Risks)

21 质量管理体系(Quality Management System，QMS)

22 合规性验证系统(Compliance Verification System，CVS)

23 争端预警机制(Advance Warning)

24 投标书附录(Appendix to Tender)

25 合同数据(Contract Data)

26 特殊条款(Particular Conditions)

27 建筑信息模型(Building Information Modelling，BIM)

28 不可预见(Unforeseeable)

29 基准日期(Base Date)

30 《运营—设计—建造—运营合同》(Operate-Design-Build-Operate Contract，ODBO)

31 《离岸风电项目合同》(Contract for Off-shore Wind Projects)

附 录

32 《可再生产业合同》(Contract for Renewable Industry)

33 《基于网络的FIDIC术语词汇表》(Web-based Glossary of FIDIC Terms)

34 《FIDIC合同黄金准则》(Golden Principles of FIDIC Contracts)

35 英国土木工程师学会(The Institution of Civil Engineers，ICE)

36 新工程合同(New Engineering Contract，NEC)

37 工程施工合同(Engineering and Construction Contract，ECC)

38 项目经理和主管(the Projects Manager and the Supervisor)

39 仲裁员(The Adjudicator)

40 英国联合合同委员会(Joint Contracts Tribunal，JCT)

41 美国建筑师学会(The American Institute of Architects，AIA)

第5章

1 费用管理(Cost Management)

2 RICS成本研究小组(RICS Cost Research Panel)

3 全寿命周期成本(Life Cycle Cost，LCC)

4 "已获价值"技术理论(Earned-Value Technique)

5 "赢得值"法(Earned Value Control，EVC，或Earned Value Management，EVM)

6 计划内工作的预算成本(Budgeted Cost of Work Scheduled，BCWS)

7 已完成工作的实际成本(Actual Cost of Work Performed，ACWP)

8 已完成工作的预算成本(Budget Cost of Work Performed，BCWP)

9 建筑事业成本信息服务部(Building Cost Information Service，BCIS)

10 成本分析的标准表格(The Standard Form of Cost Analysis，SFCA)

11 英国的工料测量师(Quantity Surveying，QS)

12 北美的造价工程师(American Association of Cost Engineers，AACE)

第6章

PDCA指PDCA循环，又叫戴明环(Plan-Do-Check-Act)

第7章

政府和社会资本合作的模式(Public-Private Partnership，PPP)

参 考 文 献
Reference

[1] 郝建新. 美国工程造价管理[M]. 天津：南开大学出版社，2002.
[2] 李建峰. 工程定额原理[M]. 北京：人民交通出版社，2008.
[3] 陈勇强，张水波，吕文学，等. FIDIC 2017版系列合同条件解析[M]. 北京：中国建筑工业出版社，2019.
[4] 张辉. 国际工程报价与实务[M]. 北京：中国建筑工业出版社，2017.
[5] 唐菁菁. 建筑工程项目施工的成本管理[M]. 北京：机械工业出版社，2009.
[6] 刘志华. 国际工程建设项目风险管理与保险[M]. 北京：石油工业出版社，2016.
[7] 张翼. 浅谈建设项目在决策阶段的投资与控制[J]. 科技创新导报，2011，4：110.
[8] 程伟. 浅谈设计变更对项目投资超概算的影响[J]. 消费市场，2013，8：120.
[9] 齐二石，姜琳. 以国际工程咨询带动我国国际工程承包业务快速发展[J]. 国际经济合作，2007，8：3.
[10] 吴杰. 国际工程项目管理中的风险分析及应对措施[J]. 商情，2018，38：126.
[11] 刘允儒. 国际工程EPC总承包项目风险控制与管理[J]. 科学与财富，2018，24.
[12] 邵福责，刘光忱. 浅析国内外工程造价计价方法[J]. 建筑与预算，2014，6：8.
[13] 陈宁南. 浅谈涉外工程建设项目的FEL过程和FEED工作[J]. 工程建设项目管理与总承包，2006，3：19.